차가운 날개로 느리게 나는 새

본 문화산업총서는 한국의 문화산업 인력양성에 이바지하기 위하여
인하대하교 대학원 문화경영학과의 BK21 문화사업전문인력양성사업팀에서
집필 기획한 것입니다.

문화산업총서 3

지역문화 콘텐츠와 스토리텔링
검단의 기억과 이야기

2011년 9월 5일 초판 인쇄
2011년 9월 10일 초판 발행

지 은 이 | 김영순·박한준 외
펴 낸 이 | 이찬규
펴 낸 곳 | 북코리아
등록번호 | 제03-01240호
주   소 | 462-807 경기도 성남시 중원구 상대원동 146-8
             우림2차 A동 1007호
전   화 | 02) 704-7840
팩   스 | 02) 704-7848
이 메 일 | sunhaksa@korea.com
홈페이지 | www.bookorea.co.kr
ISBN   978-89-6324-126-5 (94380)
         978-89-6324-144-9 (세트)

값 15,000원

문화산업총서 3

지역문화 콘텐츠와 스토리텔링

검단의 기억과 이야기

김영순 · 박한준 외

북코리아

지역문화 콘텐츠로서 마을 민속

마을은 우리의 '마음'을 담고 있는 공동체이자 우리가 터 잡고 살아가는 가장 실질적인 일상생활의 둘레이다. 이 땅에 살아가는 모든 이들은 특정한 마을 안에 둥지를 틀고 그 마을의 문화적 전통에 의존하여 일상의 삶을 누리게 된다. 이토록 마을은 우리 삶의 현장이자 아주 중요한 소통의 공간이다. 특히 시골마을의 공동체 문화는 자생적 문화창조를 주체적으로 수행하고 있어서 문화콘텐츠 연구에 더할 나위 없이 훌륭한 대상이다.

이 책에서 다루고 있는 지역은 검단 중에서도 1차적으로 신도시 개발이 진행되어 마을의 모습이 급격히 사라지고 있는 다섯 개의 법정동(마전동, 대곡동, 불로동, 원당동, 당하동)이다. 이들은 약 20여 개의 자연마을들을 포함하고 있는데 적게는 150년에서 많게는 500년 이상의 역사를 가지고 있다. 지난 시간의 깊이만큼 그 공간이 가지고 있는 기억과 흔적은 마을사람들의 심층 내면에 다양한 모습의 이야기로 존재하고 있었다. 이 책을 집필한 연구팀은 약 2년여의 기간 동안 검단의 다섯 개 법정동 내 자연마을들을 조사하면서 토착민들이 이야기하는 검단의 이야기를 채록하였고, 관련 문헌과 지역의 전문가 인터뷰를 통해 내용을 수정하고 보완하였다.

이 책은 모두 3부로 구성된다. 1부 '지역문화 콘텐츠 제작을 위한 스토리텔링'에서는 마을을 지역문화 콘텐츠 연구의 대상으로 설정하고 마을 연구의 문화콘텐츠학적 방법을 제안한다. 특히 문화인류학적 현지조사 방법을 적용하는 지역문화 조사절차와 여기에서 얻어낸 자료들을 스토리텔링으로 전환하는 기법과 유형에 대해 논의한다. 아울러 지역문화를 스토리텔링하기 위한 구성 절차를 순차적으로 제시하고 이에 대한 스토리텔링 사례를 제시한다.

제1부 지역문화 콘텐츠 제작을 위한 스토리텔링 방법론을 근거로 하여 이 책의 2부 '검단의 기억과 이야기 기술'은 실제 검단지역의 현지조사 결과를 기록한 것이다. 2부의 내용은 크게 다음 네 가지의 주제를 중심으로 구성되었다.

첫째는 검단의 자연환경과 지명유래이다. 검단은 예로부터 으뜸 되는 마을, 풍요로운 마을로 잘 알려져 있었다. 이는 검단이 가지고 있는 천혜의 자연환경뿐 아니라 과거로부터 전해 내려오는 지명 유래를 통해서도 추측해볼 수 있다. 선조들은 풍성한 수확을 바라는 마음으로 천신제(天神祭)를 올렸는데 이 같은 신성한 장소는 광명(光明)마을, 원당(元堂)마을 등의 유래를 통해 알 수 있다. 또한 황곡(黃谷)마을은 매년 풍년이 들어 논 전체가 황금물결로 보인다고 하여 '황곡' 혹은 '황골'이라고 불리었으며, 황곡마을이 속한 대곡동(大谷洞)은 크고 골이 깊다는 뜻으로 곳곳에 산재한 지석묘와 관련하여 '존장(尊丈)'이 사는 큰 마을'이라는 뜻으로도 전해진다. 이처럼 검단의 지명유래는 생활문화의 근간이 되는 검단의 자연환경과 검단에 살았던 생활문화의 모습들을 담고 있다.

둘째는 검단의 보호수, 문화재 등 공간에 남겨진 선조들의 흔적들이다. 검단에는 아주 오래전부터 사람들이 살았다는 흔적들이 다수 발견되고 있다. 이렇게 발견된 유물들은 문화재로 지정되었고, 이를 통해 인천 역사의 근간을 설명할 수 있을 뿐 아니라 검단에 살았던 사람들의 심성이나 중요하게 여겼던 가치관 등을 확인할 수 있다. 예컨대 충(忠)과 효(孝)를 다했던 검단 사람들의 마음은 마을 곳곳에 세워져 있는 당

(堂)이나 정려(旌閭) 등을 통해 살펴볼 수 있다. 또한 각 자연마을에서 수령이 오래된 나무들의 존재는 자연과 더불어 살았던 검단 사람들의 생활문화를 엿볼 수 있는 중요한 상징적 가치를 가진다.

셋째는 검단의 시제, 민속신앙 등 자연의 은혜에 감사하고 조상을 모시는 예(禮)에 대한 것들이다. 예로부터 산수가 좋아 풍요로운 자연의 혜택이 많았던 검단의 마을사람들은 하늘로부터의 은혜를 감사히 여기고 있었다. 마을 남성들은 조상을 모심으로 해서 마을의 안녕(安寧)을 빌었고, 마을 여성들은 가신을 모심으로 해서 집안의 평화와 행복을 기도했다. 또한 풍성한 수확을 바라는 염원은 마을에서 제일 높은 산이나 고개, 큰 나무에서 천신제를 올림으로써 이루어졌다. 마을사람들이 모두 모여 소원을 빌던 '정월 대보름맞이'는 현재까지 계승되어 지금은 검단 전체를 아우르는 축제가 되었다. 이처럼 마을의 안녕과 평화와 행복을 바라는 마음은 조상 또는 하늘에 대한 예(禮)를 갖추는 의식으로서 발현되었고, 검단 마을사람들이 서로를 믿고 의지하는 향토 사회를 지속할 수 있었던 기제(機制)로서의 역할을 했다.

넷째는 검단의 설화이다. 오래전부터 사람들의 입에서 입으로 전승되어 오는 이야기 속에는 조상들의 지혜가 깃들여 있다. 검단에 과거로부터 내려오는 이야기들은 검단의 지역성과 역사성을 내포한 향토의 이야기라는 측면에서 매우 중요하다. 예컨대 가현산 호랑이, 불로장생의 만수산, 여우재고개 전설 등은 향토민들에게 자긍심과 애향심을 갖게 하는 정신적인 구심점이 되며 그들 간에 정서적인 교감을 가능하게 한다. 검단의 설화는 『김포군지』, 『인천 서구지역의 설화』, 『검단의 역사와 문화』 등의 문헌과 각 마을사람들의 이야기들을 바탕으로 정리하였다.

3부 '지역문화 스토리텔링의 실제'는 앞서 조사하고 정리한 검단의 마을지의 내용을 바탕으로 재구성된 이야기이다. 이는 다른 사람들에게 검단에 대한 정보를 전달함에 보다 쉽고 이해가 빠르도록 고안된 접근법으로서 지역문화의 가치를 효과적으로 전달하기 위한 스토리텔링의

한 방법이다. 다시 말하면 지역성을 바탕으로 재미와 흥미를 덧붙여 재구성된 검단의 이야기는 이를 읽는 사람들에게 지역의 문화를 간접적으로 경험하고 학습할 수 있는 기회를 제공하는 것이다. 또한 본 연구팀이 검단의 이야기를 재구성하는 일련의 작업은 검단의 지역문화를 확대 재생산하는 과정의 일부분으로 볼 수 있다. 따라서 이 책의 3부는 흥미롭고 재미있게 재구성된 검단의 이야기들을 엄선하여 정리한 결과물로 내용은 크게 다음 세 가지의 주제를 중심으로 구성되었다.

첫째는 검단의 설화를 재구성한 스토리텔링이다. 검단은 축복받은 환경을 가지고 있는 만큼 주변 자연환경과 관련한 설화들이 많이 존재한다. 하지만 관련한 문헌에서 찾을 수 있는 내용은 아주 빈약한 몇 줄이 전부였다. 반면 검단의 마을 주민들은 삶의 경험에서 묻어나는 다양한 이야기를 가지고 있었고, 그들은 각각 서로 다른 이야기꾼으로서 같은 이야기이지만 서로 다른 이야기를 흥미진진하게 풀어놓았다. 또한 설화의 배경으로 지금도 현재 존재하는 공간도 있지만 검단마을 주민들의 가슴에만 존재하는 공간도 다수 발견할 수 있었다. 녹그릇이 묻힌 연못 이야기, 좌동호수의 전설, 하누재고개, 완정마을의 전설 등은 마을 주민들의 서로 다른 이야기 속에서 공통의 소재와 플롯을 추출하고, 관련 문헌과 전문가의 도움을 받아 재구성한 이야기들이다.

둘째는 검단의 지명유래를 재구성한 스토리텔링이다. 지명은 지역의 풍토적 환경을 반영하고 있다. 풍토란 인간의 자기요해(自己了解)의 방식이다. 즉 인간의 거주 환경으로서의 자연을 뜻하는 것으로, 검단의 지명 속에는 검단의 사람들이 검단의 환경에 적응하고 또 활용했던 방식의 문화적 의미가 내포되어 있는 것이다. 본 장에서는 수목이 풍부한 원당동 이야기, 불로동의 유래, 당목이 있는 불로동 목지 등의 이야기를 소개하고 있다. 관련 문헌에서의 지명 유래는 다양한 방식으로 마을 주민들의 기억 속에 담겨 있었다. 마을 주민들의 이야기를 채록하는 과정에서 그들의 아버지, 할아버지, 선조들의 이야기도 함께 들을 수 있었고, 그 작은 기억의 조각들은 지명유래의 이야기를 스토리텔링하는 데 반영

되었다. 그래서 지명유래를 스토리텔링한 각각의 이야기 속에는 그 마을의 환경과 사람들의 살았던 방식 등을 엿볼 수 있는 문화적 코드가 담겨 있다.

셋째는 검단의 문화재와 민간신앙을 재구성한 스토리텔링이다. 여기에서는 검단에 살았던 사람들의 세계관과 가치관을 확인할 수 있다. 특히 이 부분의 스토리텔링은 본 연구팀의 발로 뛴 조사내용과 역사적 상상력이 동원된 결과라고 볼 수 있는데, 관련 문헌을 통해서는 문화재 지정날짜, 비문의 내용, 관리자 등 형식적인 내용만 알 수 있기 때문이다. 당시의 시대적 상황과 정서적 배경, 마을의 분위기 등은 그 지역에 살았던 토착민의 이야기를 통해야만 가능하다. 특히 산신제 또는 동제의 내용을 알기 위해서는 낮과 밤을 가리지 않고 마을 주민들과 함께 산을 오르고 음식을 함께 나누는 과정이 필수적이다. 그래서 이 부분의 스토리텔링은 본 연구팀이 간접 또는 직접적으로 체험한 경험이며, 마을 주민들의 이해와 적극적인 협조 속에서 완성될 수 있었다.

이처럼 검단의 이야기들을 재구성한 스토리텔링은 본 연구팀과 검단의 마을 주민들의 합작품이라고 할 수 있다. 현장조사를 한 경험에 의한 지역문화적 상상력과 마을 주민들의 도움으로 수없이 많은 지역문화 소재의 퍼즐들을 적절한 곳에 위치시켜 검단의 이야기라는 그림을 완성하는 과정인 것이다.

이 책은 '마을 연구'를 위한 새로운 방법론을 마련하기 위해 시도한 것이다. 늘 새로운 시도는 문제점이 난무하게 되어 있고, 이 점들을 보완하고 개선하는 과정에서 학문적 발전이 이루어진다는 것은 새삼 논의할 필요가 없다. 따라서 마을 연구에 새롭게 도전하는 학문 후속 세대들이 이 책에서 논의되고 있는 내용에 대한 심도 있는 비판이 이루어졌으면 하는 바람이다.

이 책은 15개월 동안의 인천 서구 검단의 현지조사를 바탕으로 이루

어진 연구보고서를 바탕으로 집필된 것이다. 집필과정 중에서 인하대학교 문화정보연구실 가족들과 인천 서구문화원 인지원들이 뜨거운 협조가 있었음을 밝히고 싶다. 특히 검단 현지조사 수행 시 검단 주민들의 도움이 없었다면 이 책은 세상을 보지 못했을 것이다. 일생 삶을 검단 속에 뿌리 내리고 사시는 그분들께 다시 한 번 감사의 말씀을 전해드리고 싶다.

2011년 5월
대표 저자 김영순 · 박한준

차 례

제1부

지역문화 콘텐츠 제작을 위한 스토리텔링

김영순

　지역문화를 바라보는 시각이 다양해지고 있다. 급격한 현대화와 경제 성장의 곁에서 자신의 자리를 잡지 못하던 지역문화는 지역경제에 상당한 파급효과를 주는 것으로 알려지면서 경제적인 측면에서 재조명받기 시작하였다. 지역문화가 지역 홍보와 지역경제 활성화에 도움을 주는 사례가 곳곳에서 생겨나면서 지방자치단체를 중심으로 지역문화가 조사·활용되기 시작한 것이다. 문화의 시대에 들어서면서 지역문화는 문화산업의 핵심 원형으로 주목받게 되었고, 이로 인해 지역문화의 문화성과 정체성에 대한 논의가 활발해졌다. 지역문화의 본질이 지역과 지역민의 정체성에 있다는 점을 각인해보면 지역문화의 정체성에 관한 논의 시점이 최근이라는 것은 아쉬운 점이다. 시간의 흔적으로만 여겨지던 지역문화가 경제, 문화, 산업의 중심에 서기까지 그리 오랜 시간이 흐른 것은 아니지만 지역문화가 그 시간동안 온전히 보존 또는 발전되었는지는 의심해볼 가치가 있다.

　지역문화는 변방에서 중심으로 자리를 옮기는 데는 성공하였지만 그 가치를 지켜내는 것에는 어려움을 겪고 있다. 이는 지역문화가 지닌 정체성에 관한 논의가 지역문화에 관한 여러 시각의 중심에 있어야 함에도 불구하고 비교적 늦게 재시작되었고 그 역시도 주변에 머물렀기 때문이다. 하지만 최근 지역문화를 교육적인 측면에서 바라보면서 지역문화의 정체성을 논의의 중심으로 이동시키고 있다. 지역문화가 지닌 지역성을 바탕으로 한 개인의 정체성 형성과 이를 조사하는 과정에서 발현되는 개인의 창의성 등이 현 시대적 요구와 맞물리면서 지역문화가 교육의 대상이자 그 방법의 하나로 대두되고 있는 것이다. 산재해 있는 지역문화의 가치와 그 형태의 짝을 맞추고 이를 개인의 삶과 연결하는 것은 지역문화의 본질에 다가가는 것으로 경제성과 산업성에 우선해야 한다. 이 글은 이와 같이 지역문화를 조사하고 이를 개인의 삶과 연결 짓는 방법

에 주목하였다.

　지역문화의 가치를 전달하기 위해서는 먼저 지역문화에 대한 자료를 수집하고 정리해야 한다. 수집된 지역문화의 분석 과정에서 지역문화가 지닌 특수한 형성 조건과 배경, 지역성이 규명되고 설명된다(이해준, 2004). 지역문화의 조사를 통하여 수집된 자료는 스토리텔링을 통하여 그 가치와 효과를 극대화할 수 있다. 이 글은 인천광역시 검단지역의 문화를 스토리텔링하는 과정에 관한 것이다. 이를 위하여 1년 3개월간(2009. 1~2010. 3) 동안 인천광역시 서구 검단지역 22개 자연마을의 주민들을 인터뷰하고 그들이 소장한 자료를 수집하면서 검단지역의 문화를 파악·이해하였다. 그리고 이렇게 수집된 자료를 바탕으로 콘텐츠를 구성하고 개발하였다. 이와 관련된 내용은 이 책의 2부와 3부에서 자세히 다룰 것이다.

지역문화를 소재로 한 스토리텔링은 해당 지역의 전통과 현재가 공존하는 이야기를 창작할 수 있는 기회를 제공하고, 지역민들의 정체성을 형성하는 데 용이하다. 지역에 대한 개념은 어떤 의미를 부여하느냐에 따라 다르게 해석된다. 이 글에서는 지역을 동질한 자연적·문화적 특징을 지닌 공간으로 규정한다(김영순·김정은, 2006; 김영순, 2010). 지역문화는 특정지역에서 나타나는 문화적 특성이다(김영순·오세경, 2010). 지역문화에 대한 개념 역시 지역에 대한 해석만큼이나 다양하지만 특정 지역에 전해져 오는 생활양식 ── 기술·규범·관념 문화를 의미하는 것에는 큰 이견이 없으며 이는 지역사회의 구체적인 사실과 문화를 이해하는 과정을 포함한다.

지역문화는 지역이라는 공간과 역사라는 시간에 종속되어 형성된다. 공간이나 시간 중 어느 한 가지라도 단절된다면 지역문화의 가치는 현재성을 띠지 못하고 지역민들로부터 잊히게 된다. 반대로, 사람들에 의해 연속성을 지니는 지역문화는 삶을 살아가는 시대와 함께 변화하며 현재성을 지니게 된다. 즉, 지역문화는 공간과 시간 그리고 이에 대한 가치를 부여하는 사람에 의해 형성되며 사람들은 '이야기'를 통하여 지역문화와 상호작용한다. 우리는 지역문화 자체의 형상보다는 그에 얽힌 이야기에 대하여 더욱 심미적이고 오락적인 공감을 느낀다(강상대, 2007). '이야기'는 인간의 감성과 지식을 전달하는 최초이자 최고의 매체이다. 기술문화의 형태는 이미지로 머릿속에 각인되지만 이를 타인에게 설명하거나 그것이 지니는 가치 등을 떠올릴 때에는 도상성을 지닌 이미지보다는 '이야기'가 효과적이다. 이야기의 내용 그 자체도 중요하지만 어떻게 표현하느냐에 따라 이야기의 효과도 달라진다. 이러한 이야기의 내용 그 자체와 이야기하는 방법을 우리는 '스토리텔링'(Storytelling)이라 부른다.

스토리텔링은 이야기를 의미하는 'story'와 그것을 전달하는 'telling'이 합쳐진

낱말이다. 'telling'은 다시 말하는 행위를 의미하는 'tell'과 현장성을 의미하는 '-ing'로 나누어볼 수 있다. 스토리텔링이라는 단어는 이처럼 명확히 구분된 언어의 조합으로 이루어져 있지만 그 의미를 명확히 하기에는 어려움이 따른다. 스토리텔링은 크게 '이야기의 창작'이라는 측면과 '이야기를 활용'한다는 두 가지 성격으로 나누어 연구된다. '이야기의 창작'은 이야기를 만드는 그 행위 자체에 초점을 두는 것으로 소설이나 영화의 이야기 구조를 생성과 분석이 이에 속한다. '이야기의 활용'은 '이야기를 창작'함으로써 기존에 존재하던 무엇인가의 가치 향상을 꾀하는 것을 의미한다. 지역의 자연 경관에 이야기를 부여하여 여가 동선을 만드는 등의 공간 스토리텔링 등이 이에 속한다고 볼 수 있다. 스토리텔링은 연구자마다 다르게 정의되지만, '이야기를 매체의 특성에 맞게 표현하는 것'을 중심에 두는 공통점에서는 벗어나지 않는다(정창권, 2008).

지역문화를 스토리텔링하는 것은 지역문화가 지닌 정보와 가치를 전달하기 위해 행해지는 체험적 행위이다. 이를 통해 개인은 자신의 창조성을 발현하고 지역문화에 참여할 수 있다. 이야기는 체험으로, 체험은 이야기로 전이된다. 이와 같이 반복되는 스토리텔링의 전이성은 개인이 정체성을 형성해나가는 데 도움을 줄 것이다. 체험으로서의 스토리텔링은 지역문화 읽기의 자극제로 이야기를 통해 지역의 정체성과 특징을 쉽게 이해시킨다. 이를 통해 스토리텔링은 지역의 이미지 형성 및 인간과 지역문화와의 공간의 소통을 열어주는 데 도움을 줄 것이다(김영순·정미강, 2008).

지역문화의 스토리텔링은 지역축제 프로그램 구성, 마스코트 등의 캐릭터 창작, 설화 등을 통한 장소성 부여 등에 활용되고 있다. 이 글은 지역문화의 특성과 그에 전해 내려오는 이야기를 수집하여 이야기를 재구성하는 방법에 대해 구체적으로 다룰 것이다. 지역문화를 수집하고 조사하는 과정은 모든 지역문화 스토리텔링에 선행되어야 하는 공통적인 과정이다. 이 글에서는 인류학과 민속학 등의 인문학적 방법과 사회학적 방법을 이용한 현장조사 방법을 적용하였다. 그리고 수집된 자료를 사람들이 읽기 쉽고 지역문화의 가치를 효과적으로 전달

하기 위한 지역문화 스토리텔링 방법을 제시한다. 지역문화를 스토리텔링하는 것은 창작자와 이를 소비하는 사람들에게 지역에 내재된 문화를 경험하고 학습하는 기회를 마련해줄 것이다. 또한 이들은 이야기를 통해 지역문화가 가지고 있는 가치를 선물 받을 수 있을 것이다.

지역문화를 활용한 스토리텔링 방법

　　지역문화를 활용하여 스토리텔링을 하는 방법은 대상으로 하는 지역문화의 특성과 만들고자 하는 콘텐츠의 성격에 따라 다르다. 이 글에서 다루고 있는 인천광역시 검단지역은 비교적 최근까지 집성촌을 유지하고 있었고 현재에도 유도회(柔道會)와 동제, 민속놀이 등의 활동이 활발한 전통 향토부락의 생활양식을 지니고 있는 지역이다.

　　따라서 이번 장에서는 이처럼 향토적인 특성을 지니는 지역문화를 조사하고 이를 바탕으로 스토리텔링하는 과정에 대해 살펴보려고 한다. 만약 스토리텔링하려는 지역의 문화가 최근에 형성된, 현대적인 것이라도 조사방법의 큰 틀은 같을 것이다. 〈표 1.1〉은 15개월 동안 인하대학교 문화정보연구실이 검단의 문화를 스토리텔링하기 위하여 연구한 연구 일정을 나타낸 것이다.

　　검단의 스토리텔링을 위한 연구과정은 크게 지역문화를 조사하는 단계와 이를 바탕으로 스토리텔링을 구성하는 단계로 나누어진다. 이 연구에서는 지역문화의 조사단계와 스토리텔링 구성단계가 거의 동시에 이루어졌다. 이는 스토리텔링의 구성에 따라 지역문화의 수집·조사 내용이 달라지기 때문이다. 하지만 연구의 성격에 따라 이는 순차적으로 구성될 수도 있다. 전체적인 지역문화의 조사가 이루어진 이후에 수집된 자료에서 주제를 선택하여 스토리텔링하는 방법이 그러한 순차적인 방법에 따르는 것이다. 먼저, 지역문화 조사단계를 구체적으로 살펴보자.

〈표 1.1〉 검단의 스토리텔링 연구과정

구분	과업 구분	M1	M2	M3	M4	M5	M6	M7	M8	M9	M10	M11	M12	M13	M14	M15
	문헌조사															
지역문화의 조사	− 검단지역의 개관 및 역사		■	■												
	− 5개 대상 마을 기초자료 조사: 답사 전 사전학습 목적			■	■											
	− 조사 항목 적합성 검토(1)					■	■									
	− 5개 대상 마을 심화자료 조사: 인터뷰 내용의 보완 목적								■	■						
	− 조사 항목 적합성 검토(2)										■					
	현지조사															
	− 검단지역의 전체 조망: 자연·인문지리 총체적 사전답사				■											
	− 콘택트 포인트(Contact Point) 연결: 라포 조성, 경계심 저하					■	■									
	− 대상 마을의 답사 및 인터뷰: 녹취록, 사진 촬영, 답사일지 작성							■	■	■	■					
	− 대상 마을의 문화콘텐츠 발굴: 마을 행사, 의례, 축제, 생활문화													■		
스토리텔링 구성	콘텐츠 구성 및 디자인															
	− 스토리텔링 주제 및 형식 설계									■	■	■	■	■		
	− 수집된 DB의 텍스트화 작업												■	■	■	
	− 영상자료의 활용, 스토리텔링 디자인													■	■	
	− 종합 검토 및 수정															■

문헌조사: 역사문화 기초자료 조사, 현지조사의 내용을 보완하고 지역적 특성을 부각시킬 수 있는 문헌자료 수집

현지조사: 콘텐츠 구성을 위한 DB 구축, 인터뷰와 답사를 통해 수집한 텍스트 및 영상자료 정리

콘텐츠 구성 및 디자인: 문헌조사와 현지조사를 통해 수집한 자료의 가공·콘텐츠화, 검단 콘셉트에 맞추어 스토리텔링 구성

1) 지역문화 조사절차

지역의 문화를 조사하기에 앞서 조사할 지역적 범위인 연구의 대상지를 선정하여야 한다. 본 연구의 대상지역은 인천광역시 서구 검단이다. 이곳은 본래 경기도 김포군에 속한 지역이었으나 1995년 인천광역시로 편제되었고, 2009년 11월 '검단 신도시' 실시계획이 승인된 지역이다. 이 연구는 전통적인 지역문화를 조사하는 것을 목적으로 하였기 때문에 검단에 현존하는 여덟 개 법정동 중에서 개발이 대부분 진행된 세 개 동을 제외한 마전동, 대곡동, 불로동, 원당동, 당하동 등 다섯 개 법정동을 대상으로 하였다. 예비조사 결과 약 20여 개*의 자연마을들을 확인할 수 있었으며 이들 마을을 대상으로 연구를 진행하였다.

지역문화의 조사단계는 크게 문헌조사와 현지조사로 나눌 수 있다. 문헌조사 시에는 일반서적 외에도 각 지방의 군지(郡誌)나 시지(市誌), 향토사(鄕土史), 그리고 공·사 기관의 통계자료, 연구보고서를 참고한다. 이때 그 범주를 해당 마을에 한정하지 않고 주변 마을들을 조사하여 연계되는 이야기까지 발굴할 수 있도록 한다. 검단지역은 행정구역상 1995년까지 경기도 김포에 속해 있던 지역으로 지역의 역사와 문화재는 김포가 가진 문화적 특징과 비슷하였다. 따라서 본 연구는 검단지역과 함께 인접지역인 김포지역의 이야기까지 조사하였다. 또한 대상 공간의 이미지를 수집한다. 이미지를 수집하고 이를 활용하는 것은 연구자가 문헌에서 습득한 마을에 대한 지식을 도상적인 구조로 환원하여 이해할 수 있도록 도움을 준다. 특히 지도는 공간에 대한 정보를 얻는 1차적인 자료로, 마을의 입지를 비롯하여 내부구조, 경관, 토지 이용 등의 자료를 수집하는 데 용이하다(김기혁,

*
본 연구에서는 예비조사의 과정에서 인천 서구 향토지인 『검단의 역사와 문화』를 참조하였다. 검단에 현재(2009. 2)까지 존속하는 자연마을은 마전동(마을: 여래, 가현, 원현, 능내, 완정, 청마), 대곡동(마을: 태정, 두밀, 황곡, 설원), 불로동(마을: 불로, 목지, 갈산, 마산), 원당동(마을: 원당, 발산, 능곡, 고산후), 당하동(마을: 신기, 광명, 족저, 독정)이 있다(박한준, 2009).

2009). 이와 같은 조사 초기의 문헌조사는 지역의 전반적인 내용을 이해하는 데 큰 도움을 준다. 현지답사를 시작하기 전에 마을에 대한 상(像)을 머릿속에 떠올림으로써 공간에 대한 이해의 토대를 다지는 작업이라고 볼 수 있다.

현지조사는 연구자가 향토에 나가 향토문화자원을 직접 확인하고 이에 관한 이야기를 조사하는 단계이다. 현장조사는 향토에 오랜 기간 거주한 토박이나 애향심을 가진 연구참여자를 선정하여 지역문화에 대한 이야기를 채록하는 인터뷰와 동제(洞祭), 축제, 마을회의 등 지역의 문화행사에 참여하는 문화행위 참여, 현장에서 직접 사진과 동영상을 촬영하는 이미지 촬영 등으로 구성된다. 연구자에 대한 연구참여자의 신뢰가 구축된 이후에야 지역민의 정서를 온전히 조사할 수 있기 때문에 현지조사는 단발적 조사가 아닌 장기적 안목을 가지고 진행해야 한다.

연구자는 현지조사를 통해 지역문화에 대한 두 가지 시각, 즉 연구자의 시각인 외부자의 시각과 향토인의 시각인 내부적인 시각을 획득할 수 있다. 이렇게 획득된 관점은 연구자로 하여금 지역민의 관점에서 지역문화를 이해하게 하고 연구자의 객관적인 시각으로 지역문화의 사회적·학술적인 의미를 밝히는 데 도움을 준다. 이러한 현지조사의 과정은 참여관찰법을 바탕으로 진행하였다. 참여관찰법은 연구대상자들이 주어진 여건에서 어떻게 삶을 영위하고 환경과 상호작용하는가를 서술하는 방법론으로 연구자가 향토민들의 경험세계를 이해하는 데 유용한 방법이다(James, 2006). 다음의 〈그림 1.1〉은 참여관찰의 순서와 범위*를 도식화한 것이다.

현지조사 때의 참여관찰을 11개 단계로 나누어봤을 때, 참여관찰의 준비는 약 2/11, 서술관찰은 약 3/11, 집중관찰은 약

*
〈그림 1.1〉의 참여관찰 순서와 범위는 『참여관찰법』에서 소개한 문화 기술적 자료 수집단계 중 연구시작에서부터 연구 끝까지의 '관찰범위의 변화'인 서술관찰(descriptive observations), 집중관찰(focused observations), 선별관찰(selective observations)을 참조하였다.

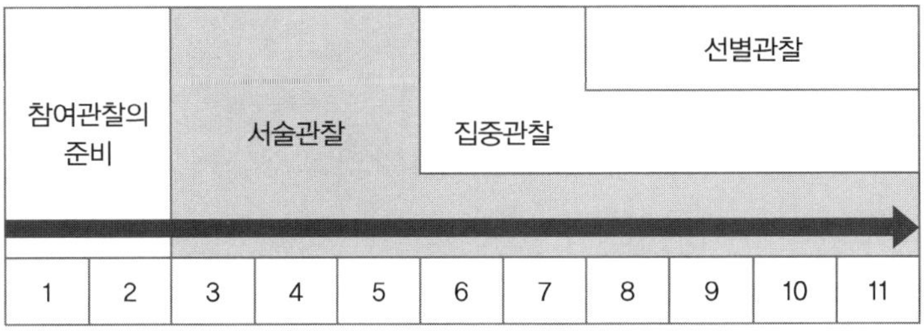

〈그림 1.1〉 참여관찰의 순서와 범위

2/11, 선별관찰은 약 4/11의 시간투자와 순서로 진행하였다. 첫 번째 참여관찰의 준비에서는 지역의 최초 접점(contact point)을 설정하고, 그것을 기반으로 조사의 범위를 확장한다. 지역의 문화원이나 박물관, 학교, 교회 등 지역민들이 모이는 장소, 공적 커뮤니티의 대표적인 지점을 방문하여 지역에 대한 전반적인 정보를 수집하는 것이다. 또한 이를 통해 지역에 대해 잘 알고 있고, 연구에 관심을 보이는 유력한 연구참여자를 확보한다. 두 번째 서술관찰에서는 앞선 관찰에서 확보한 연구참여자와 함께 지역 네트워크에 합류하여 마을 주민들에게 친화감(親和感)을 조성, 즉 라포*를 형성한다.

본 연구 지역인 검단에서는 유도회, 노인회, 부녀회와 같은 지역 커뮤니티가 매우 강한 영향력을 가지고 있었다. 내부 결속력이 좋은 집단은 외부인에 대한 배타적인 태도를 보이기 마련이다. 이러한 특성을 보이는 지역은 처음 접촉할 때의 인상이 매우 중요하다. 연구자가 좋은 인상을 심어주게 되면 지역민들의 내적인 자원(인터뷰를 통한 개인적인 이야기)을 보다 원활하게 수집할 수 있는 환경이 조성된다. 세 번째 집중관찰은 서술관찰단계에서 수집한 자료들을 분석한 후, 연구 범위를 좁혀나가는 단계이다. 제임스(James, 2006)는 이를 문화기술적 초점을 정하는 것

*라포(rapport)

사전적으로 일치 및 조화를 목적으로 하는 관계, 접촉의 의미를 가진다. 또한 '마음의 유대'란 뜻으로 서로의 마음이 연결된 상태, 즉 서로 마음이 통하는 상태를 가리킨다. 교신(交信), 영교(communication)의 뜻으로도 쓰이며 상호 신뢰관계를 형성하는 것이다. 라포가 형성되면 상대방에 대한 호감이 생기고, 마음속의 사연까지도 표현하게 된다.

이라고 했는데, 개인적인 관심이나 정보제공자의 제안, 이론적 관심, 전략적 관심 등이 기준이 된다. 콘텐츠에 마을의 모든 이야기를 수집하여 총망라하는 것도 좋지만, 현실적으로 시간과 비용의 한계를 고려했을 때보다 지역의 정체성을 함의하고 있는 이야기에 우선순위를 두어야 한다. 네 번째 선별관찰은 현지에서 보다 많은 분석과 반복되는 관찰을 한 후 조사범위를 더욱 좁혀 관찰하는 것이다. 특정한 상황에 집중하여 장면을 만들어내고, 콘텐츠 구성에 필요한 가능한 모든 자료를 수집한다. 관련한 마을 주민들과 인터뷰를 거듭하여 이야기의 윤곽을 가능한 명확하게 그려낼 수 있도록 한다.

이렇게 네 가지 관찰은 순차적으로 진행되지만, 모든 관찰은 동시에 진행된다(James, 2006: 142). 현지조사의 처음부터 끝까지 서술관찰은 계속되어야 하는데, 이는 늘 마을이라는 거시적인 맥락(총체성) 속에서 마을 이야기가 진행되어야 하기 때문이다.

이와 같은 현지조사 이후에는 다시 스토리텔링 작업에서 부족한 내용을 보완하기 위한 문헌조사를 실시한다. 특히 현지조사를 통해 수집한 개인적인 소장 자료, 마을회관에 보관되어 있는 자료들을 해석하고 분석한다. 이러한 자료는 지역문화를 증명하고 그 경험을 전달한다는 점에서 매우 소중하다.

문헌조사와 현지조사 결과물은 대부분 텍스트와 이미지로 수집된다. 이렇게 수집한 자료들을 체계적으로 정리하는 작업은 무엇보다도 중요하다. 잘 정리된 자료는 추후에 데스크 작업을 하면서 원고 집필 및 자료 정리를 위해 방대한 자료를 찾으면서 소비하는 많은 시간과 노력을 최소화하는 데 기초가 되는 작업이기 때문이다(김현 외, 2008: 284). 연구에서 현지조사의 기간이 길고 대상 지역의 범위가 넓을수록 수집하게 되는 자료들의 양은 방대해진다. 이러한 자료를 효과적으로 정리하지 못한다면 자료에 대한 공간적인 장벽이 발생할 수 있다. 공간적인 장벽이란 연구자가 확보한 정보를 찾지 못해 재조사하거나 활용하지 못하는 상황을 의미한다. 결과물의 양이 아무리 많을지라도 연구자가 그것을 한 눈에 꿰고 있지 않으면 효율적인 연구는 불가능하다. 따라서 연구과정이 진행되고

있는 동안에도 필요한 정보는 일정한 체계로서 하나의 집합인 데이터베이스(DB: database)로 가공하여 자료의 활용도를 높여주어야 한다. 〈표 1.2〉는 검단의 지역 문화에 관한 자료들을 체계적으로 정리하여 구축한 데이터베이스 색인표의 예이다.

엑셀로 제작한 이 색인표는 연번, 표제어, 자료유형, 자료분류, 내용 및 출처를 항목명으로 하고 있다. 출처를 항목명으로 둔 것은 정보의 출처를 명확히 함으로써 향후 정보성이 강한 스토리텔링 방법을 사용할 때 도움이 되고자 한 것이다.

<표 1.2> 검단지역 데이터베이스 색인표 예시

연번	표제어	자료 유형	자료 분류	마전동	대곡동	불로동	원당동	당하동	지역범위	내용	출처
8	KALI아파트	a	1	0	0	0	4	0	고산후	고산 뒤에 있는 543세대의 아파트	『서구사』, 617쪽
9	가늘부고개	a	1	1	2	0	0	0	충곡	충곡과 가현 사이의 고개	『서구사』, 630쪽
23	가재울	a	1	0	2	0	0	0	태정	정구메와 이랏말 사이의 느	『검단의 역사와 문화』, 110쪽.
56	검단고등학교	a	1	1	0	0	0	0	원당	마전동 산13~8번지에 있는 초등학교	『서구사』, 582쪽
65	검단초등학교	a	1	1	0	0	0	0	여래	마전동 147번지에 있는 초등학교	『서구사』, 578쪽
66	검사래논	a	1	0	2	0	0	0	충곡	정일꿈짜기 위쪽의 느	『검단의 역사와 문화』, 121쪽
68	경무산	a	1	0	2	0	0	0	설원	마을 남쪽에 높이 솟은 산으로 96m	『서구사』, 632쪽
72	고구모테이	a	1	0	0	0	0	0	두밀	둘다리 아래 시내에 접한 가파른 산모퉁이	『서구사』, 627쪽
73	고래울논	a	1	0	0	3	0	0	불로, 마산	마산의 서편 방아다리 아래에 위치한 느	『검단의 역사와 문화』, 131쪽
74	고미논들	a	1	0	0	0	4	0	원당	마산의 동쪽 건너편 김포시와 경계를 이루는 느	『검단의 역사와 문화』, 144쪽
77	고산뒤	a	1	0	0	0	4	0	고산후	원당의 원당3리로 서쪽으로는 마전동과 접하고 있음	『서구사』, 617쪽
78	고산뒤고개	a	1	0	0	3	0	0	불로, 마산, 검단	불로나 검신지역에서 고산후로 넘어가는 고개	『서구사』, 620쪽, 622쪽

2) 지역문화 스토리텔링의 구성 절차

스토리텔링(콘텐츠)을 만들기 위해서는 흩어져 있는 자료들을 일정한 논리에 따라 배치하여 이야기를 구조화하는 것이 필요하다. "구슬이 서 말이라도 꿰어야 보배"이듯이 좋은 자료가 아무리 많이 있더라도 일정한 체계를 가진 구조물이 되지 않으면 무용지물(無用之物)이다. 좋은 스토리텔링은 지역의 문화가 충실히 드러나고 지역민들의 이야기와 그들이 생각하는 지역문화의 가치가 자연스럽게 녹아 있는 것을 의미한다.

문헌조사와 현지조사를 통해 수집된 자료들은 일정한 틀에 따라 데이터베이스로 정리된다. 이 자료들은 다음의 절차를 거쳐 스토리텔링으로 재구성된다. 첫 번째 단계는 '의미체계의 구조화'이다. 이 단계는 수집된 자료들을 '분류'하는 것으로, 자료와 자료 사이의 관계, 부분과 전체의 관계를 찾아내는 작업이다. 자료들 간의 포함관계, 즉 위계를 찾아내는 이러한 분류작업은 특정한 영역의 부분집합들을 보여주고, 그것이 전체와 연결된 방식을 보여주는 데 도움을 준다. 산만하게 흩어져 있는 자료들을 분류하는 이 단계의 첫 번째 작업은 의미론적 관계를 살펴 유사한 것들을 묶는 것이다. 유사한 의미들을 묶어 커다란 의미의 덩어리 집합을 구성하는 과정 속에서 가장 상위의 의미인 '주제'를 도출한다. 그리고 그 영역 내에서 보다 더 세분화된 하위 범주를 구성한다. 이는 다음의 〈그림 1.2〉*와 같은 작업들을 통해 선명하게 구조화시킬 수 있다.

이와 같이 구조화된 작업은 적게는 2~3개에서 많게는 50개 이상으로 광범위하게 펼쳐진다. 구조화 작업에서 각각의 위계는 하나의 '수준'의 의미로 이해될 수 있는데, 이 수준의 층위가 깊

*
James P. Spradley (2006).
Participant Observation. 신재영(역). 『참여관찰법』. 시그마프레스, 157쪽.

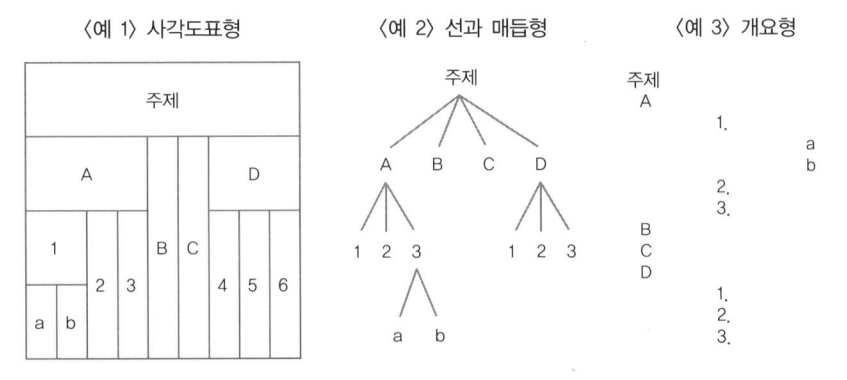

〈예 1〉 사각도표형　　　〈예 2〉 선과 매듭형　　　〈예 3〉 개요형

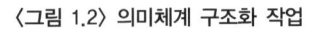

〈그림 1.2〉 의미체계 구조화 작업

을수록 해당 주제로 만들 수 있는 이야기의 스펙트럼은 넓어진다. 또한 마을의 모습을 매우 구체적이고 논리적으로 담을 수 있다. 구조화된 작업은 더 깊이 있는 분석과 추론을 통하여 일정 층위에서 나누어지거나 결합되는 경우도 생긴다. 이 때 보다 풍부한 스토리텔링의 생성을 위해서는 끊임없는 상상력이 필요하다.

　수집된 자료들의 구조화 작업을 통해 다양한 의미 덩어리의 집합들과 그 속에서 세분화된 의미의 위계들을 확인할 수 있다. 가장 상위에 위치하는 '주제'는 매우 단순하지만 구조화된 수준의 층위가 깊어질수록 다양한 의미들이 파생된다. 어떠한 주제를 가지고 의미체계를 구조화시킬 때에는 특정 상황들의 연쇄체, 즉 어떤 사회적 상황들이 연결고리들을 이루어 구성하고 있는 일종의 흐름을 확인할 수 있다. 이러한 흐름의 연결고리들을 '장면'(場面)이라고 한다.

　'사회적 상황'(James, 2006: 49-57)이란 특정 지점에서(장소), 사람들에 의해(행위자) 수행된 행동의 연속체(활동)이다. 사회적 상황은 장소, 행위자, 활동의 세 가지 요소로 규정된다. '장소'는 어떤 상황이 발생되는 물리적인 공간으로 마을 내 특정한 공간이 사회적 상황들의 연쇄된 장면으로 인해 일정한 성격을 가지게 된다. '행위자'는 어떤 상황을 의도하고 있는 마을 주민이고, '활동'은 마을 주민에 의해 수행되는 수백 가지의 동작들과 행동의 흐름들이다. 이 세 가지 요소들

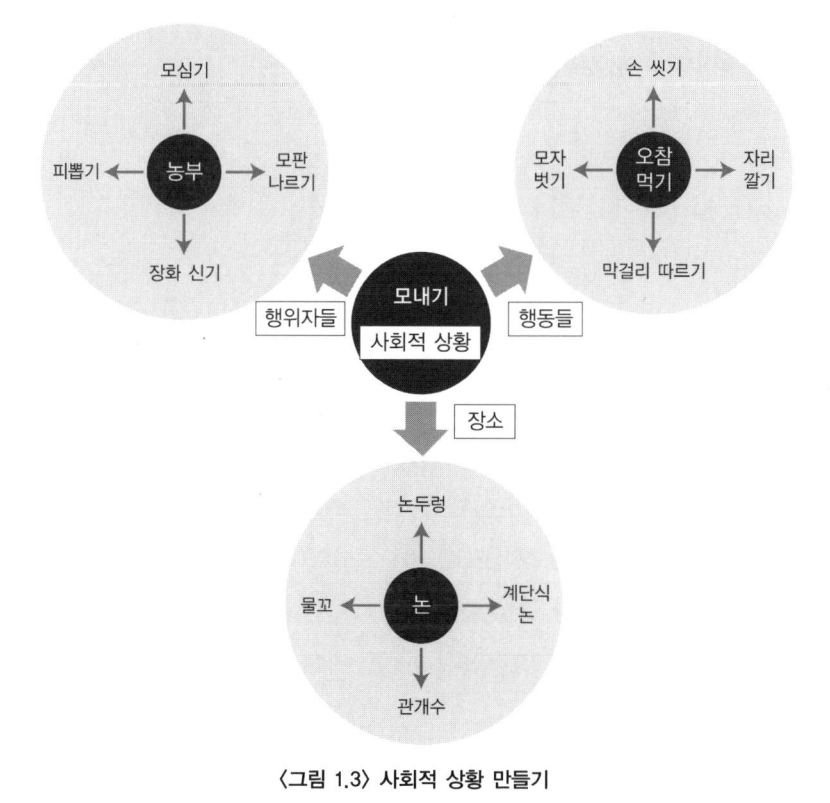

〈그림 1.3〉 사회적 상황 만들기

은 각각이 마을이 가지고 있는 사회 문화적 의미를 이해하기 위한 도약대로 작용한다. 그리고 단일한 사회적 상황이 어떻게 다른 상황과 연결되는지, 또한 다른 사회적 상황들을 포함시킬지 결정한다. 〈그림 1.3〉은 사회적 상황을 도식화한 예이다.

이러한 사회적 상황들은 논리적으로 연결되어 장면을 이루고, 각각의 장면은 사회적 상황들의 집합체로서 일종의 큰 흐름, 즉 이야기를 구성하게 된다. 따라서 사회적 상황은 전체 이야기의 구성요소이며 장면은 사회적 상황들의 유기적인 연결로 구현된다고 할 수 있다. 각 사회적 상황들은 물리적인 인접성(장소의 가까움), 유사 활동들의 네트워크(조직화된 집단의 사람들의 움직임) 등에 의해 연계된

〈표 1.3〉 스토리텔링 개요표

제 목	마을 아낙네들의 마음을 치료한 검단의 우물	
소 재	여래마을 우물, 가현마을 우물, 오두물, 족저마을 우물, 왜물	
배 경	시 간	현재시점으로 서술
	공 간	마전동, 대곡동, 당하동, 불로동
장 르	설명문	
개 요	도입 1. 검단의 우물에는 이야기가 담겨 있다. 2. 우물에 대한 설명 본문 3. 가현마을 우물 이야기 4. 여래마을 우물 이야기 5. 오두물 이야기 6. 족저마을 우물 이야기 7. 왜물 이야기 결론 8. 우물은 마을 아낙네들의 공론장으로서의 역할을 해왔다.	
참고자료	09.07.12 전사록, 09.08.21 전사록, 09.11.17 전사록	

다. 연계된 사회적 상황들은 특정한 장면을 구성하게 되고 장면은 이야기의 형태를 구성하는 데 있어서 결정적인 꼭짓점의 역할을 한다. 그 꼭짓점을 어떻게 연결하고 활용하는가에 따라 마을의 표정은 매우 다양하게 연출될 수 있는 것이다. 〈표 1.3〉은 이러한 과정을 통해 구성한 스토리텔링 개요표이다.

위의 〈표 1.3〉은 제목, 소재, 배경, 장르, 개요, 참고자료 등을 포함한다. 등장인물이 있다면 등장하는 캐릭터의 개요 역시 추가한다. 위의 스토리텔링은 인터뷰 자료를 바탕으로 한 설명문으로 이를 위해서는 철저한 사전조사와 현장조사가 필요하다.

지역문화 스토리텔링에서 가장 꽃이 되는 단계는 이야기를 직접 풀어내는 단계이다. 현재까지의 과정을 통해 이야기를 풀어내기 위해 고민해야 하는 과정이 하나 더 있다면 이야기의 성격을 규정하는 것이다. 지역문화 스토리텔링은 정보적 가치와 정서적 가치 모두를 중심 가치로 두고 있다. 따라서 지역문화 스토리

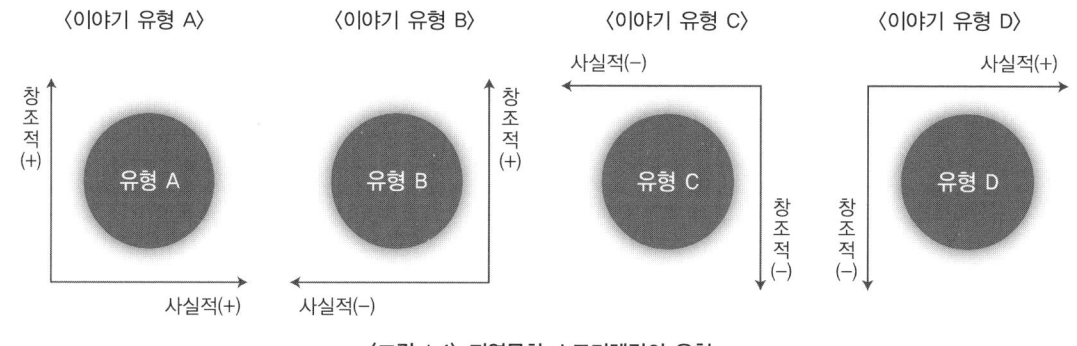

〈이야기 유형 A〉　　　〈이야기 유형 B〉　　　〈이야기 유형 C〉　　　〈이야기 유형 D〉

창조적(+)　　유형 A　　사실적(+)

창조적(+)　　유형 B　　사실적(−)

사실적(−)　　유형 C　　창조적(−)

사실적(+)　　유형 D　　창조적(−)

〈그림 1.4〉 지역문화 스토리텔링의 유형

텔링의 성격은 다음의 〈그림 1.4〉와 같이 '창조적'인 축과 '사실적'인 축이 교차되어 생성되는 네 가지 영역으로 범주화하여 유형을 구분할 수 있다.

　첫 번째 A유형은 마을 주민들의 이야기에 기반을 둔 감성적 스토리텔링이다. 마을 주민들과 연구자의 합의된 지역문화에 관한 지식이 A유형 콘텐츠 제작에 토대가 된다. 따라서 여러 분야에서 활용의 가능성이 가장 높으며, 에듀테인먼트의 기능을 가지고 있다. 두 번째 B유형은 지역의 문화자원들 중에서 보다 흥미롭고 유희적인 내용을 선별하여 대중에게 크게 호소할 수 있는 내용으로 각색하고 재구성한 콘텐츠이다. 그래서 B유형의 스토리텔링에서는 마을을 조사한 연구자의 개입이 매우 뚜렷하게 나타난다. 세 번째 C유형은 유희적이거나 객관적인 사실에 기반을 둔 것과는 다르게 비판적이고 이상적인 콘텐츠이다. 지역의 자료를 바탕으로 스토리텔링을 구성하지만, 전문가적이고 비판적인 분석을 통해 특정한 이상이나 신념을 지지하는 도구로 활용될 수 있다. 마지막으로 네 번째 D유형은 백과사전식의 정보제공을 위주로 한 콘텐츠이다. 현장조사를 통해 수집된 자료와 객관적으로 검증된 자료에만 근거를 둔다. 지역문화를 그린 다큐멘터리이자 이를 보존하는 아카이브라고 할 수 있다.

　하지만 이러한 이야기의 성격을 규정하는 작업은 연구자 개인이 혼자서 결정할 수 있는 문제가 아니다. 예컨대 마을사람들에게 불편하고 아름답지 않다고

여겨지는 내용의 소재들은 이야기를 구성하는 데 활용되기 어려울 수 있다. 또는 미화된 지역의 모습을 원하는 마을 주민들의 바람으로 연구자의 의도와는 다르게 이야기를 선별해야 하는 경우도 생길 수 있다. 또한 실제로 조사한 내용을 바탕으로 이야기를 구성했음에도 불구하고 지역민들은 완성된 스토리텔링에 동의하지 않을 수 있다. 이러한 예들은 텍스트 구성 과정(의미화의 과정)에서 연구자와 지역민들과의 관점의 차이가 나타났기 때문에 발생할 수 있는 상황들이다. 이와 같이 어긋난 관점의 차이는 연구자와 마을 주민들 간의 부단한 소통과 상호 신뢰의 확인을 통해 문화적 공유지점을 찾는 과정을 거쳐 반드시 해결해야 한다.

위와 같은 과정을 거쳐 최종적으로 만들어진 스토리텔링은 다음의 〈표 1.4〉와 같다. 이는 〈표 1.3〉에 나타난 개요표를 바탕으로 〈그림 1.4〉의 이야기 유형 D를 적용하여 풀어낸 이야기이다.

마을 아낙네들의 마음을 치료한 검단의 우물

북쪽으로 한강이 흐르고 서쪽으로 황해가 맞닿은 곳. 가현산과 만수산에서 흘러나온 물줄기가 삶의 터전을 휘감아 흐르는 곳. 이렇게 개발 전의 검단은 하늘에서 내리는 비 외에도 산과 강, 바다 덕분에 물이 마르지 않아 풍족한 삶을 영위할 수 있었던, 하늘이 내린 풍성한 지역이었다. 그중에서도 검단의 우물은 가뭄이 들어도 마르지 않고 마을사람들의 마음을 치료하여 그 형태가 사라진 현재까지도 마을사람들에게 그에 관한 이야기가 전해져 내려오고 있다.

우물은 물을 긷기 위하여 땅을 파서 지하수를 괴게 한 곳 혹은 그런 시설을 말한다. 우물은 땅을 파서 거적 따위를 얹었다는 뜻의 '움'과 물의 합쳐진 '움물'에서 변화한 단어로 검단지역(과거 김포지역)의 방언으로는 '움물, 음물'이라고 한다. 우물은 '물'이 가진 생활수로서의 기능 외에도 신성성, 생명성, 정화성, 재생성 등의 상징적인 의미와 공동체 유지라는 사회적인 기능도 가지고 있었다. 특히 공동체 유지라는 사회적인 의미는 거취에 많은 제약을 받았던

여성들이 자유롭게 오갈 수 있었던 곳이 우물이었다는 점에서 비롯한 것으로 보이며 우물에 관한 이야기 역시 이에 관한 이야기가 다수를 차지한다.

가현산 줄기의 끝부분에 위치한 마전동은 현재 검단1동 주민센터, 검단고등학교, 검단초등학교가 위치한 지역이다. 이중 검단초등학교 주변인 여래마을과 여래마을의 위쪽에 위치한 가현마을의 우물 이야기를 들어보자. 가현마을에 거주하는 ㅇ씨(54세, 남)에 의하면 가현마을에는 두 개의 우물이 존재했다. 한 줄기에서 뻗어 나와 두 집으로 나누어진 우물은 각각 '광택이네 우물터'와 '정일네 우물터'라고 불리었다고 한다. 이 우물들은 바가지 모양으로 생겼으며 겨울이 되면 물에서 김이 나와 목욕을 해도 되었을 정도로 따뜻했다고 한다. 마을 여인들은 물을 긷기 위해 우물을 찾았을 뿐만 아니라 빨랫감을 들고 나와 남편 이야기를 하며 빨래를 하기도 하였고 우물을 사용해야 하는 일이 없어도 여인들과의 유희를 위해 우물을 찾았다고 한다. 가현마을의 두 우물은 마을사람 모두가 함께 청소하고 공동으로 관리하였다고 한다. 이후 수도가 보급되면서 마을사람들이 물을 이용하기 위해 우물을 찾는 횟수는 줄어들었지만, 어젯밤 꿈 이야기를 하기 위해, 서울에서 공부하고 있는 아들 자랑을 하기 위해 모인 어머니들로 우물터는 북적북적거렸다고 한다.

여래마을에 거주하는 ㄱ씨(64세, 남)의 말에 따르면 여래마을에는 산신제가 열리는 안산 아래와 그 주변 논인 지진달(지명 이름)에 우물이 있다고 한다. 〈중략〉

우물은 공동체적 삶의 중심에 위치하고 있었으며 여성들이 이용이 자유로웠던 덕에 마을 아낙들의 공론장으로 이용되었다. 자식에 대한 걱정과 마을에 대한 걱정은 우물터에서 다른 아낙들과 이야기를 나누며 해소되고 해결되었으며, 이 과정을 통해 마을 아낙들은 마을 구성원으로써 마을 일에 참여할 수 있었던 것으로 보인다. 과거와 소통의 체계가 달라진 현대사회에도 우물의 이런 이야기와 소통체계는 보존되어야 할 것이다. 사회적으로 억압받던 사람들의 공론장이자 마음의 병을 치료하는 곳이었던 마을 우물. 각종 개발로 인해, 마을 내부가 아닌 외부적인 요소에 의해 마을의 우물이 사라져가는 시대에 우리들의 마음의 우물은 어디서 찾아야 할까.

〈표 1.4〉 검단의 스토리텔링 사례

앞의 글에서는 연구참여자의 약어(ㅇ씨, ㄱ씨)와 나이를 기술하여 사실성을 높이고자 하였다. 만약 연구참여자가 완성된 글을 본 이후에 자신의 실명을 거론해도 좋다고 동의한다면 실명을 쓰는 것이 더욱 효과적이다.

이 장에서는 지역문화 스토리텔링의 방법과 그 사례를 제시하였다. 이러한 과정에 따라 사례로 제시한 설명문 이외에 소설이나 게임 스토리텔링 역시 개발할 수 있다. 하지만 만약 스토리텔링이 이처럼 체계적으로 진행되지 않고 주먹구구식으로 눈에 보이는 것만을 대상으로 진행된다면 개발과정에서 재조사를 요구하기도 하고, 향후 수용자가 지역문화 스토리텔링을 향유하는 과정에서 지역문화에 대해 잘못된 정보와 왜곡된 정서를 얻는 오류를 초래할 수도 있다. 따라서 스토리텔링은 지역문화에 대한 현지조사를 통해 반드시 장기적인 안목을 갖고 체계적으로 진행되어야 한다.

지역문화 스토리텔링을 넘어서

지금까지 이 글에서는 지역문화를 활용한 스토리텔링의 과정과 그 사례를 인천시 서구 검단지역을 중심으로 살펴보았다. 지역문화는 특정지역에서 나타나는 문화적 특성으로 지역민들이 삶을 영위하는 데 영향을 미치게 된다. 지역민들의 실천적인 감성 및 지식에 기반을 두는 지역문화는 체험을 경험하게 하는데 유용한 스토리텔링을 통해 그 의미를 전달하는 것이 효과적이다. 이 연구에서는 검단지역의 문화를 어떻게 콘텐츠로 어떻게 변환시킬 것인가에 관한 스토리텔링 과정에 주목하였다.

지역문화를 스토리텔링하는 방안은 다음의 두 가지 과정으로 나누어 설명될 수 있다. 첫 번째 과정은 지역의 자료들을 수집하는 것이다. 문헌조사와 현지조사를 통해 지역문화 원형의 자료들을 조사하는 것으로, 가공하지 않은 원천자료는 그 자체로도 역사적·정보적·정서적인 가치를 지닌다. 지역에서 수집한 자료들은 지역민들의 역사와 경험을 반영한다. 따라서 지역문화 스토리텔링을 구성하기 위해서는 그들의 선험적 지식, 즉 공유된 문화지식을 이해하고 확인하는 것이 매우 중요하다. 자료에 투영된 지역민들의 오랜 경험과 축적된 지혜는 타자(他者)의 시각으로는 그 의미를 제대로 이해할 수 없다. 장시간 내부자의 그것으로 밀접하게 접근했을 때 가능한 것이다. 연구자는 끊임없는 분석과 상상력을 바탕으로 지역에 대한 문화적 추론을 해야 한다. 그리고 지역민과의 부단한 대화를 통해 자료의 분석 결과에 대한 합의된 문화지식을 도출해 내야 한다. 이러한 분석과 추론의 변증법적인 문화적 가공과정은 원형자료를 수집하는 단계에서부터 스토리텔링 콘텐츠를 구성할 때까지 계속된다.

지역문화를 스토리텔링하는 두 번째 과정은 수집한 자료들을 유형화시키고 이를 이야기로 풀어내는 것으로 구성된다. 이때 자료들을 분류하는 과정은 지역문화가 가지는 독특한 의미 체계들을 발견할 수 있게 한다. 본 연구에서 정의한

문화적 상황들의 연쇄체인 '장면'들은 이야기를 구성하기 위한 꼭짓점과 같은 역할을 하며 '장면'들을 연결하는 의미적 관계는 수집된 자료의 유형과 분량, 연구자의 관심, 지역민들의 이해관계 등과 관련하여 지역문화와 스토리텔링의 성격을 규정하는 데 결정적으로 작용한다. 이처럼 자료들을 분류하고, 선택된 의미들의 체계를 구성, 이야기로 각색하는 기술적 가공과정은 지역문화의 가치를 현대화시키는 작업의 핵심이라고 볼 수 있다.

　지역문화는 선인들의 지혜를 바탕으로 현대를 살아가는 사람들과의 상호작용에 의해 만들어진 산물이다. 경제적인 논리에 밀려 그 가치를 제대로 평가받지 못하고 변질되는 지역문화는 인간의 삶과 철학을 우리에게 던져준다. 지역적 범위가 좁더라도 정치, 경제, 문화, 민속, 예술 등의 다양한 분야를 지니고 있는 지역문화를 제대로 조사하고 이해하기 위해서는 많은 시간과 노력이 필요하다. 단기적이고 단편적인 조사 및 이용이 아닌, 장기적인 안목으로 지역문화를 연구하고 이를 활용한다면 점차 잃어가는 '인간'에 대한 이해와 정체성을 확립할 수 있을 것이다. 그리고 지역문화의 숨은 가치를 발견하고 이를 문화적 가치, 현재적 가치로 재맥락화하여 지역문화의 가치를 대중에게 효과적으로 전달할 수 있을 것이다. 지역문화가 지닌 정체성이 주목받기 시작하는 지금 이 순간이 이에 관한 연구를 시작하기에 적합한 시간이라 생각된다. 이 글을 통해 지역문화를 스토리텔링하는 한 가지 방법을 알게 되었으니 말이다.

　다음의 2부에서는 지역문화를 스토리텔링하기 위한 기초적인 지역조사를 가공한 인천 서구 검단마을지를 기술할 것이며, 3부에서는 2부의 내용을 기초로 하여 스토리텔링 사례를 제시할 것이다.

참고문헌 및 자료

김성대(2007). "도시 정체성 구현을 위힌 스도리텔링 직용 시론".『인문곤덴츠』 제10호, 인문콘텐츠학회.

김기혁(2009). "마을연구에서의 지도의 활용".『마을 연구조사 방법론과 마을지 제작』. 한국학중앙연구원 제3기 향토문화아카데미 자료집.

김영순(2010). "공간 텍스트의 사회문화적 재구성과 공간 스토리텔링".『인문콘 텐츠』제19호, 인문콘텐츠학회.

김영순 · 김정은(2006). "문화콘텐츠를 활용한 지역문화 교육방안 연구".『인문 콘텐츠』제7호, 인문콘텐츠학회.

김영순 · 오세경(2010). "지역문화교육을 위한 지명유래 전설의 스토리텔링 사 례 연구".『문화예술교육연구』제5권 1호, 한국문화교육학회.

김영순 · 윤희진(2010가). "다문화시민성 함양을 위한 스토리텔링 활용 문화교 육 방안".『언어와 문화』제6권 1호, 한국언어문화교육학회.

김영순 · 윤희진(2010나). "향토문화자원의 스토리텔링 과정에 관한 연구: 인천 시 서구 검단의 황곡마을을 중심으로".『인문콘텐츠』제17호, 인문콘텐츠 학회.

김영순 · 임지혜(2010). "디지털 마을지 제작 과정에 관한 연구: 인천 서구 검단 을 중심으로".『언어와 문화』제6권 3호, 한국언어문화교육학회.

김영순 · 정미강(2008). "공간 텍스트로서 '도시'의 스토리텔링 과정 연구".『텍 스트언어학』제24호, 텍스트언어학회.

박한준(2009).『黔丹의 歷史와 文化』. 인천서구문화원 향토문화연구소.

이해준(2004). "지역학의 범주와 향후 연구과제: 지역연구 관점에서 보는 안 동학".『안동학연구』제3호, 한국국학진흥원.

정창권(2008).『문화콘텐츠 스토리텔링』. 북코리아.

James P. Spradley (2006). *Participant Observation*. 신재영(역).『참여관찰 법』. 시그마프레스.

제2부

검단의 기억과
이야기 기술: 마을지

김영순 · 박한준 · 오장근 · 정미강 · 임지혜
배현주 · 김미라 · 정찬영 · 오세경 · 윤희진

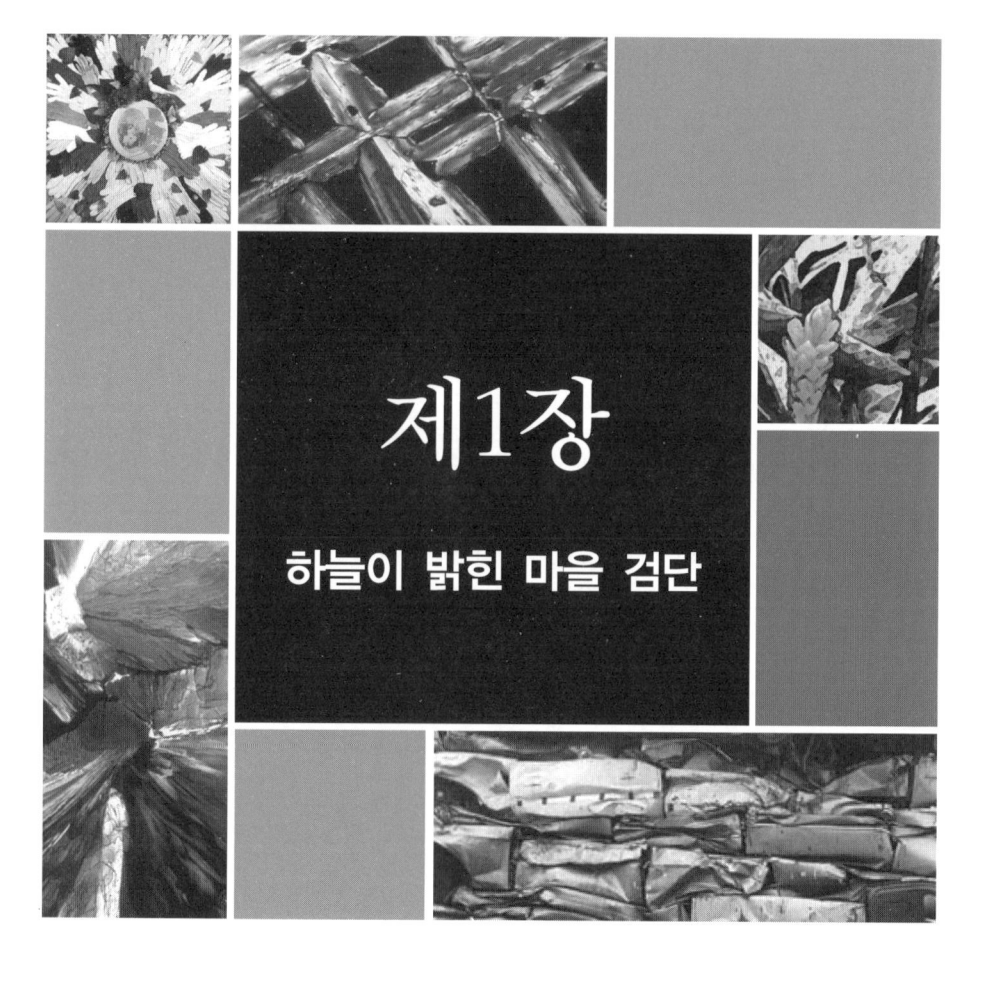

제1장

하늘이 밝힌 마을 검단

검단지역에 처음 사람들이 살기 시작한 때는 신석기시대로 본다. 이 지역의 비교적 낮은 구릉지와 한강 하류에 넓고 풍요롭게 형성된 퇴적평원은 사람들이 모여 정착하기에 더없이 좋은 환경이었던 것이다.

마을의 이름에는 수수논, 가마골, 개똥논과 같이 농경사회의 특징이 많이 남아 있다. 그래서 검단지역은 예로부터 으뜸 되는 마을, 하늘에 제사를 드리는 마을, 풍요로운 마을로 알려져 있었다. 옛 문헌을 살펴보면 '검단'은 '굼단'의 변형으로 신 또는 존장을 의미하는 '굼'과 '곡'(谷), 즉 마을을 의미하는 말의 결합이다.

하늘에 제사 지내는 제사장은 무당이며 왕에 버금가는 신분의 소유자이므로 제사를 집전하던 신분의 소유자가 검단에서 생산되던 금·동·철을 가지고 상당한 권세를 누리며 살았을 것임을 알 수 있다. 예부터 검단에서 거주하던 선조들은 풍성한 수확을 바라는 마음으로 천신제(天神祭)를 올렸는데, 이 같은 신성한 장소를 광명(光明), 원당(元堂), 족저(足儲)와 같이 마을의 이름으로 불러왔음을 통해 살펴볼 수 있다.

마전동은 금곡동, 당하동, 원당동, 불로동으로 둘러싸인 지역으로 다른 지역에 비해 산이 적고 굴곡이 적은 평지로 이루어져 있다. '마전동'(麻田洞)이라는 명칭 역시 넓은 밭이 있는 마을이라는 뜻으로 마전동의 이런 자연적 특성을 뒷받침해주고 있다. 마전동 명칭에 관해 예전부터 삼(麻: 어저귀)을 많이 길렀기 때문에 마전동이라고 불렀다는 설도 있다.

정조 13년(正祖 13, 1789)에 제작된 『호구총수』*에서부터 헌종 8년(憲宗 8, 1842), 고종 8년(高宗 8, 1871), 광무 3년(光武 3, 1899)에 기록된 『김포군읍지』**에 의하면 이 지역은 마전리(麻田里)와 여래리(如來里)로 존재한다. 이후 1914년 일제가 전국 행정구역을 통폐합할 때 검단면의 마전리, 여래리를 마전리(麻田里)로 통합하고 검단면사무소를 청마부락에 두었다. 마전동은 1995년에 인천시 서구 검단동, 2002년부터는 인천시 서구 검단1동 소속이 되어 현재에 이르고 있다.

마전동은 검단사거리, 검단 1, 4동 주민센터, 검단고등학교 등이 위치한 검단의 중심지이다. 검단이 신도시로 발전하면서 마전동 역시 신도시의 중심으로 날아오르기 위한 준비가 한창이다.

1) 청마마을

청마(青麻)부락은 마전동의 동남쪽에 위치하여 원당동, 당하동과 경계를 이루고 있다. 청마라는 명칭은 예전부터 어저귀를 뜻하는 삼(麻)을 많이 재배하여 삼바지라고 불리던 것이 한자로 바

*『호구총수』(戶口總數)
조선시대 전국의 호수(戶數)와 인구수를 기록한 책으로, 편찬자, 편찬시기, 편찬 경위 등은 알 수 없으나, 책의 내용으로 볼 때 1789년(정조 13년) 규장각(奎章閣)에서 한성부의 초기(草記)를 기초로 편집하여 간행한 것으로 추정된다.

**『김포군읍지』(金浦郡邑誌)
1899년(광무 3년) 군수 장윤환(張允煥)이 간행한 경기도 김포군의 읍지로, 건치연혁(建置沿革)·방리(坊里)·결총(結摠)·호구(戶口)·환총(還摠)·풍속·고적·토산·인물·충효·명환(名宦)·능침(陵寢)·사찰·봉수(烽燧)·산천·명승·제영(題詠)·군선생안(郡先生案) 등을 수록하고, 책머리에는 채색 지도를 붙였다. 선생안(先生案)은 광해군 때부터 1899년까지 기록되었다.

〈표 2.1〉 청마마을의 소지명

대봉산	이 마을의 수봉(主峰)으로 해발 114m이다. 마전–원당 간의 도로에 위치하고 있다.
도당장산	청마부락의 안산으로 해발 66.7m의 삼각점이 있으며 예로부터 도당제를 지내던 곳이라고 한다.
뒷삼바지고개	청마–당하를 왕래하는 고개이다. 현재 도로로 확장, 포장되어 있다.
삼바지	청마부락의 중심마을을 이르는 말이다.
말죽거리	청마에서 독정 쪽의 논을 뜻하는 말로, 을축년(1925) 대홍수로 흉년이 들어 벼를 수확하지 못하고 검불을 베어 소, 말의 먹이로 사용하여 말죽거리밖에 수확하지 못했다는 데에서 유래한 지명이다.
웃 골	청마의 서북쪽 마을을 이르는 말이다.
느르머리	청마–독정 간의 왕래 길로 길게 돌아 들어오는 산머리라는 뜻이다.
청너머	청마부락의 남쪽 마을을 이르는 말이다.

낀 것으로, 마전동이라는 명칭도 청마부락에서 비롯된 것이다. 이 마을은 검단면 마전리라는 법정리에 속해 있다가 1995년 이후 검단동에, 2002년부터 검단1동에 속해 있다.

이 마을은 전형적인 농경사회로 약 500여 년 전 성주 이씨*가 입향한 이후 연안 김씨**도 입향하여 두 성씨가 세거해오고 있다고 한다. 청마 주위로는 좌청룡, 우백호의 산세가 드리워져 있으며 청마부락은 그중 청룡골에 위치하고 있다. 1800여 년 전, 검단지역에서는 최초로 농악놀이가 시작되었으며 청마부락의 농악놀이는 두레패라고 불린다고 한다. 아직도 두레패의 농악 물품과 그 역사가 마을 주민에 의해 전해져 내려오고 있다. 뿐만 아니라 사모관대, 상여집 등도 향토를 사랑하는 청마부락 사람들의 온기로 따스하게 보관되고 있다.

*성주 이씨(星州李氏)
성주 이씨 시조 이순유(李純由)는 신라 문성왕(文聖王) 때 이부상서(吏部尙書)를 지낸 명신(名臣)으로 경주 이씨(慶州李氏) 시조 이알평(李謁平)의 32대손이며, 500여 년 전 처음 검단 청마마을에 입향하여 세거하기 시작하였다.

**연안 김씨(延安金氏)
연안 김씨는 고려 사문박사(四門博士) 섬한(暹漢)을 시조로 하고 있으며, 500여 년 전 경주 이씨에 이어 청마마을에 입향하여 세거하기 시작하였다.

2) 완정마을

완정(完井)은 능내와 청마 사이에 위치한 자연부락으로 현재는 검단4동에 속한다. 『김포군읍지』에 따르면 고려시대부터 맛이 좋은 우물이 있어 완정이라 부른다고 전하며 이 우물은 현재의 동아아파트 앞쪽에 있었다고 한다. 완정부락은 윗말과 아랫말로 구성되어 있었으며, 이 마을은 현재의 동아아파트와 현대아파트 자리에 위치하고 있었다고 한다.

『김포군지명유래집』*에 따르면 과거에는 청마부락과 함께 마을 안산인 도당산에서 도당제를 지냈다고 한다. 이 마을은 정월 초하루에 마을의 안녕과 풍요를 비는 '신년과세드림'(신년풍요제)과 음력 2월 13일의 '영등손맞이'(풍우조화와 풍년을 비는 굿) 행사를 하였다. 또한 매년 음력 7월 13일에는 '마불림'을 하였는데, 이는 우마(牛馬)의 번식을 기원하는 행사였다. 하지만 완정공단이 들어서면서 마을의 풍습이 많이 사라지고, 아파트가 들어서고 큰

〈표 2.2〉 완정마을의 소지명

윗 말	완정의 중심이 되는 마을로 현재의 동아아파트 주변이다.
아랫말	현재 현대아파트 주변으로 마을의 집들이 10호를 넘긴 적이 없다고 한다.
완정교	완정에서 고산후로 가다가 불로동과 경계를 이루는 다리로 나진포천이 흐르고 있다.
문고개	윗말에서 원현사거리로 넘어가는 고개로, 현재 마전중학교와 검단현대힐스테이트 사이의 큰 도로이다.
새보안	완정마을 앞을 막았던 보(洑)의 안쪽을 부르던 지명으로 현재의 완정사거리이다.
말건너	완정과 청마 사이의 들을 가리키는 말이다.
방아다리	문고개 쪽의 산기슭을 부르던 이름으로 현재의 완정사거리 공원 주변이다.

*『김포군지명유래집』
1995년 김포군이 편찬한 것으로, 김포군의 각 지명에 관련한 유래를 558쪽에 걸쳐 기술하고 있다.

길이 생기는 등 본격적으로 신도시로 개발되면서 현재에는 과거 자연부락의 모습을 거의 찾아볼 수 없다.

3) 능내마을

능내(陵內)는 완정 뒷산과 만수산의 서남쪽 사이에 위치한 자연부락으로 여래, 완정, 갈산부락과 맞닿아 있다. 또한 능내부락은 대곡, 소곡, 능안, 논모루마을로 구성되어 있다. 마을 이름이 능내라는 점과 전해져 내려오는 전설에서 이 지역에 큰 능이 있었음을 추정할 수 있다. 이 지역 사람들은 능 안에 위치한 한백륜(韓伯倫) 묘가 마치 능과 같이 크기 때문에 이 부락을 능내라 부른다고 전한다.

〈표 2.3〉 능내마을의 소지명

대 곡	큰 골이라고도 불리며 사거리와 여래간 도로에서 마을로 진입하면서 오른편의 큰 골과 그곳에 있는 마을을 뜻한다.
소 곡	대곡 옆에 있는 마을로 공장이 입주해 있고 한백륜 묘가 자리하고 있다.
능 안	소곡 다음의 골로 능내부락의 전체 지명이 유래한 곳이다.
논모루	만수산 서편 산기슭에 있는 마을로 논의 머리에 위치한 마을이라는 뜻이다.
제청배미	능안골과 도로 사이의 논으로 장사(葬事) 때에 무덤 옆에 제사(祭祀)를 지내기 위해 임시로 마련한 곳을 뜻한다.
강릉고개	논모루에서 여래 방향으로 난 고개로 강령고개, 강정고개라고도 한다. 능내의 능이 강릉이었다는 데서 유래한다.
섬 들	큰골 앞 대로(大路)와 나진포천 사이에 위치한 논으로 한 섬의 쌀이 나올 정도로 땅이 기름진 데서 유래한다.
푸무골	논모루에서 갈산마을로 돌아가는 모퉁이에 있는 마을로 대장간이 있었던 것으로 추정된다.
황새모테이	작은 만수산의 서편 능선부리로 논모루에서 여래로 돌아가는 모퉁이다. 예전에 황새, 백로 등이 서식했다고 하여 황새모테이라고 전해진다.
강서방들보	논모루에서 완정 쪽으로 가로질러 막았던 보(洑)로 현재에는 모습을 찾아볼 수 없다.
약천골	능안에서 완정 쪽으로 난 산모퉁이의 다음 골을 뜻한다.

능내부락에는 약 450여 년 전 남양 홍씨*가 입향하여 세거해 오고 있으며 그의 후손 10세대 정도가 지금도 능내를 지키며 살고 있다. 예전 문헌에 능내라는 법정리 또는 자연촌이 기술된 바가 없어 행정구역상의 변화는 알 수 없지만 1995년 이후 검단동이 되었고 현재에는 검단1동에 속한다.

산 사이에 위치한 아늑한 마을과 그 앞에 펼쳐진 드넓은 섬들에서는 한 섬의 쌀이 나올 정도로 풍족했던 과거의 능내 모습을 떠올리게 한다. 지금은 검단 곳곳을 잇는 대로(大路)가 마을을 지나고 있어 앞으로의 발전이 기대되는 지역이다.

4) 원현마을

원현(院峴)은 현재 검단사거리라 불리는 지역으로 가현, 완정, 왕길동과 맞닿아 있다. 원현이라는 명칭은 조선시대에 중국 사신들이 쉬어가는 여각이 있어 마을 앞의 고개(峴)와 이름을 합치어 원현이라고 부른다고 전한다. 문헌을 살펴보면 『신증동국여지승람』**, 『동국여지지』***, 『김포군읍지』 등에 광인원(廣因院), 과일원(過逸院) 등이 있었음을 알 수 있다.

한국전쟁 이전에는 한적한 마을이었지만 종전 후 실향민 몇 세대가 본격적으로 마을을 형성하기 시작하였고, 1957년 검단 면사무소가 이전한 이후 파출소, 검단중학교, 검단1동 주민센터 등이 이전, 신설되어 규모가 제법 커졌다. 최근에는 도시화로 인해 아파트단지가 조성되면서 명실공히 검단의 중심지 역할을 하고 있다.

*남양 홍씨(南陽洪氏)
남양은 오늘날의 경기도 수원시 화성군 일원을 포함한 지역의 옛 지명으로 고구려의 당항성이었다. 당태종이 고구려에 파견한 여덟 명의 학사(學士) 중의 한 사람인 홍천하(洪天河)의 후손이라고 전해지며, 검단 능내부락에는 약 450년 전에 입향하여 세거해오고 있다.

**『신증동국여지승람』(新增東國輿地勝覽)
1432년(세종 14년)에 찬진한 『신찬팔도지리지』(新撰八道地理志)를 대본으로 하여 1481년(성종 12년)에 완성된 『동국여지승람』(東國輿地勝覽)을 증산, 수정 및 개수하여 1530년(중종 25년)에 이행(李荇)과 홍언필(洪彦弼)의 증보에 의해 완성된 조선시대의 인문지리서이다.

***『동국여지지』(東國輿地誌)
조선시대 실학자인 반계(磻溪) 유형원(柳馨遠, 1622~1673)이 30대 전반까지 그의 여행과 답사를 바탕으로 하여 변화된 현실에 부합하지 않는 『신증동국여지승람』(新增東國輿地勝覽)을 바로잡기 위한 목적으로 쓴 인문지리서이다. 양보경(1992), "반계 유형원의 지리사상: 동국여지지와 군현제의 내용을 중심으로", 『문화역사지리』 제4호, 한국문화역사지리학회 참조.

〈표 2.4〉 원현마을의 소지명

갈머루	사거리에서 왕길동으로 향하는 산부리로 현재의 검단 e-편한 세상 아파트 주변이다.
돌 케	갈머루에서 서북의 산부리로 남동아파트 일대로 추정된다.
문현고개	완정-원현 간의 고개로 현재 마전중학교와 검단현대힐스테 이트 사이의 큰 도로이다. 임진왜란 때 적을 무찌르는 성문 의 역할을 했다고도 전해진다.
검단개	원현 봉화촌의 북쪽 끝으로 김포, 강화 간의 나루였다고 한다.
방아재고개	원현-여래 간의 고개이다.
원너머	원현-가현 간의 고개로 현재의 장미아파트, 동남아파트 일 대이다.
원 터	옛 파출소 부근으로, 예전에 원(院)이 있었던 곳이라고 전해 진다. 기왓장 등 원과 관련된 유물 파편이 출토되었다.
정조문	검단사거리에 정조를 지키다 죽은 기생의 정조문이 있었다 고 한다.
약수터	문고개 아래 서편 절 부근에 있는 약수터를 뜻한다.
학 굴	사거리에서 왕길동으로 나가는 도로 왼편 일대를 뜻한다.

5) 여래마을

여래(如來)는 마전동의 북쪽에 위치한 검단1동의 자연부락으로 가현, 능내, 대곡동, 불로동과 맞닿아 있다. 여래라는 명칭에 관한 설은 여러 가지가 있다. 그중 가장 많이 알려진 것은 예전에 이 마을에 살면서 좋은 일을 많이 한 '여래'라는 승려를 기리는 뜻에서 그 이름을 마을 이름으로 쓰게 되었다는 설이다. 또한, 『삼국사기』* 등에서 '열야, 여래, 여리'가 '대(大)', '주(主)'의 뜻을 지닌다는 점에 착안하여, 여래라는 마을 명칭은 '큰 마을'을 의미한다는 설도 있다. 실제로 여래마을은 예전부터 있던 법정리로 중심 마을이었는데, 1914년 행정구역을 통폐합하면서 마전리로 흡수되어 법정리로서의 여래리는 역사 속으로 묻히게 되었다.

*삼국사기(三國史記)
고려 인종 23년(1145) 김부식 (金富軾)의 주도 아래 기전체 (紀傳體)로 편찬한 삼국의 역 사서이다.

〈표 2.5〉 여래마을의 소지명

범바위산	이 마을 진산의 주봉으로 큰짝이라고도 불린다. 이 산의 남쪽 능선에 흰 색의 큰 바위가 범바위라고 불리어 범바위산이라고 전하며 해발 108m이다.
작은짝산	범바위산 동쪽 능선 위의 봉우리로 검단초등학교 뒤편에 위치한 해발 66.7m의 산이다.
둥둥바위	작은짝산의 북동편 기슭에 있는 바위를 말한다.
안 산	여래−원현 사이의 대로변에 위치한 산으로 당제를 지내는 산이라는 뜻인 당산(堂山)이라고도 불린다.
당산할아버지	안산 중턱에 위치한 느티나무로 재에는 나무 밑동만 남아 있으며 당제를 지내는 제단이 마련되어 있다.
골말	검단초등학교 동편 마을로 큰 골안에 위치하고 있어 골말이라 전한다.
품무골	예전 대장간이 있던 곳으로 검단초등학교 후문에 위치한 문구점 일대이다.
큰개울	가현과 능안 양편에서 흘러와 여래 벌판에서 합류하여 여래 모퉁이를 지나 쇠재산으로 흐르는 나진포천의 상류이다.
하누재고개	검단초등학교 뒷산(작은짝산)을 넘어 대곡동으로 가는 고개로 그 높이가 하늘에 닿을 만큼 높다는 전설에서 유래한 고개이다.
아랫물	가현으로 가는 길 아래에 위치한 우물이다.
다리재고개	불로동 갈산으로 가는 고개로 지금은 도로가 생겨 그 모습을 찾아볼 수 없다
황새모테이	만수산 서쪽 능선부리로 백로, 황새가 많이 앉아 있어 황새모테이라 전한다.

하지만 이후에도 여래마을에는 검단면사무소, 파출소, 검단초등학교 등이 위치하고 있어 검단지역의 으뜸 마을이었으나, 1957년 면사무소와 파출소가 원현으로 이전하면서 예전의 북적북적대던 마을에서 조용하고 아늑한 마을이 되었다.

여래마을은 마을 주민 간의 소통이 원활한 지역이다. 검단지역 주민의 대부분이 졸업한 검단초등학교를 비롯하여 안산에서 지내는 당제*, 마을회의 등을 통해 여래마을 주민들은 이 마을

*당제(堂祭)
당산신(堂山神) 등의 제당신을 모시면서 마을 공동체의 안녕과 풍요를 기원하기 위한 의례로, 당산제, 당고사, 당마제 등으로도 불린다.

이 신도시로 개발된 이후에도 끈끈한 소통의 끈을 놓지 않으려 노력하고 있다.

6) 가현마을

가현(歌絃)은 마전동의 서북쪽에 위치한 마을로 여래마을과 대곡동이 맞닿아 있는 산골에 위치한 자연부락이다. 가현이라는 명칭은, 가현산의 남쪽 큰 골에 자리하여 가현산의 옛 이름인 '가린산'을 좇아 가린골이라고 하였으나 가냑골, 간약골로 불리다가 한자명인 가현으로 불리게 되었다고 한다. 옛 문헌에서 이러한 마을 이름을 찾을 수는 없지만 가현산이라는 산 이름이 오래 전부터 각종 지리서적에 등재되어 있는 것으로 보아 오랜 역사를 지닌 마을이라고 추정할 수 있다. 전하는 바로는 약 400여 년 전부터 마을이 형성되었으며 예전의 여래리에 속한 자연부락이었다. 가현은 여래부락과 함께 1995년에 검단동이 되었고 2002년부터는 검단1동에 속한다.

골이 깊고 물이 많아 사람이 살기 좋았다는 가현마을은 산과 관련된 지명이 많이 전해진다. 검단에서 가장 높은 가현산을 비롯하여 사자봉산, 망절미산, 안산, 동그랑산 등이 있으며 각 산마다 다른 마을과 오가던 고개가 존재한다. 이렇게 전통적인 향토부락의 모습을 지녔던 가현부락은 현재 마전지구 대주파크빌, 검단 현대홈타운, 풍림아이원 등의 아파트촌의 입주로 신도시의 모습을 갖춰가고 있다.

〈표 2.6〉 가현마을의 소지명

가현산	검단에서 가장 높은 산으로 해발 215m이다. 산의 모습이 코끼리의 머리 모양과 비슷하다고 하여 상두산(象頭山)으로도 불리며, 칡이 번성하여 갈현산(葛峴山)이라고도 불린다. 가현산에서 바라보는 서해의 낙조가 아름답다고 전한다.
황골고개	황굴고개, 황곡고개라고도 불리는 가현–황곡을 왕래하는 고개이다. 과거에는 고개에 서낭당이 있었다고 전해지나 현재에는 그 모습을 찾아볼 수 없다.
삼태골	가현마을의 가장 안쪽 골짜기를 뜻하는 말로 현재 마전지구 대주파크빌과 군부대 일대를 뜻한다.
삼북굴	가현부락 북편 서낭당 부근의 골과 그 마을을 이르는 말이다.
사자봉산	가현산 주봉에서 남쪽 능성을 따라 약 1km 정도에 있는 해발 170m의 봉우리로 작은 가현산이라고도 부른다.
부엉바위	사자봉산 동편에 부엉이가 많이 있었다고 전해지는 바위를 말한다.
느티울	이 마을 서남쪽 마을로 느티나무가 많이 있는 마을이라는 뜻이다. 현재에는 풍림 아이원 아파트가 위치하고 있다.
덕고개	가현–태정을 왕래하는 고개로 옛적 어느 생원이 이 고개 근처에 살며 덕을 많이 베풀어 붙어진 이름이라고 전한다.
망절미산	사자봉 줄기 남쪽 1km 정도 거리에 있는 102m 높이의 산으로 장산, 망절뫼라고도 불린다.
망절미고개	가현–원현으로 넘어가는 고개로 망정미에 위치하고 있으며 현재에도 그 모습을 확인할 수 있다.
말무덤	망절미산의 서편 산록에 있는 큰 무덤으로 '큰 무덤'이라는 뜻이다.
안 산	여래–원현 사이의 대로변에 위치한 산으로 그 뒷부분이 가현부락에 속한다. 범바위산의 서북쪽 줄기, 좌청룡, 우백호와 함께 명당으로 꼽힌다.
지진달	안산 북편의 능선으로 달은 산의 뜻을 가진 북방 고구려계의 어휘이다.
수리펀데이	망절미 북편 산기슭으로 수리는 높다는 의미이다.
가린산고개	가현–금곡동 신동으로 넘어가는 고개로 서낭당이 있어 서낭당고개라고도 불리었다.

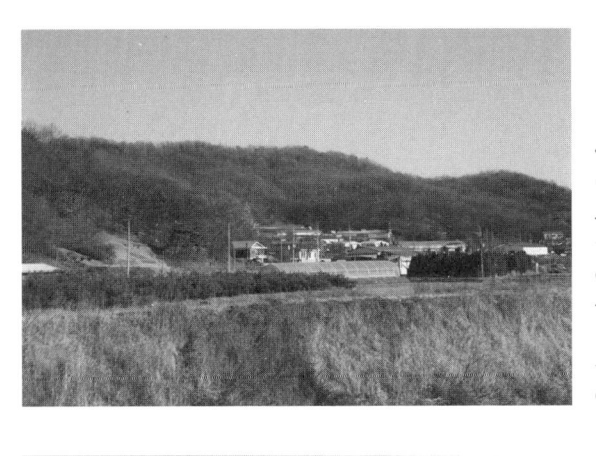

〈그림 2.1〉 마전동 능내 양달말

만수산 서쪽에 위치한 능내마을의 논모루이다. 만수산의 줄기가 감싸안은 능내의 논모루는 풍수에서 이야기하는 배산임수(背山臨水)의 형국을 볼 수 있는 지역으로 이곳에는 아직도 남양 홍씨의 후손들이 모여 살고 있다.
(2009년 12월 15일 직접 촬영)

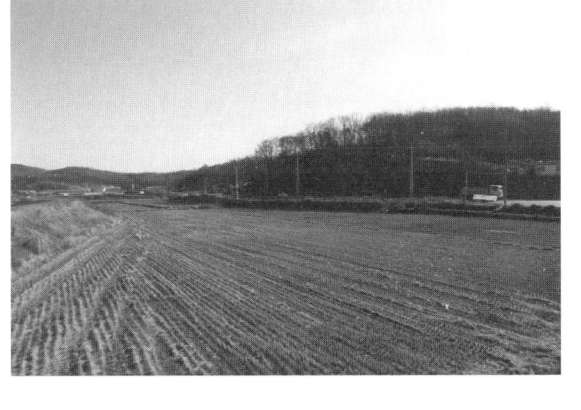

〈그림 2.2〉 마전동 섬들

능내마을의 논모루 앞으로 흐르는 나진포천을 건너면 넓은 논들이 펼쳐진다. 마전-원당의 큰 도로와 나진포천 사이에 위치한 섬들은 네모 반듯하게 일렬로 늘어져 있어 능내마을의 위상을 더욱 더 높이고 있다.
(2009년 12월 15일 직접 촬영)

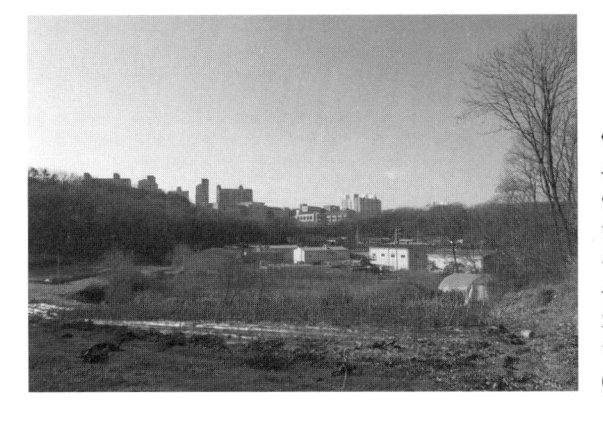

〈그림 2.3〉 마전동 능안

능내마을의 지명이 유래한 곳인 능안마을은 대곡과 소곡 다음에 위치한 골짜기에 자리 잡고 있다. 지금은 집보다 공장이 많이 있어 과거의 모습을 찾아보기에 어렵다. 저 멀리 아파트가 보여 신도시와 자연부락을 한데 어울리게 한다.
(2009년 12월 15일 직접 촬영)

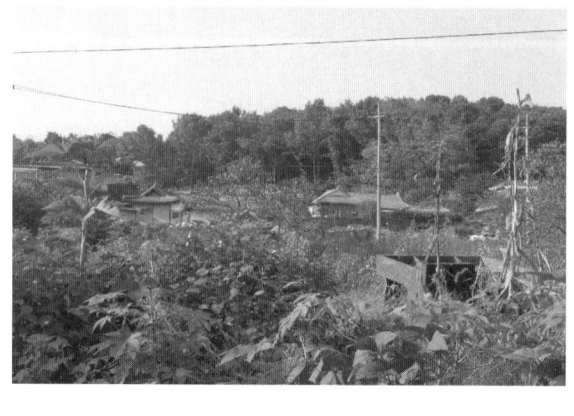

〈그림 2.4〉 마전동 청마부락

마전동이라는 명칭의 유래가 되는 청마부락은 능정산자락에 위치하고 있다. 지금까지도 성주 이씨(星州李氏)가 세거해오고 있는 청마부락은 그 어느 마을보다도 전통과 향토를 사랑하며 발전시키고 있는 부락이다.
(2009년 10월 14일 직접 촬영)

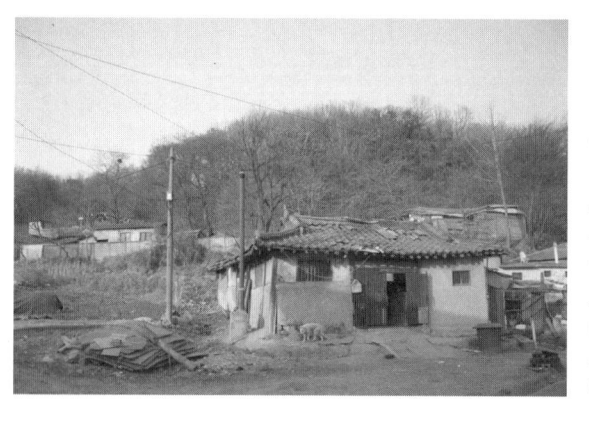

〈그림 2.5〉 마전동 여래마을

여래승의 이름을 따 여래라고 불리는 여래마을은 이미 많은 아파트가 들어서 도시와 자연부락이 공존하고 있다. 마을 주민 간의 소통이 활발하고 수평적으로 이루어지는 마을로, 마을을 긍정적으로 발전시키기 위해 노력하고 있다.
(2009년 4월 11일 직접 촬영)

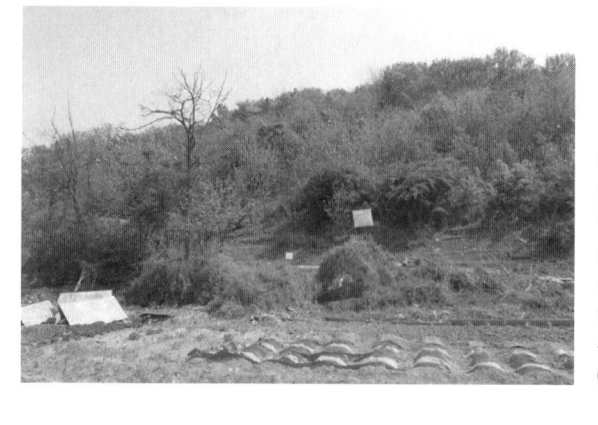

〈그림 2.6〉 마전동 가현 지진달

당산의 북쪽 능선을 뜻하는 지진달의 '달'은 '산'이라는 뜻을 가진 고구려계 어휘이다. 지진달에는 오래된 우물이 하나 있다고 한다. 하지만 우물의 물이 마른 적이 없어 우물과 지진달에 관한 여러 가지 전설이 있다.
(2009년 4월 17일 직접 촬영)

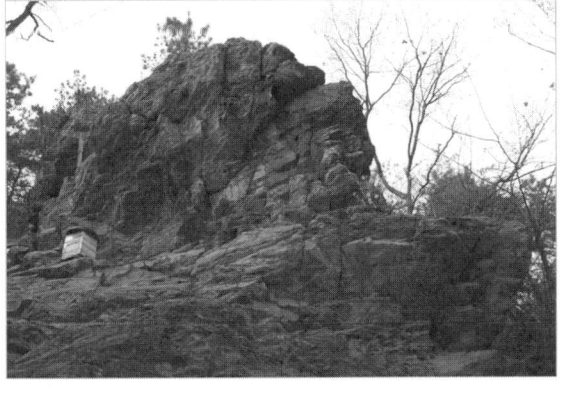

〈그림 2.7〉 마전동 여래 봉바위

봉바위는 사자봉 동편에 위치한 바위로 부엉이바위라고도 불린다. 과거 부엉이가 이 바위에 모여 앉아 놀았다는 데에서 그 이름이 전해진다. 봄이 되면 진달래가 바위 곳곳에 듬성듬성 피어 아름다움을 뽐낸다. (2009년 3월 28일 직접 촬영)

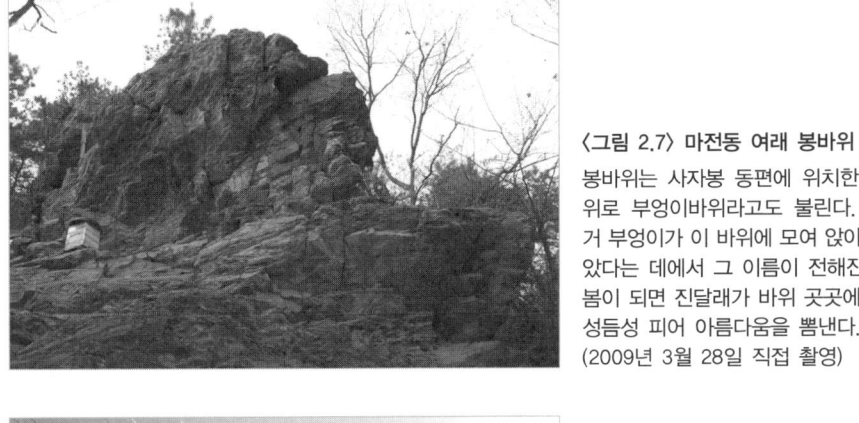

〈그림 2.8〉 마전동 망절미고개

사자봉의 남쪽 줄기에 위치한 망절미고개는 장산고개라고도 불린다. 현재에도 가현과 원현을 왕래할 수 있으며 그 폭은 자동차 하나가 겨우 지나갈 정도이다. 망절미고개에 오르면 가현과 원현의 일부 지역을 한눈에 볼 수 있다. (2009년 12월 15일 직접 촬영)

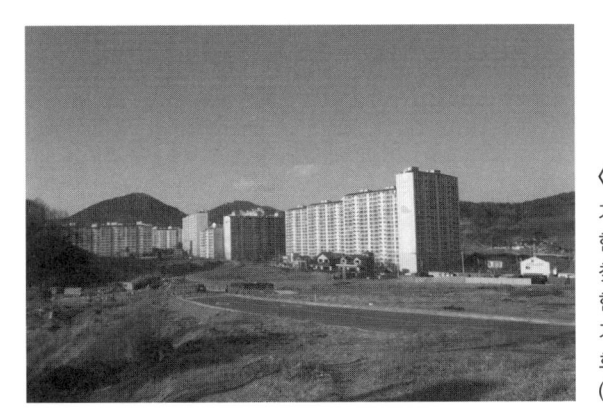

〈그림 2.9〉 마전동 가현의 현재 모습

가현마을은 마전동의 서북쪽에 위치한 마을로 현재 전통부락의 모습은 찾아볼 수 없다. 아파트 뒤쪽에 위치한 산은 검단의 주산인 가현산으로, 가현산이 내려다보이는 곳에서 도시화가 급속히 진행 중이다. (2009년 12월 15일 직접 촬영)

　대곡동은 가현산* 동남쪽 큰 골에 자리 잡고 있으며 다른 지역에 비해 산이 많아 골짜기에 마을이 위치해 있는 경우가 대부분이다. 마전동, 불로동, 김포시와 경계를 이루고 있으며 아직 개발이 시작되지 않아 자연부락의 옛 모습을 많이 간직하고 있다. 대곡동의 자연부락으로는 태정, 두밀, 황곡, 설원이 있다.

　정조 13년(1789) 간행된 『호구총수』에 따르면 이 지역은 원래 마산면(馬山里) 대곡리(大谷里), 서원리(鋤院里)였다. 이후 고종 8년 간행된 『김포군읍지』에는 대곡리와 서원리, 두 개의 리가 합쳐져 대곡리가 되었다고 기술되어 있다. 1914년 행정구역 개편 때 대곡리와 두곡리(頭谷里)가 합쳐져 대곡리가 되어 검단면에 속하게 되었다. 그리고 1995년 이후 행정구역상 법정동인 대곡동이 되었고, 2002년부터는 검단2동에 속하고 있다.

1) 태정마을

　대곡동 자연부락 중 가장 아래쪽에 위치한 태정(台亭)은 가현산 줄기인 안산과 도라지골산 사이의 큰 골에 자리하며 쇠재산을 바라보고 있다. 지금은 가현산 줄기가 많이 개발되고 불로동을 향해 넓은 논이 펼쳐져 있어 대곡동의 다른 지역에 비해 평평하다는 인상을 심어주지만, 과거에는 그 산과 산이 어찌나 높은지 도적떼나 귀신에 대한 전설이 넘쳐나 고개를 넘을 때마다 온 몸에 소름이 돋았다고 한다. 태정의 안산과 도라지골산은 가현, 두밀, 황곡부락과 경계를 짓고 있으며 쇠재산으로 설원과 등

*가현산(歌鉉山)
서구의 대곡동과 김포시 양촌면 사이에 위치해 있는 해발 215m의 산이다. 검단지역에서 가장 높은 산으로 원래 코끼리 모양과 같다고 하여 상두산(象頭山)이라 불러왔다. 가현산 낙조라하여 이 산에서 서해의 낙조를 볼 수 있는데, 바다의 황포돛대와 어울려 8대 경승지의 하나였다.

〈표 2.7〉 태정마을의 소지명

도라지골산	태정–두밀 사이에 있는 해발 102m의 산으로 진산 혹은 뒷산이라고도 한다.
도라지고개	태정–황곡을 오가는 고개로 산이 깊어 열 사람이 모여야 고개를 넘어갔다고 전해진다. 산나물이 많고 서낭당이 있었지만, 군부대와 공장이 생겨나면서 도라지고갯길의 모습은 찾아볼 수 없다.
청룡부리	태정에서 두밀로 넘어가는 도라지골산의 동쪽 부리를 뜻하는 말이다.
안 산	태정–가현 사이에 있는 가현산 줄기의 산으로 마을에서는 뒷산이라고도 부른다.
덕고개	태정–가현을 오갈 수 있는 고개로 안산에 위치하고 있다.
장고산	도라지골산과 쇠재산 사이에 위치한 장구 모양의 산으로 장구메라고도 한다.
솔다리	장고산 모퉁이에서 설원 방면으로 하천을 건너는 다리로 좁은 다리라는 뜻이다.
오귀골	여래 작은짝산의 뒤편에 위치한 마을로 현재에는 공장이 밀집해 있다.
쇠재산	마을과 설원과 사이에 있는 산으로 설원에서는 경두산이라고 부른다.
쇠 재	마전동과 대곡동의 지류가 쇠재산 앞에서 합류하여 나진포천으로 흐르는 곳으로 하천이 세 갈래로 만난 곳이라는 뜻이다.
억새머리	쇠재산의 남쪽 모퉁이로 블로동을 건너는 보를 막던 곳이다.

을 마주하고 있다.

태정이라는 명칭은 선조(宣祖)의 옹주로 상촌 신흠(申欽)의 자부(子婦)인 정숙옹주(貞淑翁主)가 황곡에 살면서 자녀를 출산했을 때 그 태(胎)를 이 마을 뒷산에 묻었다 하여 '태정(胎亭)'이라 했다고 한다. 이후 한자가 '胎亭'에서 '台亭'으로 바뀌었다고 전하나 증거가 될 만한 자료는 확인할 수 없다. 오래 전 하동 정씨*가 입향하여 마을이 형성되었다고 전하며 본래 대곡리에 속하던 자연촌이었다고 한다.

*하동 정씨(河東鄭氏)
고려 숙종 때부터 명종 때까지 문하시중을 지내고 하동백에 봉해졌던 손위(遜位)를 시조로 하며, 검단 태정마을에 입향한 시기는 분명하지 않다.

2) 두밀마을

두밀(斗密)은 태정부락의 북쪽에 위치한 자연부락으로 대곡동의 중심에 위치하고 있다. 도라지골산의 큰 골에 안겨 있으며 그 앞은 대곡천이 흐르고 있어 풍수지리적으로 명당에 위치한 마을이라고 한다. 황곡과 태정은 산으로 경계하고 있다.

1712년 박정(朴炡)의 신도비문에 마산면 두모곡이란 마을 이름이 나오는데 이 말은 두곡(斗谷), 두밀(斗密)과 한자표기는 다르지만 모두 같은 뜻으로 '사방이 막힌 마을(哭)'이라는 의미이다. 현재의 이름인 두밀(斗密)은 쌀을 말에다 부으면 말이 보이지 않을 정도로 인심이 후하다는 뜻이라고 전한다.

〈표 2.8〉 두밀마을의 소지명

분틀메	두밀 중앙에 있는 산으로 해발 70m정도이다. 하늘에 제사하는 단이 과거에 있었을 것으로 추정된다.
말무덤	분틀메에 있는 큰 무덤이다.
아랫말	분틀메 남쪽에 있는 마을이다.
설미논	아랫말 앞에 있는 큰 논을 부르는 이름이다.
달 논	아랫말에서 논틀을 지나 설원으로 건너가는 들과 그곳의 논이다.
대곡천	두밀부락의 바깥쪽을 지나는 지류로 후에 나진포천으로 합류된다.
버들고개	두밀-김포를 왕래하는 고개로 예전에 서낭당이 있었다고 전해지나 현재에는 그 모습을 찾아볼 수 없다.
돌다리	넘말에서 버들고개로 나갈 때 건너던 대곡천의 징검다리로 현재에는 시멘트 다리로 개축되었다.
고구모테이	돌다리 아래 시내에 접한 가파른 산모퉁이이다.
넘 말	두밀에서 가장 큰 마을이다.
앞 논	넘말 안에 있는 문전옥답을 이르는 말이다.
밭두밀	넘말의 서편 밭두밀고개 너머에 있는 마을로 바깥 두밀이라는 뜻이다. 외밀이라고도 불린다.
도라지골산	태정-두밀 사이에 있는 해발 102m의 산이다.

약 550여 년 전 반남 박씨*가 입향하여 마을이 형성되었으며 현재 약 10여 가구의 후손이 정착해 살고 있다. 『호구총수』, 『김포군읍지』 등에서는 법정리로서의 두밀부락을 찾을 수 없지만 1914년 행정구역 개편 시 대곡리와 두곡리를 통합했다고 하니, 조선 말 두곡리가 설치된 것으로 추정된다. 현재에는 검단2동에 속한다.

3) 황곡마을

황곡(黃谷)은 대곡동 중에서도 깊숙한 골짜기에 위치한 마을로 가장 북쪽에 있다. 두밀과 검단 장기동과 맞닿은 지역으로 학교나 행정일을 처리하기 위해서는 두밀 혹은 태정마을을 지나야 검단의 중심지로 나갈 수 있어 검단보다는 김포와의 교류가 더 많았던 지역이다. 매년 풍년이 들어 논 전체가 황금물결로 보인다고 하여 '황곡'이라고 했다고 하며, 큰 골이라는 의미로 '황곡' 혹은 '황골'이라고 불렀다고도 한다. 유형원의 『동국여지지』와 황곡의 『평산신씨기승』**에서는 '가현산'을 '갈현산', '갈연산'이라 표기하였다. 이는 모두 '큰 산'이라는 뜻으로 황곡 역시 '갈골'이 되는 '큰 골'의 뜻으로 풀이된다. 이는 이 마을에 전해오는 지석묘와 관련지어 '존장(尊丈)이 사는 마을'이라는 뜻으로 풀이된다고 한다.

황곡의 넓은 바위들은 모두 지석묘가 아닐까하고 추정될 정도로 황곡에는 많은 수의 지석묘가 매몰 혹은 흩어져 있다. 가현산에서 마을 쪽으로 향해 내려온 산기슭에 네 개 군, 30여 기가 있는 것으로 추정된다. 이를 통해 고대시대에 상당한 세력의 부족장과 많은 주민이 황곡에 거주했을 것으로 짐작할 수 있다.

*반남 박씨(潘南朴氏)
반남 박씨의 시조는 박혁거세의 후손으로 고려 고종 때 반남현의 호장공(戶長公)을 지낸 응주(應珠)이다. 검단지역의 입향조는 박병문(朴秉文)으로 약 550여 년 전에 마을에 정착해 집성촌을 이루었다.

**『평산신씨기승』
평산 신씨 문중에서 편찬한 책으로 검단에 관한 내용이 실려 있다.

가현산	검단동과 김포시의 경계에 있는 215m의 산으로 대곡동의 주산(主山)이다.
동자봉	가현산에서 황곡 쪽으로 흐른 산줄기에 솟은 둥근 봉우리를 부르는 말이다.
등산이	동자봉의 끝부분을 뜻하는 말이다.
여둔배기	황곡-태정 사이의 고개로 도라지산에 위치하고 있어 도라지고개라고도 불린다.
두밀고개	황곡-두밀을 왕래하는 고개로 월산에 자리하고 있다.
월 산	황곡의 중심부에서 동편에 위치한 월산-두밀 사이의 낮은 산으로 반달 모양을 하고 있어 월산이라고 불린다.
다라테	월산 앞에 자리 잡은 마을로 달안터라 하던 것이 다라테로 변했다고 한다.
찬우물	다라테 앞 논에 있는 수원이 좋은 우물을 부르는 말이다.
새 터	월산 북편에 새로 형성된 마을로 주로 공장이 입주하여 있다.
가냑굴고개	황곡-가현 사이의 고개를 부르는 말이다.
도치울	김포시 장기동과 경계에 있는 마을로 멧돼지가 출몰하던 곳이라는 뜻이다.
죙일골짜기	도치울 앞의 골짜기를 말하며, 그 앞쪽의 논을 '용대논'이라 부른다.
밤까지	도치울 동편 골에 있는 마을로 밤나무가 많이 있는 마을이라는 뜻이다.
돌고개	김포시 양촌면 마산리로 통하는 고개로 인근에 고인돌이 있어 고인돌고개라 부르다가 줄여서 돌고개라 부른다고 한다.

문헌상 황곡의 입향조는 단양 우씨*이다. 하지만 1500년대 초에 단양 우씨의 외손인 평산 신씨**가 이주한 이후 현재 평산 신씨의 후손 30여 가구가 세거하고 있다. 황곡마을은 현재 검단2동에 속해 있다.

*단양 우씨(丹陽禹氏)
단양 우씨는 중국 성씨의 하나이며 우왕(禹王)의 후예라 전해지지만, 문헌의 실전으로 그 선계는 상고할 수 없다. 각종 역사 문헌에는 검단 황곡마을의 입향조를 단양 우씨로 기록하고 있다.

**평산 신씨(平山申氏)
시조는 고려의 개국공신인 신숭겸(申崇謙)이며, 검단 황곡마을에 1500년대 초 단양 우씨의 외손인 평산 신씨가 이주해 살기 시작하면서 현재까지 황곡마을 일대에 세거하고 있다.

4) 설원마을

　설원은 마전동의 가장 서쪽에 위치하여 김포시와 접하고 불로동을 바라보고 있는 자연부락이다. 경두산과 백골산 사이에 자리하고 있으며 그 앞으로는 나진천이 흐르는 조용한 부락이다. 경두산과 백골산 사이의 깊숙한 곳에 위치한 뱀골마을과 비교적 바깥쪽에 위치한 설원마을로 이루어져 있다. 설원이라는 명칭은 예전 임금의 행차나 관원이 출장여행 중 숙박하던 원(院)에서 기인한 것이다. 『호구총수』, 『김포군읍지』에서는 설원을 서원(鋤院)으로 표기하고 있다. 설원은 서원리였던 것이 1914년 일제 행정구역 개편 시에 법정리로서의 지위를 잃고 대곡리로 편제되었으며 이후 검단동에 속하여 현재에는 검단2동에 속한다.

　약 350여 년 전 하동 정씨(河東鄭氏)가 입향하여 현재 약 20여 호의 후손이 세거하고 있다. 지금도 타성(他姓)은 거의 없고 집성촌의 모습을 유지하고는 있지만 마을에 공장이 들어서면서 전통적인 자연부락으로의 모습은 점차 사라지고 있다.

〈표 2.10〉 설원마을의 소지명

경두산	마을 남쪽에 높이 솟은(96m) 산으로 보통 쇠재산이라고도 부른다.
톤메산	설원 북편에 있는 낮은 산부리를 부르는 말이다.
설원이고개	설원–태정 간의 고개로 현재에는 과거의 모습을 찾아볼 수 없다.
원 터	톤메산–설원이 고개 사이에 있던 예전의 역원이 있던 곳이라고 한다.
진 골	설원마을 앞의 큰 골짜기로 긴 골이라는 뜻이다.
새 논	진골에 자리한 논의 이름을 새논이라고 한다.
가마논	새논 아래에 있는 큰 논이다.
양알고개	설원–두밀을 왕래하는 고개로 현재에는 군부대와 공장의 입주로 왕래할 수 없다.
절고개	설원–김포로 넘어가던 고개 이름이다.
대행때미	설원의 북편 마을로 서쪽, 남쪽, 북쪽이 산으로 막혀 있어 대행때미라 한다고 전한다.

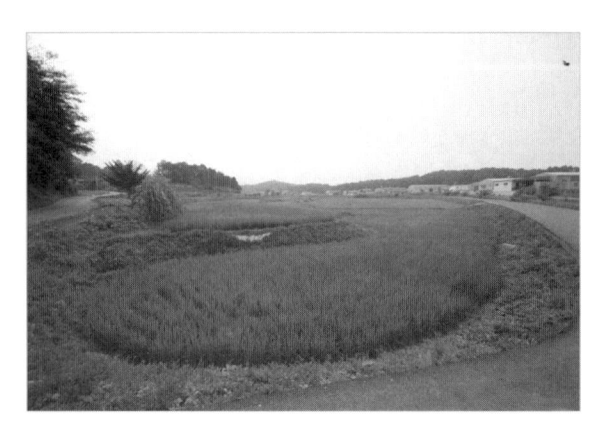

〈그림 2.10〉 대곡동 가마논
설원마을 앞쪽에 위치한 가마논은 새논 아래에 위치한 논으로 그 모습이 다른 논들과는 달리 둥근 형태를 띠고 있다. 초록이 가득한 가마논의 봄빛에서 벌써 가을의 누런빛이 궁금해지며 그 맛이 머릿속으로 그려진다.
(2009년 7월 6일 직접 촬영)

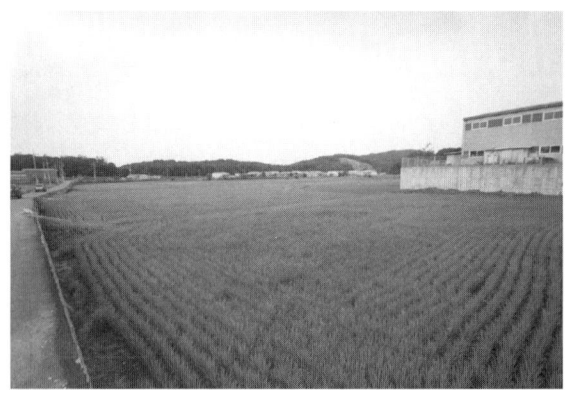

〈그림 2.11〉 대곡동 황곡마을 논
황곡마을은 항상 풍년이 들어 가을에 마을을 보면 샛노랗기에 황곡이라 전해진다고 한다. 산골짜기에 자리 잡은 마을이라는 것이 믿기지 않을 정도로 드넓게 펼쳐진 논을 보며 끝없이 펼쳐질 황곡마을의 미래를 생각한다.
(2009년 7월 6일 직접 촬영)

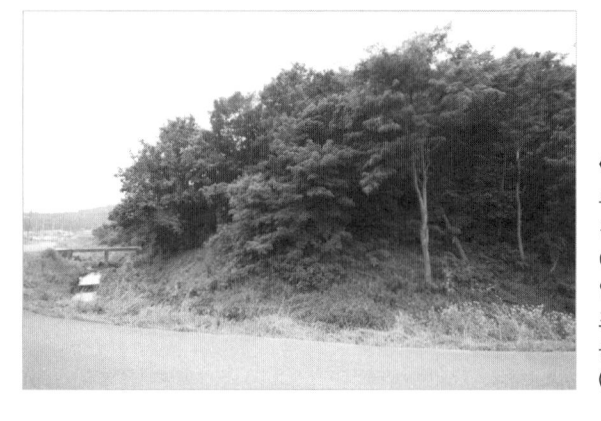

〈그림 2.12〉 대곡동 고구모테이
두밀부락에서 김포로 나갈 때에는 이 길을 반드시 지나가야 한다. 돌다리 아래 시내에 접한 가파른 산모퉁이인 고구모테이는, 검단 주민들이 김포에 무탈히 다녀오기를 바라는 마음으로 그 자리를 항상 지키고 있다.
(2009년 7월 6일 직접 촬영)

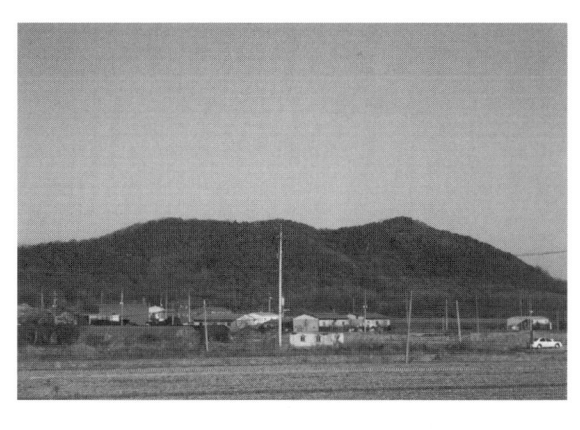

〈그림 2.13〉 대곡동 쇠재산

태정과 설원 사이에 위치한 쇠재산은 경두산이라고도 불린다. 쇠재산의 높고 넓게 퍼진 모양은 사람들에게 안정감과 믿음을 주어 두 마을에는 주민들의 불화가 거의 없다고 한다. 사진에서 보이는 마을은 설원마을이다.
(2009년 12월 15일 직접 촬영)

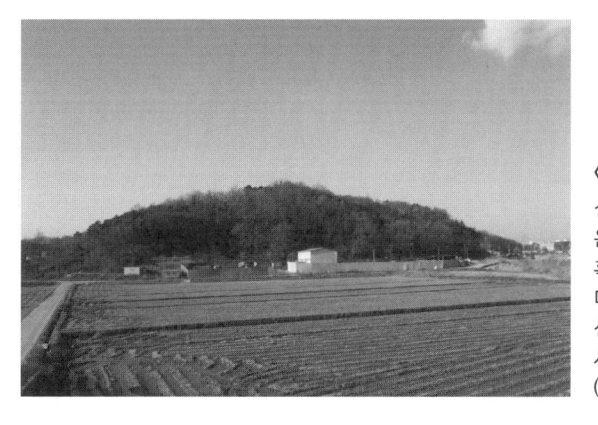

〈그림 2.14〉 대곡동 백골산

설원부락의 동북쪽에 위치한 백골산은 산 정상에 흰 바위가 있어 백골산 혹은 백암산이라고 부른다고 전한다. 마을에서는 백골산의 흰 바위를 신성한 것으로 여기고 마을의 대소사를 이곳에 고하기도 한다고 한다.
(2009년 12월 15일 직접 촬영)

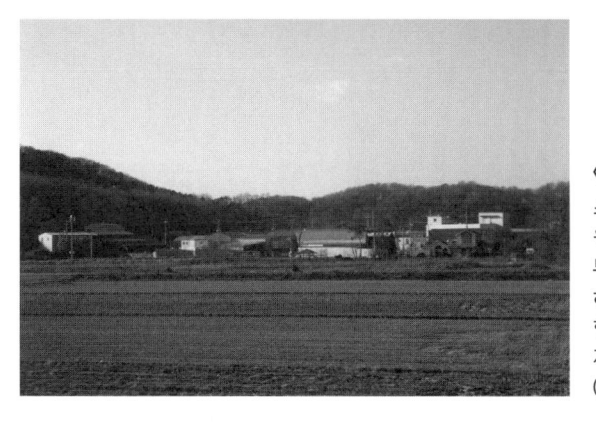

〈그림 2.15〉 대곡동 뱀골

쇠재산과 백골산 사이에 위치한 설원부락의 작은 마을을 뱀골이라고 부른다. 뱀골은 산과 산 사이에 위치하여 낮고 평평한 지대를 바탕으로 한 최근 여러 개의 공장이 생기기 전까지는 전형적인 농촌마을이었다.
(2009년 12월 15일 직접 촬영)

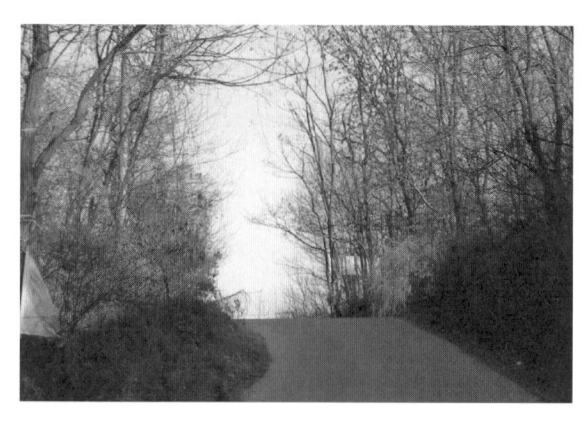

〈그림 2.16〉 대곡동 덕고개

덕고개는 태정에서 마전동 가현을 오가는 고개로 옛적 어느 생원이 이 고개 근처에 살면서 덕을 많이 베풀었다고 한다. 마을의 대소사를 도와주던 생원이 어느 날 갑자기 죽자, 그에 보답하기 위해 이 고개를 덕고개라 부른다고 한다.
(2009년 12월 15일 직접 촬영)

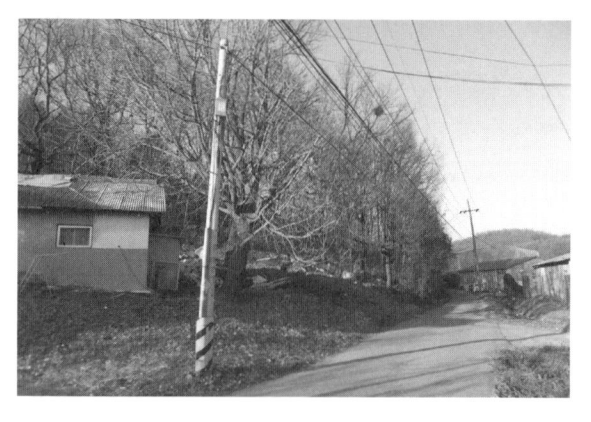

〈그림 2.17〉 대곡동 청룡모테이

청룡모테이는 태정마을 진산의 동쪽 부리로 태정마을에서 두밀마을로 돌아가는 산모퉁이를 가리키는 지명으로 청룡불이라고도 부른다. 청룡모테이에는 아직도 오래된 향나무가 있으며 그 주위에는 오래된 우물이 있다.
(2009년 12월 15일 직접 촬영)

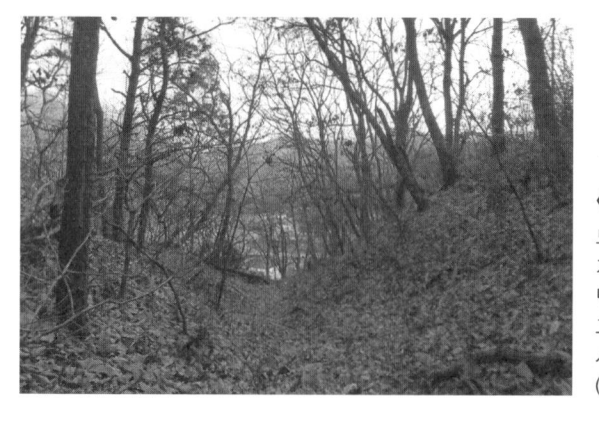

〈그림 2.18〉 대곡동 도라지고개

도라지고개는 도라지산에 위치한 고개로 태정마을과 황곡마을을 왕래하던 것이다. 하지만 지금은 군부대가 고개 아래에 위치하고 있어 더 이상 사람들은 이 고개를 넘어갈 수 없다.
(2009년 12월 15일 직접 촬영)

불로초와 장수의 비밀, 불로동

불로동은 김포와 경계를 이루면서 제향산과 만수산 주위에 자리하고 있다. 마을 이름에서 나타나는 것처럼 약초가 많아 장수한 이가 있다는 일설로 '불로(不老)마을'이라고 부르게 되었다고 전한다. 또 다른 설에 따르면, '불'(不) 자가 들어가는 지명은 '천신제(天神祭)를 지내는 마을'이라는 뜻으로 과거 이 지역에서 천신제를 지낸 것이 지명에 남은 것이라고 한다. 이러한 설을 뒷받침하듯이 만수산에서는 아직도 동제*가 행해지고 있다. 수려한 산줄기가 아늑하게 마을을 감싸 안은 불로동의 모양에 '과연 하늘의 은혜를 받은 땅이구나.'라는 생각이 저절로 든다. 인간의 수명이 절로 늘어날 수밖에 없는 명당자리임이 틀림없는 듯하다.

전해져오는 문헌들을 살펴보면 이 지역은 본래 마산리(馬山里) 마산면(馬山面)이었다. 정조 13년(正祖 13, 1789)에 제작된 『호구총수』에서부터 헌종 8년(憲宗 8, 1842), 고종 8년(高宗 8, 1871), 광무 3년(光武 3, 1899)에 기록된 『김포군읍지』에 의하면 이 지역은 마산리(馬山里)와 불로리(不老里)에 있었다. 이후 1914년 전국 행정구역 개편 시에 법정리였던 목지리와 불로리는 불로리(不老里)로 통합되었고 불로, 목지, 갈산으로 행정리가 구분되었다. 1985년에는 다시 불로에서 마산이 분리되었고, 1995년 이후 서구 검단동의 법정동 불로동으로 2002년에는 검단2동이 되어 현재에 이르고 있다.

*동제(洞祭)
마을의 수호신으로 믿는 산신에게 마을주민의 안녕과 풍요를 기원하기 위해 지내는 제사로, 산신제, 산제, 산치성, 산제사 등으로도 불린다.

1) 불로 · 마산 마을

이 지역에는 약 450여 년 전에 남평 문씨*인 문이길(文以吉)이 입향조로 들어와 살면서 마을이 형성되었다고 한다. 그 후 밀양 박씨**, 전주 이씨***, 파평 윤씨****, 평택 임씨*****가 들어와 세거를 시작했다. 몇십 년 전까지만 해도 집 몇 채와 논과 밭이 전부였던 이곳은 이미 아파트단지가 들어서 신도시가 형성되어 옛 모습을 찾아보기 힘들다. 하지만 마을의 역사를 증명하려는 듯 수령이 500년 된 은행나무가 그 위상 그대로 현존하고 있으며, 당산의 느티나무, 제향산의 참나무 등도 아무 소리 없지만 마을의 지난 시간과 기억을 꼭 움켜쥔 채 묵묵히 제자리를 지키고 있다.

〈표 2.11〉 불로마을의 소지명

불로(不老)	1995년 이전 김포군 불로1리 지역으로, 사당머리, 아랫말, 안골 등 여러 자연취락이 모여 부락을 이루었던 곳이다.
마산(馬山)	마산은 '큰 산'이라는 뜻을 지니고 있으며, 불로의 서쪽에 자리했던 마을이다.
왜 물	마산리를 가리키는 지명으로, 왜정시대에 일본인들이 우물을 떠서 먹었던 곳이어서 붙여진 것이라 전해진다.
사당머리	본 마을 아래쪽에 있으며 불로와 마산 사이에 자리한 곳이다.
아랫말	마을회관 앞의 느티나무 아래쪽, 불로동의 북쪽에 자리한 곳으로 현재 아파트 단지가 자리하여 찾아볼 수 없다.
안 골	불로동에서 쇠재산을 향하여 터진 골에 자리 잡은 마을을 가리킨다.
제향산	불로와 목지 사이에 있는 연봉으로 이루어진 산이다. 부엉산, 부흥산, 자양산, 재양산, 지양산, 나뭇가지 산 등 다양하게 불린다.
당산(堂山)	불로마을의 동북쪽 산이다. 오래된 참나무 옆에 터주가리를 세우고 매년 음력 10월에 도당제를 지내왔으나, 군부대에서의 실수로 도당나무가 베어진 후에는 인근의 절에 위탁한다.

*남평 문씨(南平文氏)
시조는 신라시대 관직을 지낸 문다성(文多省)으로, 450여 년 전 검단 불로동지역에 남평(南平) 문이길(文以吉)이 입향하면서, 이 일대에 집성촌을 이루고 세거하고 있다.

**밀양 박씨(密陽朴氏)
밀양박씨 시조 박언침(朴彦忱)은 박혁거세(朴赫居世)의 29세손인 경명왕(景明王)의 맏아들로서 밀성대군(密城大君)에 봉해졌다. 밀양 박씨는 약 400여 년 전에 검단의 불로마을과 마산마을 일대에 세거하기 시작하였다.

***전주 이씨(全州李氏)
신라 때 사공(司空) 벼슬을 지낸 이한(李翰)이 시조로, 조선조 초기 희령군(熙寧君)파 선전관부사정(宣傳官副司正)을 지낸 이향영(李向榮)이 입향조이며, 약 400여 년 전인 조선조 초부터 검단의 족저와 신기지역에 집성촌을 이루고 세거하기 시작하였다.

****파평 윤씨(坡平尹氏)
파평 윤씨의 시조는 고려 태조를 도와 후삼국을 통일한 공을 세운 윤신달(尹莘達)이며, 약 400여 년 전에 검단의 불로마을과 마산마을 일대에 세거하기 시작하였다.

*****평택 임씨(平澤林氏)
팽택 임씨의 시조는 고려 말 세자전객령(世子典客令)을 지낸 임세춘(林世春)이고, 약 400년 전부터 검단 갈산지역 일대에 집성촌을 이루며 세거해오고 있다.

(계속)

뒷 굴	뒷골이리고도 부르며, 당산의 **북쪽골**과 그 일대를 기리킨다. 뒷골의 서쪽으로 돌아가는 곳을 '뒷골모탱이'라고 부른다.
불로교	불로에서 김포시로 향하는 여우재고개 밑 시내 위에 설치한 아치를 가리킨다. 그 시내 이름을 '목지천'(木枝川)이라 부른다.
서낭다리	불로교 전 산모퉁이에 있는 매설관 다리를 이르는 말이다.
방정굴	'방장굴', '방정골'이라고도 부르며, 마산과 목지 사이의 골짜기로 제향산 서쪽에 위치. 이곳에 방정굴 우물이 있다는 문헌기록이 있으나, 현재 그 위치를 아는 사람은 찾기 어렵다.
앵이래비	제향산 북쪽 불로교 일대의 논을 부르는 말이다.
웃 골	염창굴 안 위쪽에 있는 골짜기와 논을 가리키는 지명이다.
숫굴(숫골)	마산과 자양산 서쪽의 골짜기와 그 앞쪽의 넓은 벌판을 이르는 지명이다.
말무덤	불로와 마산 사이에 있는 당산의 긴 산부리를 말한다. 고어 '말'은 '크다'는 의미로, '말무덤'은 '큰 무덤'이란 의미로 볼 수 있다.
높다리논	불로와 마산 사이에 있는 높은 곳의 논을 이르는 지명이다.
고산뒤고개	불로 또는 갈산에서 고산후로 넘어가는 고개를 가리킨다.
방아다리	불로나 마산에서 갈산을 왕래할 때 건너는 다리를 가리킨다.
고래울논	마산의 서편 방아다리 아래에 위치한 논을 가리킨다.
다리재고개	불로에서 여래를 왕래할 때 넘던 고개를 가리킨다.
쪽다리	불로에서 여래 쪽으로 왕래할 때 지나던 다리 이름이다. 서낭다리라고도 하며, 현재 행정명칭으로 불로2교를 가리킨다.
오리나무모테이	불로에서 여래 쪽으로 향할 때 지나는 쪽다리 건너편 산모퉁이를 이르는 지명이다.
개건너보	'개울건너'의 의미로, 이곳 오리나무모테이를 막았던 보(洑)를 가리킨다.
거물모테이	불로에서 여래로 왕래할 때 다리재고개의 여래 쪽 끝 일대를 가리킨다.
쇠재보	불로의 당산 앞쪽에 있었던 넓은 들에 물길을 대기 위해 쇠재산 쪽으로 막았던 보(洑)였다고 전한다. 현재는 공장이 들어서 찾아볼 수 없다.

2) 목지마을

목지(木枝)마을은 여우재고개의 산줄기를 맞대고 김포시와 경계를 이루고 있는 조용하고 한적한 마을이다. 이 마을에 가장 먼저 입향했던 성씨는 남원 윤

씨*로 보며, 150여 년 전에 원당에서 풍산 김씨**가 이주하여 세거해오고 있다고 한다. 현재는 각지에서 몰려온 타지인(他地人)이 많고, 곳곳에 공장이 들어서 있어 과거에 햇살이 비치는 소리가 들릴 정도였다는 평화로운 풍경은 찾아볼 수 없다.

『김포군지명유래집』에 목지(木枝)의 '가지 지'(枝)는 '산제(山祭) 이름 기(杞)'가 된다고 기록되어 있다. 이 마을에 당(堂)이 있었다는 설과 제향산(祭享山)의 이름으로 미루어, '목지'란 명칭은 산신제와 관련이 있을 것으로 추정된다. 즉, 목지는 산신제를 지내던 나무, 당목(堂木)이 있는 마을로 설명된다. 실제로 마을 한가운데 있는 논둑에는 수령이 약 600년 정도로 추정되는 고사(枯死)한 향나무가 그대로 보존되고 있다.

목지라는 지명에 얽힌 설(說)로는 이 마을이 지형적으로 중요한 길목이라서 목지라고 부른다는 것이 있다. 김포와 접한 금정산, 원당, 고산후를 넘는 고개가 위치해 있기 때문에 여러 지역으로 오가는 데 용이했다고 한다. 이 고개는 높고 험해서 다니기 힘들어 '된고개'라 부르고, 그 너머에 있는 마을인 목지를 '된고개마을'로 불렀다고도 한다.

문헌상으로 보면 목지마을의 지명은 정조 13년(1789)부터 광무 3년(1899)까지의 『김포군읍지』에서 마산면 소속의 목지리로 법정리였고, 1914년 행정구역 통폐합 시에 갈메리와 함께 불로리가 되었다. 1995년 서구 검단동에서 2002년 검단2동으로 변경되어 현재에 이르고 있다.

*남원 윤씨(南原尹氏)
조선조 초기 목지(木枝)마을에 처음 입향하여 세거를 해오고 있었다.

**풍산 김씨(豊山金氏)
풍산 김씨의 시조는 고려시대의 문적(文迪)으로, 그의 7대손 삼사좌윤(三司左尹) 김안정(金安棉)의 후손이 600년 전 검단 원당지역에 입향하여 세거하기 시작하였다.

양지말	목지의 중심이 되는 마을이다. 햇빛이 살 들고 따뜻하여 붙여신 이듬이나.
건너말	신방축고개가 있는 곳으로, 양지말 동북쪽에 자리한 곳의 지명이다.
음지말	제향산 동쪽과 금정산 북쪽의 음지에 자리해서 붙여진 이름이다.
신방축고개	됭개기고개, 독장고개라고도 부르며, 목지와 김포시 덕장골을 왕래하던 고개 지명이다. 덕장골에서 방죽을 새로 방죽을 쌓아 '신방축고개'라고 부른다.
능고개	목지에서 김포시 장릉으로 넘어가는 고개이다. 고개 너머에 금정사(金井寺)라는 절이 있어 '절고개'라고 부르기도 한다.
수탕고개	숫당고개, 실당고개라고도 부르며, 목지에서 고산후를 왕래하던 고개이다. 목지마을의 옛 지명인 '된고개'(된개기, 됭개기)가 전래된 고개이다.
이방굴	제향산과 당재 사이 계곡을 칭하는 지명이다. 현재는 공장들이 들어서 있어 찾아보기 어렵다.
당 재	제향산과 금정산 사이 음지말의 뒤편으로, 과거 당제를 지내던 곳이다. 당나무와 당우물도 있었다고 전하나, 현재는 없어진 공간이다.
방정굴	목지의 서쪽에 있는 골짜기 지명이다. 방장굴, 방정골이라고도 하며, 부흥산(제향산)과 자양산 사이의 골짜기를 가리킨다.
원터물	목지마을 입구에 있던 우물의 명칭으로, 현재는 찾아볼 수 없다.
뒷 골	뒷굴이라고도 하며, 목지에서 배미산 서쪽 골짜기를 부르는 지명이다.
배미산	목지마을의 동남쪽 뒷산을 가리킨다. 금정사가 있는 산은 '금정산'이라 부른다.
알 뫼	용두산, 용마산이라고도 부르며, 목지마을의 앞산으로 김포시와 경계를 이루고 있다.
미령고개	목지마을에서 갈산으로 넘어가는 고개를 가리킨다.

3) 갈산마을

이 마을은 만수산(萬壽山) 줄기가 길게 감싸고, 북쪽에는 도당산이, 마을 앞쪽인 남쪽에는 안산이 위치한 갈마형(葛馬形)이라 해서 '갈산'(葛山)이라 부르게 되었다고 전한다. 약 400년 전 평택 임씨(平澤林氏)들이 입향하여 세거를 이루어 온 만큼 만수산 중턱에는 마을을 지켜보고 돌봐주고 있는 선조들의 묘가 많이 있다. 갈산마을의 뒤쪽 도당산에는 예전부터 시월 초이튿날 마을에 산치성을 드리던 터가 여전히 남아 있는데, 몇 년 전 인근 군부대의 실수로 베어진 도당나무의

〈표 2.13〉 갈산마을의 소지명

건넌말	갈산 본 마을 앞산인 안산 자락에 위치한 마을 이름이다.
도당산	갈산을 감싸고 있는 산으로, 산중턱에 도당제를 지내던 터가 철책으로 세워져 있다. 만수산의 한 줄기로, 주관주나무와 참나무가 많다.
불로리고개	갈산 뒷산인 도당산 동쪽 능선을 통해 불로로 왕래하던 고개 이름이다.
만수산우물	만수산 줄기 동북쪽에 있는 약수터 이름이다.
대봉산	갈산 남쪽 건넌말에 위치한 산으로, 당하동과 경계를 이루는 청마의 뒷산이다.
동화시	갈산에서 목지로 가는 미령고개 밑의 골짜기를 가리키던 지명이다.
샛 굴	동화시 너머에 있는 남쪽골짜기를 말하며, '사이에 있다'는 의미이다.
박쿠리논	고산후로 넘어가는 고갯길 좌측에 펼쳐진 논을 가리키는 이름이다.
용다리	갈산 건넌말 옆 고산후고개 우측에 있는 골짜기를 가리킨다.
왕 굴	갈산의 건넌말 뒤쪽 안산에 있는 큰 계곡을 부르는 지명으로, 현재는 공장들로 들어차 있다.
번터굴	벌터굴이라고도 부르며, 안산에 있는 왕굴 서쪽 골짜기를 부르던 이름이다.
갈산보	강서방들보라고도 부르며, 갈산 본 마을과 건넌말 사이의 논에 물을 대기 위해 쌓은 보(洑)를 가리킨다. 현재 마을의 진입로에 위치해 있다.
가재우물	갈산 본 마을 앞 논에 있던 우물을 가리킨다. 예전에 가재가 많았다고 해서 붙여진 이름으로, 현재는 매립되어 공장이 들어서 있다.
푸무골	갈산 서쪽에 있는 작은 골짜기로, 대장간이 있었던 것으로 추측된다.

자리를 철책으로 둘러싸 보호하고 있다.

갈산에 대한 다른 설로는 마을 산에 칡이 많아 '칡 갈'(葛) 자를 썼다는 것이 있다. 만수산에 귀한 약초를 먹고 장수했다는 전설이 있으니, 갈산은 흙 속의 진주라 불리는 칡이 많이 나는 마을이라 사람이 건강하고 장수한다는 설은 제법 근거가 있다고 볼 수 있다. 한편 『김포군지명유래집』에는 이 마을의 전래명칭인 '갈메울'의 의미를 '갈산곡'(葛山谷)으로 해석하고 있다. 우리나라 지명 중 '갈'은 고어에서 '크다'(大), '높다'(高) 등의 의미를 가지는데, '갈메울'은 '높은 산' 이외에 '존장'(尊長)이 사는 곳과 관련이 있는 것으로 볼 수 있다. 따라서 '갈메울'은 '높은 산이 있는 마을' 또는 '존장이 사는 마을'의 뜻으로 추론할 수 있다.

문헌에 따르면 갈산은 마산면 갈매리(葛梅里)로 불러왔으나 1914년 행정구역 통폐합 시에 검단면 불로리로 통합되어 갈산으로 현재에 이르렀다가 1995년 서구 검단동에 편입되었고, 2002년부터 검단2동에 편입되었다.

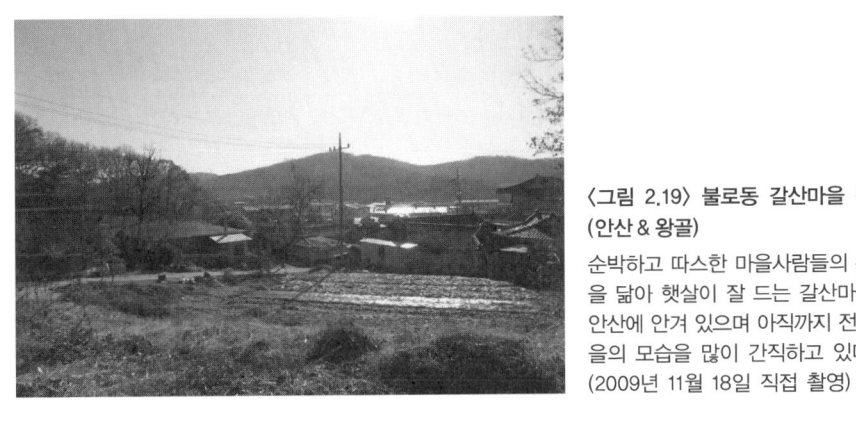

〈그림 2.19〉불로동 갈산마을 정경 (안산 & 왕골)

순박하고 따스한 마을사람들의 손길을 닮아 햇살이 잘 드는 갈산마을은 안산에 안겨 있으며 아직까지 전통마을의 모습을 많이 간직하고 있다. (2009년 11월 18일 직접 촬영)

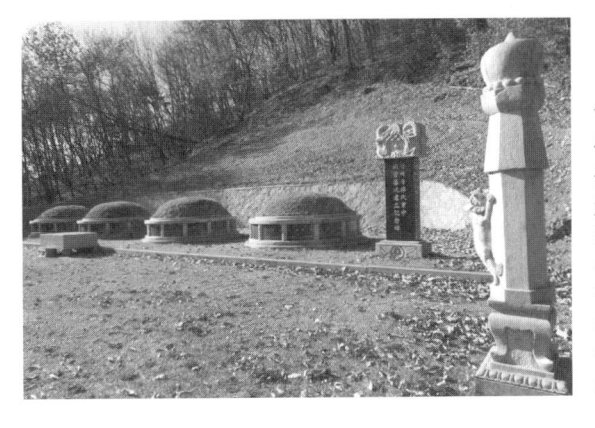

〈그림 2.20〉불로동 갈산 평택 임씨 묘역

불로동 갈산마을에는 평택 임씨(平澤林氏) 집성촌이 있다. 만수산 중턱에는 과거 갈산을 아끼고 사랑했던 선조들의 묘가 모셔져 있다. 햇살이 잘 들어오는 남향의 양지바른 그곳에서는 갈산마을의 평화로운 모습이 한눈에 들어온다. (2009년 11월 18일 직접 촬영)

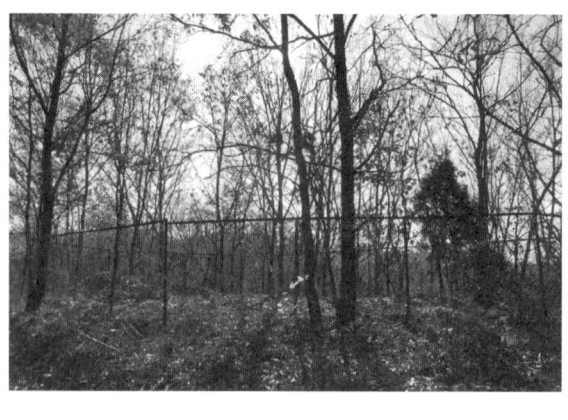

<그림 2.21> 불로동 갈산 만수산(도당산) 도당나무 자리

갈산 뒷산에는 마을 수호신을 모신 도당나무가 있었다. 그런데 몇 년 전 인근에 이전해온 군부대의 실수로 도당나무가 베어졌다고 한다. 비록 고사한 모습이지만 마을사람들의 애틋한 마음으로 철책에 둘러싸인 채 보호되고 있었다.
(2009년 11월 18일 직접 촬영)

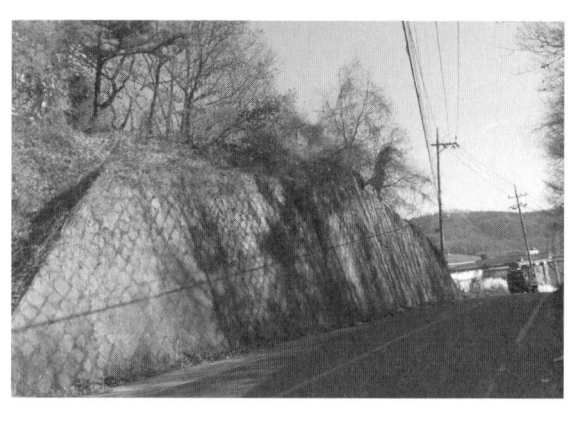

<그림 2.22> 불로동 서낭당터와 고산 뒤고개(갈산→고산후)

갈산에서 고산후로 넘어가는 고개를 '고산뒤고개'라고 부른다. 이 고갯마루에 서낭당이 있었다. 고개를 넘을 때마다 조심스레 쌓아놓은 돌에 간절히 원하는 마음도 살포시 올려두고 왔을 터이다. 지금은 큰 길이 생겨서 왕래가 쉽다.
(2009년 11월 18일 직접 촬영)

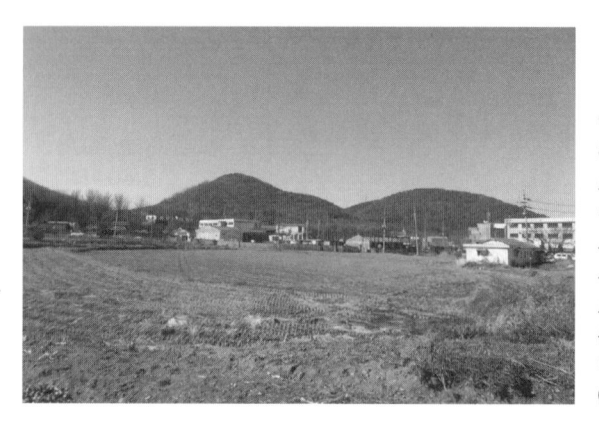

<그림 2.23> 불로동 목지마을(범산 & 개골산)

추수가 끝난 목지의 볏단을 태우는 연기들이 바람을 타고 하늘 위로 오른다. 연기를 따라 눈길이 하늘에 머무르면 새파란 하늘이 목지의 평화로운 풍경에 운치를 더한다. 그 하늘은 저 멀리 보이는 범산과 개골산이 떠받치고 있다.
(2009년 11월 18일 직접 촬영)

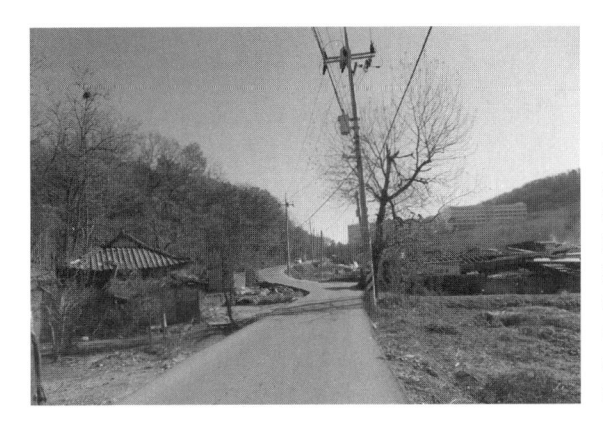

〈그림 2.24〉불로동 능고개 가는 길

불로동에서 김포시 장릉으로 넘어가는 고개를 능고개라고 부른다. 고개 너머에 금정사(金井寺)가 있어 '절고개'라고도 한다. 금정산과 장릉산 사이로 능고개 가는 길이 완만하게 이어져 있다. 멀리 고개 중턱에 걸친 승가대학이 보인다.
(2009년 11월 18일 직접 촬영)

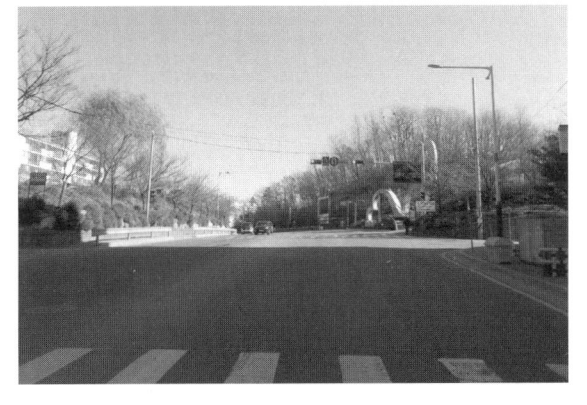

〈그림 2.25〉불로동과 김포, 여우재 고개

불로동에서 김포로 넘어가는 여우재 고개에는 옛날 선비의 정기를 빼앗아 사람이 되려 했던 여우의 전설이 전해져 오고 있다. 사람이 되지 못한 여우의 미련이 남아 있는지 지금도 고개를 걸어서 올라가는 발걸음이 무겁다.
(2009년 11월 18일 직접 촬영)

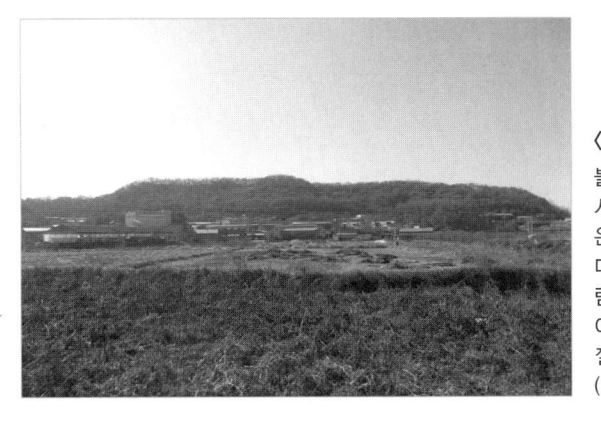

〈그림 2.26〉불로동(불로 · 마산)

불로동 마산마을과 자양산(제항산) 서쪽의 골짜기, 그리고 그 앞쪽의 넓은 벌판을 이르러 '숫굴'이라고 부른다. 가을하늘의 푸름이 깊어지면 바람의 끝자락에 걸린 찬 기운 속에서 어느새 겨울이 성큼 다가왔음을 느낄 수 있다.
(2009년 11월 18일 직접 촬영)

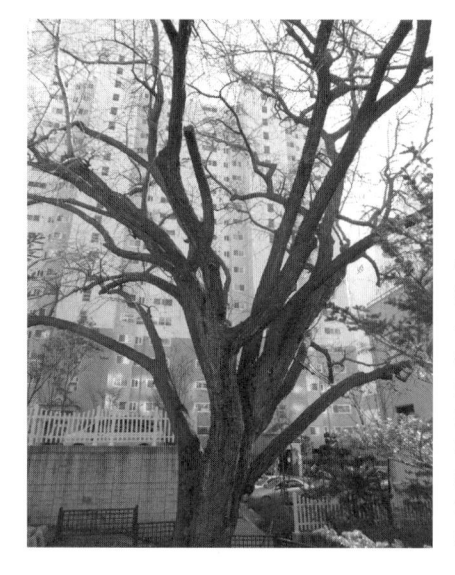

〈그림 2.27〉불로동 왜물 은행나무
(삼보해피하임아파트 단지 內)

불로동 마산 쪽에 있었던 왜물마을
에는 일제 강점기 일본인들이 떠다
마실 만큼 맛좋은 우물(왜물)이 있었
다고 한다. 현재는 그 자리에 아파트
단지가 들어서 있고, 그 중앙에는
500년 수령을 자랑하는 큰 은행나무
가 자리해 있다.
(2009년 11월 18일 직접 촬영)

선사시대의 발견, 원당동

　원당동은 검단의 서쪽에 위치한 법정동으로 계양구, 김포시와 경계를 이루는 지역이다. 고산(高山)을 중심으로 서쪽에 원당, 서남쪽에 능곡·발산, 동쪽에 고산후 자연부락이 자리하고 있다. 원당동은 당(堂)이 있는 마을이란 뜻으로 산정에 쌓은 단이 있었던 것으로 추정된다. 1530년의 『신증동국여지승람』에는 현 장릉산 재실이 있는 곳에 당이 있었다고 기록되어 있고, 『김포군읍지』에서는 옥계봉에 당이 있었던 것으로 추정하고 있다.

　원당동은 원래 노장면(蘆長面)에 속하던 법정리로 1914년 행정구역 개편 때 원당리로 병합되었으며 검단면에 소속되었다. 이후 1995년부터는 검단동의 법정 원당동으로, 2002년부터는 검단3동이 되었다.

　원당동은 검단의 타 지역보다 역사의 흔적이 많이 남아 있는 지역이다. 원당동 구획정리사업 중 찍개, 긁개, 여러 면 석기 등의 구석기시대와 청동기시대의 유물이 다량 출토되었으며, 인천지역 최초의 선사박물관인 '검단 선사박물관'에 전시되어 있다.

　또한 인천에서 유일하게 600여 년간 원형이 잘 보존된 호족의 묘역이 현존해 있으며 이는 인천광역시기념물 제55호로 지정되어 있다. 과거의 역사를 안고 일부 마을은 신도시로 개발 중에 있으며 고산 깊숙이 자리한 일부 지역은 아직 전통 마을의 모습을 갖추고 있다.

1) 원당마을

　원당(元堂)부락은 고산의 서쪽에 위치한 부락으로 고산의 줄기들이 마을을 북, 서, 남쪽 방향으로 병풍처럼 감싸고 있다. 고산 아래에 위치하고 있다고 하여 '고산아래', '고산하'라고도 불리며 원당동의 으뜸가는 마을이라는 뜻으로 '원당'

〈표 2.14〉 원당마을의 소지명

고 산	원당마을의 중앙에 위치한 산으로, 높다는 뜻으로 고산이라고 부른다고 한다.
송우산	고산의 서남쪽 줄기산으로 사람이 소도(蘇塗)와 관련 있는 것으로 추정된다.
가마산	고산의 동남쪽 줄기산으로 '검'계의 어휘라는 점에서 과거 하늘에 제사를 지냈던 것으로 추정되는 산이다. 발산마을과 원당마을의 경계가 되는 산이다.
가마고개	송우산의 동북쪽 머리와 가마산 사이의 고개로 원당-능굴의 왕래가 있었던 고개이다. 현재는 도로로 확장, 포장되어 있다.
가마골	가마고개에서 모퉁이를 돌면 나오는 마을로 '큰 마을'이라는 뜻이다.
뒷골말	가마골 뒤쪽에 위치한 마을로 과거에는 가마골보다 그 규모가 작았으나 공장이 많이 입주하여 지금은 가마골보다 더 큰 지역이 되었다.
가마논틀	가마골 아래에 위치한 논으로, 예전부터 수원이 풍부한 생수답으로 불리며 해마다 풍년이 들었다.
서낭당고개	원당-장릉 간의 고개로 원당고개라고도 불리었다. 예로부터 서낭당이 있어서 서낭당고개라고 하였으나 1960년대 초에 새마을사업으로 인해 서낭당은 사라졌다.
원터굴	원당의 동쪽 시내 양편에 자리했던 논을 부르는 말이다.
능앞들	원당에서 장릉골 방향에 있던 논을 부르는 말이다.
능굴고개	원당-능곡 사이를 왕래하던 고개로 현재에는 그 모습을 찾아볼 수 없다.
조축머리 아랫말	능굴고개의 원당 쪽 아래에 위치한 마을이다.
양천논	원당의 동쪽에 흐르는 시내 양쪽의 논을 이르는 지명이다.
갈퀴논틀	양천논 아래쪽으로 거리가 약간 떨어진 논으로, 땅이 척박하여 추수할 것이 변변치 못해 갈퀴로 긁을 정도로 농사가 잘 안되어서 붙여진 논의 지명이라고 전한다.

혹은 '원데이'라고도 불린다.

『인천 원당지구 4구역 구석기유적 발굴조사지도위원회 자료』*에 따르면 이 지역에서 총 771점의 구석기시대 유물이 확인되었다. 이는 이 지역에 선사시대부터 사람이 살았음을 보여주

*『인천 원당지구 4구역 구석기유적 발굴조사지도위원회 자료』
한국문화재보호재단이 2002년, 2003년 인천 원당지구 4구역에서 진행한 문화재 발굴 연구의 결과를 기록한 보고서이다.

는 것으로, 이곳이 예전부터 살기 좋은 곳이었음을 알 수 있다.

원당부락은 특이하게도 흰새의 마을회관을 중심으로 십늘이 능글게 자리하고 있다. 1980년대부터 마을에 들어온 공장들은 마을회관에서 멀리 떨어진 골짜기에서부터 자리 잡기 시작했지만 현재는 그 수가 많아져 마을회관 주변에서도 공장을 쉽게 찾아볼 수 있다.

약 500여 년 전 풍산 김씨*가 입향하여 마을을 이루었고 현재에도 그의 후손 약 30여 호가 거주하고 있다. 원래 노장면에 속하였으나 1914년 이후 검단면에 속하였으며 2002년부터는 검단3동에 속한다.

2) 능곡 · 발산 마을

능곡(陵谷)부락은 가마산의 서쪽에 위치한 부락으로 능굴 혹은 능곡으로 불리었다. 장릉이 조성된 다음 그 능의 골에 있는 마을이라 하여 능골, 능굴이라 불러왔다고 하지만 장릉과 능곡부락 중간에 위치한 원당부락을 뛰어 넘어 이 마을만 능곡이라고 한 것이 의문스럽다.

발산(鉢山)부락은 가마산의 동남쪽에 위치한 부락으로 동, 서, 북쪽이 산으로 둘러싸여 있으며 남쪽으로는 당하동과 마주하고 있다. 이런 발산부락의 지리적 모양이 마치 절에서 쓰는 스님의 공양 그릇의 모양과 비슷하다 하여 바리떼라 부르던 것이 발산이 되었다고 한다.

욕계봉, 고산, 송우산, 장구산으로 이어지는 산줄기가 마치 학의 모양을 닮았는데 능곡 · 발산 마을이 학의 가슴과 머리에 해당되는 지역이라 예로부터 명당자리로 전해져오고 있다.

능곡부락에는 의령 남씨*가, 발산부락에는 양천 허씨**가 각각 입향해 지금까지 세거해오고 있다. 능곡 · 발산부락은 1789년 『호구총수』에 능동리(陵洞里)로 등재되어 있으며 1914년 행정구역 개편으로 원당리가 되었고, 2002년 이후부터

〈표 2.15〉 능곡 · 발산 마을의 소지명

가마산	능굴 동북편에 위치한 해발 61m의 산으로, 과거에 천신제를 지냈을 것으로 추정된다.
가마고개	능굴-원당 간의 왕래가 있는 고개로 현재에도 그 모습을 찾아볼 수 있다.
장구산	원당동의 동남쪽에 위치한 산으로 북쪽에서 남쪽으로 바라볼 때 장구의 모습을 하고 있다 하여 붙여진 이름이다.
송우산	능굴과 창신초등학교 사이에 있는 산이다.
내건너고개	서구영어마을과 당하동 사이에 흐르던 내(川) 넘어에 있는 고개라는 뜻으로, 능굴과 창신초등학교를 왕래하는 고개를 부르는 말이다.
솔모랭이	송우산의 앞부리로 소나무가 우거져 솔모랭이라 부른다고 한다.
대장간모퉁이	발산마을 입구 서편 산모퉁이로 예전에 대장간이 있었다고 전해진다.
아낙말	대장간 모퉁이에서 서편 골에 있는 마을을 이르는 말이다.
긴논틀	발산마을 앞들을 가로질러 흐르는 시내 부근 일대의 들을 부르는 말이다.
서 못	발산마을 앞들에 있던 큰 우물로 현재에는 찾아볼 수 없다.
용머리	발산의 가장 북쪽에 위치한 마을로 예전에 용바위라고 불리는 바위가 있었다고 전해진다.
웃목구석	능굴의 서북쪽에 넓고 평평한 골로 예전에 태릉이 있었던 곳이라 전해진다.
뒷 들	발산마을과 김포 사이에 위치한 들로 그 크기가 매우 크다.

는 검단3동에 속한다. 하지만 언제부터인가 능곡 · 발산마을의 사람들은 두 마을을 구분하지 않고 주로 발산마을로 많이 칭하고 있으며, 이에 따라 두 마을의 경계 역시 모호해지고 있다.

*의령 남씨(宜寧南氏)
시조는 남민(南敏)으로, 본명은 김충(金忠)으로, 원래 당(唐)나라 사람이었는데 신라에 귀화하여 신라왕으로부터 남씨성을 하사받았다. 검단 능곡부락에 입향하여 현재까지 세거해오고 있다.

**양천 허씨(陽川許氏)
김수로왕의 왕비 보주태후(普州太后) 허황옥이 시조로, 1739년(영조 15년)에 허병두(許炳斗) 후손이 장단(長湍)에서 완정으로 입향하여 집성촌을 이루었으며, 인근의 원당, 독정, 발산 일대에도 세거를 이루고 있다.

3) 고산후마을

고산후(故山後)부락은 배매산의 동남쪽과 고산의 서쪽 사이에 자리하고 있으며 좌로는 불로동이, 우로는 능굴이, 아래로는 당하동과 마주하고 있다. 고산의 뒤쪽에 위치하여 고산뒤 혹은 고산후라고 불리며, 산으로 둘러싸여 원당동에서도 가장 오지에 속하는 마을이었다. 하지만 원당동의 다른 부락에 비해 신도시화가 빨리 진행된 지역으로 고산후부락을 세로로 가로지르는 큰 도로가 건설되었고, 검단3동 주민센터, 창신초등학교, 원당고등학교가 위치하고 있다.

고성 이씨*가 입향조로 현재에도 약 10여 호의 후손이 세거하

〈표 2.16〉 고산후마을의 소지명

배미산	옥계봉, 금릉산으로 불리는 해발 153m의 산이다.
뒷 산	고산후마을의 서편에 있는 해발 105m의 산으로 시월 초이튿날 산치성을 드린다고 한다.
북망산	산에 묘지가 많이 있기 때문에 붙여진 이름으로 창신초교를 지나 능굴로 돌아가는 산을 말한다.
분두굴	송우산 남쪽의 골짜기를 이르는 말이다.
두래미	송장산 북쪽의 계곡과 논을 부르는 지명이다.
나무고개	고산후–불로 간의 고개를 부르는 지명이다. 현재에는 큰 도로가 개설되어 과거의 모습은 남아 있지 않다.
숫당고개	고산후–목지 간의 고개로 서낭나무가 있었던 곳이라고 전하며 서낭당고개라고도 불리었다고 한다. 하지만 현재에는 서낭나무의 흔적은 찾을 수 없다.
잿고개	고산후–갈산으로 이어지는 고개였다고 하나, 도로공사로 인해 산과 함께 사라졌다고 한다.
호사낭	창신초등학교 뒤편에 있는 산으로, 옛날 노씨 처녀가 호랑이에게 물려가는 호환을 당했기 때문에 호사낭이라 불린다고 전한다.

*고성 이씨(固城李氏)
시조는 한문제(漢文帝) 때 사람인 반(槃)의 24세손 황(璜)으로 알려져 있다. 고려 말 이후에 성세를 보였으며, 검단 원당동의 고산후마을에 입향하여 현재 10여 호의 후손이 세거하고 있다.

고 있다. 『호구총수』와 『김포군읍지』에 노장면 고산후리로 기록되어 있으며 1914년 원당리로 편제되었다. 현재는 검단3동에 속해 있다.

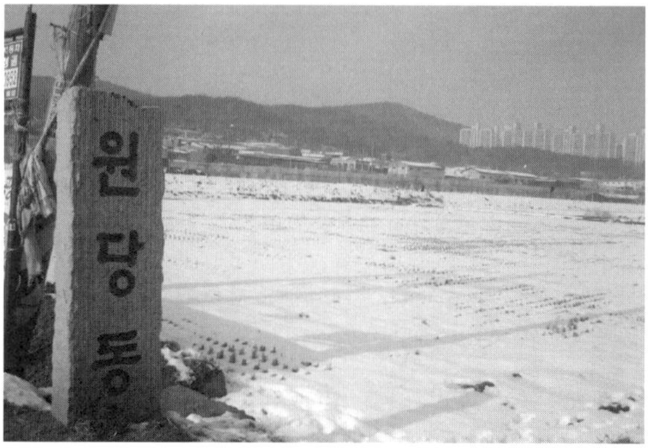

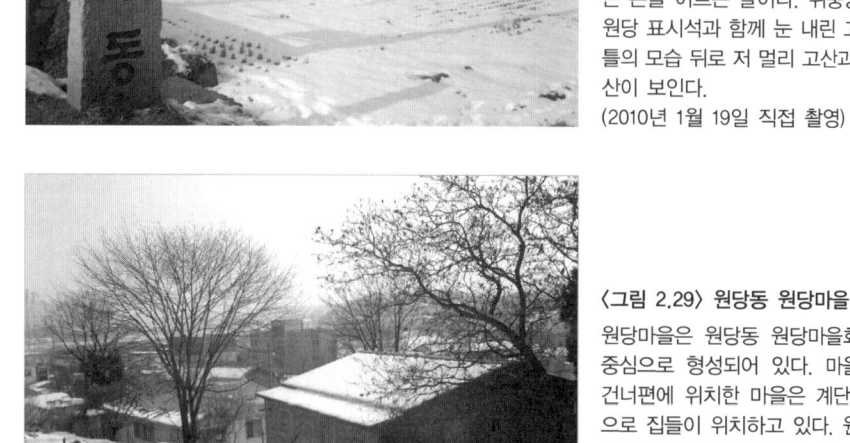

〈그림 2.28〉 원당동 표시석과 고미 논틀

김포와 원당동의 경계에서 원당동의 고미논틀을 바라본 모습이다. 고미 논틀은 원당동과 김포시를 경계 짓는 논을 이르는 말이다. 위풍당당한 원당 표시석과 함께 눈 내린 고미논틀의 모습 뒤로 저 멀리 고산과 장릉산이 보인다.

(2010년 1월 19일 직접 촬영)

〈그림 2.29〉 원당동 원당마을

원당마을은 원당동 원당마을회관을 중심으로 형성되어 있다. 마을회관 건너편에 위치한 마을은 계단 형식으로 집들이 위치하고 있다. 원당마을 강아지들의 귀여운 꼬리는 낯선 이의 방문이 궁금하고 신기한 듯 살랑거렸다.

(2010년 1월 19일 직접 촬영)

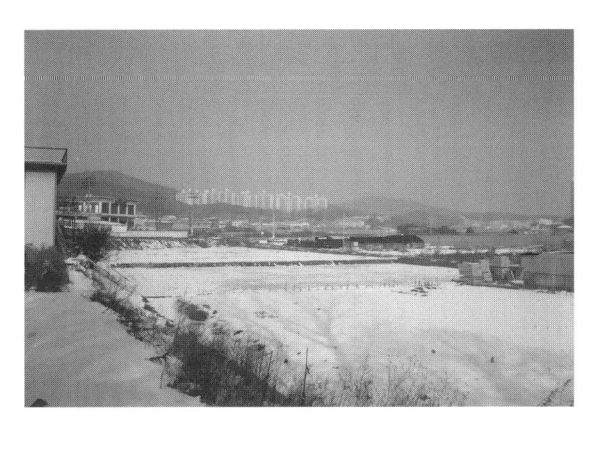

〈그림 2.30〉 원당동 긴논틀

발산마을 앞들을 지나는 시내 부근 근의 논으로 그 모양이 길쭉하여 긴 논틀이라 부른다고 한다. 눈 내린 긴 논틀의 모습은 마치 작은 스케이트 장 같으며 이 위에서는 작은 새들이 종종거리며 뛰어다니고 있다. (2010년 1월 19일 직접 촬영)

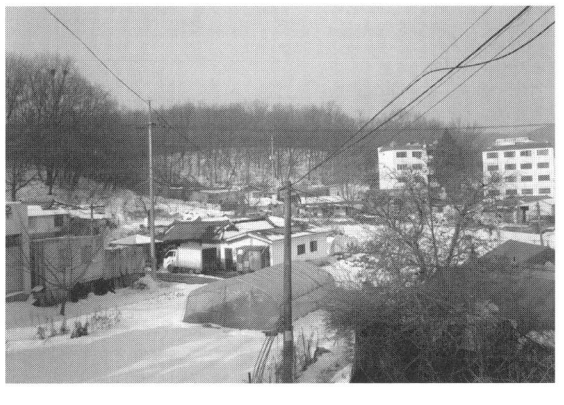

〈그림 2.31〉 원당동 발산마을

장구산을 넘어 발산·능곡마을로 진 입하면서 본 마을의 정경이다. 집들 과 아파트 사이로 공장들이 위치하 여 산새를 끼고 아름다웠던 과거의 모습을 찾아볼 수 없다. 저 멀리 원 당과 발산·능곡의 경계가 되는 가 마산이 보인다. (2010년 1월 19일 직접 촬영)

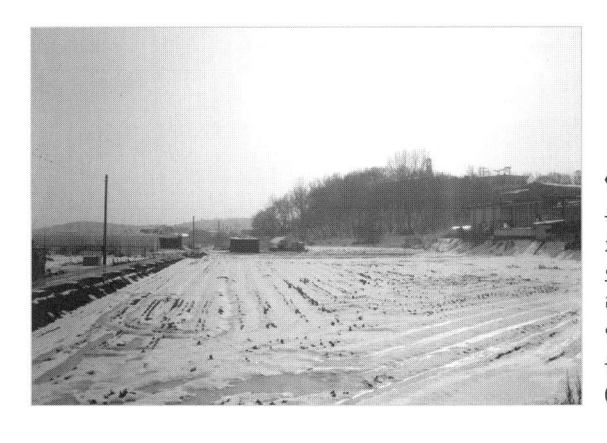

〈그림 2.32〉 원당동 장구산

북쪽에서 내려다보면 그 모습이 마 치 북이 두 개 놓인 것과 같은 장구 와 같아 장구산 혹은 장고산이라 불 린다고 한다. 장고산은 높이가 높지 않아 쉽게 오를 수 있어, 마을 주민 들의 안락한 쉼터가 되어주고 있다. (2010년 1월 19일 직접 촬영)

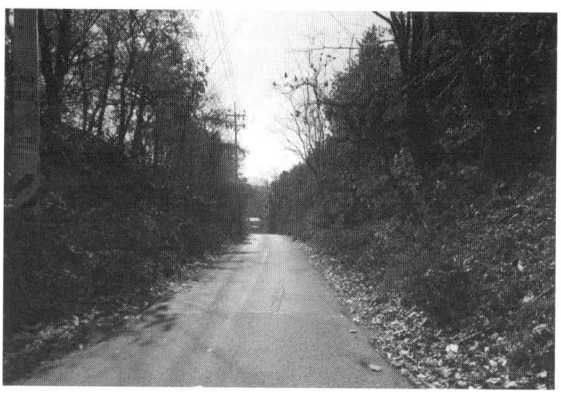

〈그림 2.33〉 원당동 숫당고개(구길)

고산후마을에서 불로동 목지로 넘어
가는 고개를 숫당고개 혹은 수탕고
개라고 부른다. 과거에는 서낭당이
있었다고 전해지지만 현재에는 그
모습을 찾아볼 수 없다. 지금은 고개
옆으로 대로가 생겨 이 길을 이용하
는 사람이 거의 없다.
(2009년 11월 18일 직접 촬영)

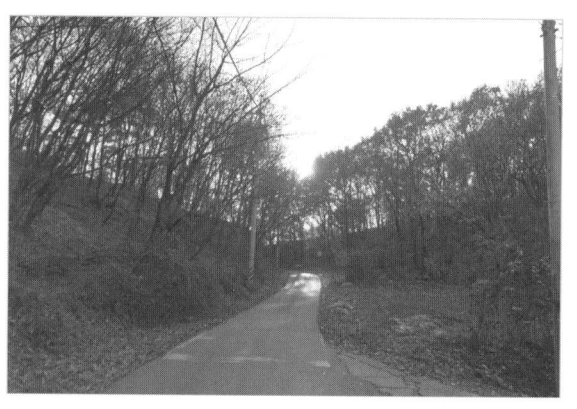

〈그림 2.34〉 원당동 가마고개

원당과 능굴의 왕래가 있던 고개로
큰 고개라는 뜻이라는 설도 있다. 해
가 질 때면 고개 가운데로 그 해가
부셔져 뜻하지 않은 낙조의 아름다
움을 느낄 수 있었다. 지금은 곳곳에
현수막이 걸려있어 과거의 모습을
찾아보기 어렵다.
(2009년 11월 12일 직접 촬영)

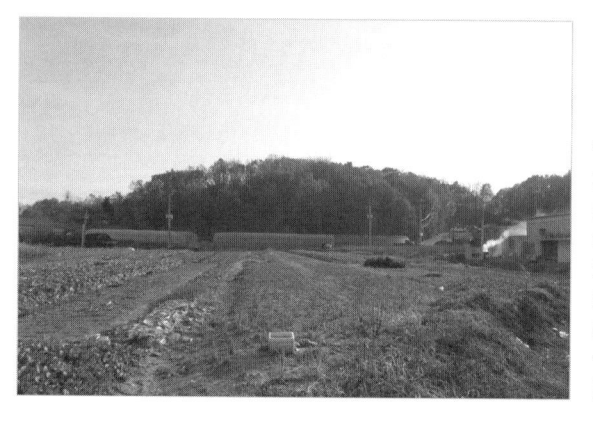

〈그림 2.35〉 원당동 가마논들

가마산의 북쪽에 펼쳐진 논을 가마
논들이라고 한다. 가마산, 가마고개
와 마찬가지로 크다라는 뜻을 가지
고 있어 큰 논이라는 설과 함께 매년
풍년이 들어 돈을 가마로 긁어간다
는 뜻에서 가마논들이라 부른다는
설이 있다.
(2009년 11월 12일 직접 촬영)

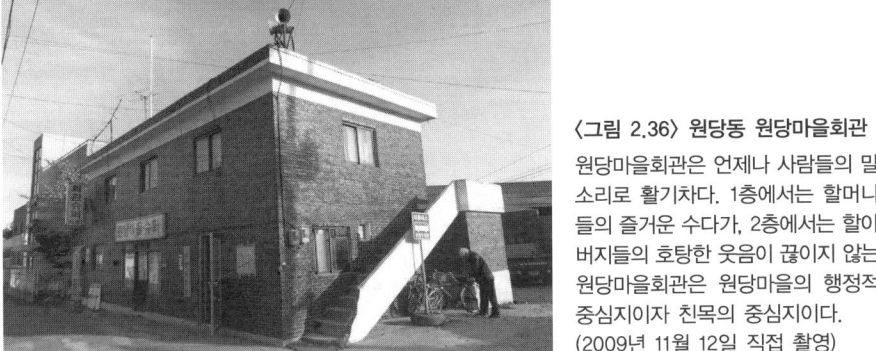

〈그림 2.36〉 원당동 원당마을회관

원당마을회관은 언제나 사람들의 말
소리로 활기차다. 1층에서는 할머니
들의 즐거운 수다가, 2층에서는 할아
버지들의 호탕한 웃음이 끊이지 않는
원당마을회관은 원당마을의 행정적
중심지이자 친목의 중심지이다.
(2009년 11월 12일 직접 촬영)

제림산이 감싸 안은 마을, 당하동

검단지역의 남쪽에 위치한 당하동은 마전동, 경서동, 왕길동, 계양구와 마주하고 있으며, 자연부락들이 동쪽으로 길게 자리하고 있다. 당하동이라는 이름은 당(堂)이 있는 마을인 원당 아래에 위치하고 있어 붙여진 이름이라 전한다. 이 지역은 본래 노장면 (蘆長面) 당하리였으나 1914년 행정구역 개편 시 검단면으로 재편되었고, 현재에는 검단3동과 4동에 속하는 것으로 변경되었다.

당하동은 독정, 족저, 광명, 신기마을로 구성되어 있으며 이 중 독정과 족저 일부 지역은 도시화가 많이 진행되어 과거의 모습을 찾을 수 없다. 곧 광명, 신기마을 역시 신도시로 개발될 예정이며, 개발 이후에도 전통 향토부락에서 내려오던 주민 네트워크는 계속 이어질 것으로 보인다.

1) 독정마을

독정(獨亭)은 검단지역 중 최남단 중앙부에 위치하며 신기마을, 왕길동, 청마와 접하고 있다. 이미 현대화가 많이 진행된 지역으로 독정사거리와 그 우측 편에 위치한 자연부락이다. 약 400여 년 전 광산 김씨*가 입향한 이후 그 후손들이 17대를 세거해온 지역으로, 과거에는 산과 산 사이에 자리한 마을이었으나 도시화가 진행되면서 많은 산들이 사라지고 마을의 그 규모 역시 많이 줄어들었다고 한다.

독정이라는 이름은 마을의 중심부에 위치한 언덕 위에 독정이라는 정자가 있어 그리 불렸다고 전해진다. 하지만, 1914년

*광산 김씨(光山金氏)
김알지(金閼智)의 후손인 신라 신무왕(神武王)의 아들 흥광공이 시조이며, 검단 독정마을에 약 400여 년 전 입향하여 지금까지 세거해오고 있다.

〈표 2.17〉 독정마을의 소지명

독정터	옛날 독정마을의 정자목이었던 왕소나무와 녹정이란 정자가 있었던 곳으로 지금의 이마트에서 독정마을로 들어가는 낮은 구릉 자리라고 한다.
독쟁이골목	독정사거리에서 마을로 들어오는 낮은 고개에 있는 마을로, 소의 낭심에 해당하는 형국이어서 소가 소변을 쏟듯 사람들이 돈을 쏟아 부어 장사가 잘되는 곳이라고 한다. 현재의 독정사거리와 이마트 부지를 이르는 말이다.
와우산	독정마을에서 뒷산이라고도 부르며, 산의 형태가 마치 소가 누워 있는 것과 같다고 하여 붙여진 이름이다.
작은뚝	독정마을 앞을 흐르는 시내의 상류 쪽 둑을 이르는 지명이다.
큰 봉	독정마을 동쪽에 있는 마을 뒷산으로 마을에서 제일 높은 봉우리였지만 현재는 그 모습을 찾아볼 수 없다.
한메산	독정마을 서쪽에 자리한 산으로 큰 산이라는 뜻이며 할메, 할미산이라 불리기도 한다. 마전동, 당하동, 왕길동이 3개 동이 이 산을 기준으로 경계를 이룬다.
장아니고개	독정과 신기 사이의 고개로 쓰레기 수송로가 되면서 확장되었다.
강낭굴	장아니고개 서북쪽에 있는 골짜기로 현재는 공장이 들어서 있다.
외 굴	독정에서 청마로 통하는 소도로 부근의 골로 개구리굴이라고도 불린다.
종 알	한메산과 쓰레기 수송로 사이에 있던 마을을 부르는 말이다.
욧 굴	마을 앞 쓰레기 수송로에서 완정사거리 방향으로 난 첫 번째 골짜기로 현재에는 평지가 되었으며 아파트가 들어섰다.
알메부리	천주교 묘지 서쪽의 둥그런 산부리를 뜻하는 말이다.
심두굴	천주교 묘지 남쪽으로 둑실동과 경계가 되는 깊은 골짜기를 이르는 말이다.

일제가 행정구역을 개편할 때 '독정'(獨亭)이라는 한자표기를 독정(獨井)이라고 잘못 표기하여 현재에도 일부 잘못된 표기가 쓰이고 있다고 한다. 다른 당하동지역의 자연부락과는 달리 검단4동에 속하는 지역이다.

2) 신기마을

신기(新基)는 쓰레기 수송로와 제림산 사이에 위치한 자연부락으로 계양구와 접하고 있는 지역이다. 제림산의 남쪽 골짜기에 자리하여 제림산의 품안에 안긴

신기마을은 전형적인 농촌마을이었으나, 쓰레기 수송로와 소규모 공장의 건립으로 인해 과거의 모습은 많이 훼손되었다. 현재에도 제림산을 중심으로 족저, 광명과 접하고 있어 신기의 주민들은 이 두 마을과 활발한 소통을 바탕으로 지역 일에 열심히 참여하고 있다.

본래 족저에 살던 전주 이씨의 일부가 이 마을에 새로 터를 마련해 살기 시작했다 하여 예로부터 새텃말이라 불러오다가 일제가 마을 이름을 한자식으로 고칠 때 신기(新基)라 했다고 한다. 현재에도 전주 이씨의 후손 약 10여 호가 세거해오고 있으며, 동편에 위치한 아랫말과 서편에 위치한 웃말로 나누어져 있다. 옛 문헌에 법정리로 기록된 바는 없으며 1991년 검단지역에 편제되어 현재는 검단3동에 속하고 있다.

〈표 2.18〉 신기마을의 소지명

제림산	신기마을 뒤쪽으로 솟은 해발 86m의 산으로 이 마을의 진산(鎭山)이다.
초당골	신기마을 동쪽에 위치한 제림산의 깊은 골짜기를 이르는 지명이다.
골 안	신기마을회관과 제림산 사이의 큰 골짜기를 부르는 말이다.
둑실고개	신기-둑실 간의 고개로 신기 앞산에 위치하고 있었다고 한다
앞 산	신기마을에서 쓰레기 수송로 뒤쪽으로 보이는 산으로, 해발 88m, 75m, 36m의 연봉으로 이루어진 산줄기를 이르는 말이다.
베락굴	장아니고개에서 신기마을 쪽으로 향하는 방향의, 족저-신기의 도로 분기점 일대의 논을 말한다.
삼밭굴	동물검역소 일대로 족저-장아니고개 도로가 신기와 만나는 부근이라고 전해진다. 삼을 키우던 밭이 있었던 것으로 추정된다.
미루터 모퉁이	신기-광명으로 돌아가는 제림산의 남쪽 기슭을 이르는 말이다.
송충목들	미루터 앞쪽에 있는 논과 그 일대의 들을 가리키는 지명이다.

3) 족저마을

족저(足儲)는 신기, 광명, 원당동과 마주하고 있는 자연부락으로 제림산(霽林山) 앞쪽에 위치하고 있다. 족저라는 명칭은 예로부터 산수가 수려하고 인심이 후덕하며 근면, 성실하여 집집마다 저축을 많이 하고 모든 집이 풍요해 '돈에 발이 묻힐 정도로 부자 마을'이어 저축할 저(儲)를 써서 족저리라 불리었다는 설과, 천신제를 지내는 마을이라는 설이 있다. 이 중 천신제를 지내는 마을이라는 설이 더 유력하며, 이로 제림산에 하늘에 제사를 지내는 제단이 있었을 것으로 추정된다.

〈표 2.19〉 족저마을의 소지명

윗 말	마을 중간의 도로를 기준으로 동편에 위치하고, 음달말이라고도 불리는 지역으로 현재에는 공장이 많이 들어서 있다.
넘 말	마을 중간의 도로를 기준으로 서편에 위치한 마을을 가리키는 말이다.
다르레이고개	족저–청마 사이의 고개로 다레이고개라고도 부른다. 현재 족저–청마 간의 큰 도로 옆에 위치해 있다고 한다.
원 굴	다르레이고개에서 족저리 방향으로 첫 번째 골짜기와 그 일대의 논을 가리키는 지명이다. 족저마을에서 멀리 떨어져 있다는 의미라고 한다.
신성굴	원굴 다음의 골짜기와 논을 지칭하는 말이다.
새눅굴	신성굴 다음의 골짜기와 그 앞의 논을 가리키는 말이다.
삼밭구리산	현재 동물검역소 자리에 있던 산으로, 해발 50m 정도 되는 작은 봉우리였다고 한다.
된고개	족저–신기 사이의 고개로 50m 이상 되는 제림산 줄기를 넘는 것이 힘들다고 하여 붙여진 이름이라고 한다.
천둥거리	현재 서구영어마을에서 들을 건너 매밭과의 분기점 일대를 뜻한다. 현재에는 농협이 위치하고 있는데, 그 일대의 논과 밭을 가리키는 지명이다.
쪽다리	족저에서 서구영어마을로 넘어가는 들길 중간에 있던 다리 이름이다.
동아지산	천둥거리 주변에 위치한 농협 뒷산으로 동그랗다는 뜻에서 동아지산이라고 한다고 전한다.
윗 산	현재의 발산초등학교 건너편에 있던 산을 뜻하는 말이다.

이 마을은 약 400여 년 전 전주 이씨(全州李氏)가 입향한 이후 그 후손이 지금까지 세거해오고 있으며 윗말과 넘말로 구분되어 있다. 족저마을은 해가 바뀔 때 마다 인근 지역의 당골네를 불러 새해맞이(신수맞이, 재수굿 등) 행사를 했다고 한다. 이때 이씨(李氏) 문중의 평안과 안녕을 기원했고 마을의 평안을 천신께 기원했다고 전하는데 인근에 거주하는 전주 이씨는 모두 참여했다고 한다. 이런 형태는 농경사회에서 자연에 대한 평안을 기원하기 위한 것이기도 했지만, 마을의 공동체 의식을 고취하고 이웃마을에 풍요를 과시하는 목적도 있었다. 현재는 당산이 도시화로 인해 사라져 이런 행사는 없어졌다고 한다.

족저라는 행정부락은 『김포군읍지』에 노장면 족저리로 기록되어 있으며 1914년 당하리로 편제되었다. 2002년부터는 검단1동에 속하며 빌라 건립 등의 도시화가 진행되고 있다.

〈표 2.20〉 광명마을의 소지명

매 논	매밭 입구에 위치한 논을 가리키는 말이다.
지네다리	매밭 북쪽 들에 흐르는 시내의 다리를 가리키는 말이다.
옻우물	매밭 중앙부에 있는 우물로 옻이 올랐을 때 몸에 바르면 금방 낫는다고 전해진다.
샛고개	광명-신기 간의 고개로 제림산 서편에 자리해 있으며 기밋고개라구두 부른다.
칠갈래길	매밭-광명 사이의 산등성이에 일곱 갈래로 난 작은 길을 뜻한다.
골목고개	매밭-광명 사이를 왕래하는 좁은 고개로 광명마을회관 뒤쪽에 위치해 있다.
솔터구석	제림산의 북편 기슭 일대의 지역과 그곳에 있는 마을을 가리키는 지명이다.
수수논	땅이 비옥해서 벼이삭이 수수이삭만큼 많다는 의미의 논으로 광명마을 앞에 자리해 있다.
쌍다리	광명 들 한가운데를 흐르는 시내에 설치된 다리를 가리키는 말이다.
바래벌	광명-계양구가 접하는 남쪽의 끝 마을로, 논이 넓게 펼쳐져 있다는 뜻이라고 전한다.
청다리	광명마을에서 바래벌로 나가는 곳의 수로 위에 놓인 다리를 가리키는 말이다.
쇠배미	바래벌과 청다리 사이에 있는 논을 이르는 말이다.

4) 광명마을

광명(光明)부락은 제림산(霽林山)의 동쪽에 위치한 마을로 크게 광명과 매밭으로 구성되어 있다. 광명부락은 검단3동에 속하며, 인천영어마을 뒤쪽에 위치한 광명마을회관을 중심으로 마을이 형성되어 있다.

광명이라는 명칭은 비가 갠 뒤 제림산 쪽에서 바라보면 광명마을로 햇살이 밝게 비춘 데서 유래한다고 한다. 또 다른 설에서는 제림산에서 매월 시월 초이튿날 천신제(天神祭)를 지내온 전통에 따라 하늘에 제사를 지내는 마을이라는 뜻으로 광명이라 전해진다고 한다.

광명은 약 350여 년 전 청송 심씨*가 입향한 이후 지금까지 그 후손들이 세거해오고 있다. 광명의 매밭은 제림산의 동북쪽에 위치한 마을로 안동 권씨**가 집성촌을 이루며 세거해오고 있다. 매밭이라는 명칭은 광명마을 앞산이 마치 꿩이 기어가는 형국이기에 꿩을 이기기 위해 매와 관련된 이름을 붙인 것이라고 한다.

지금은 공장이 많이 들어와 과거의 모습을 많이 잃긴 했지만, 광명마을 사람들은 아직까지도 전통 마을의 끈끈함(情)을 유지하고 있다. 마을회관 앞에 위치한 느티나무 정자에 앉아 도란도란 이야기를 나누기도 하고 활발한 마을회의와 부녀회 활동을 통해 마을의 대소사를 함께 나누는 모습 등은, 이 마을이 신도시로 개발된 이후에도 계속 이어지길 바란다.

*청송 심씨(靑松沈氏)
약 300년 전 김포시 대곶면 약암리에서 광명마을로 이주해 집성촌을 이루며 살았다.

**안동 권씨(安東權氏)
경순왕 제위시절 태사공(太師公) 권행(權幸)이 시조로, 현종(顯宗)조 말년에 권이도(權以道)가 광명마을에 입향해오면서 세거하기 시작하였다.

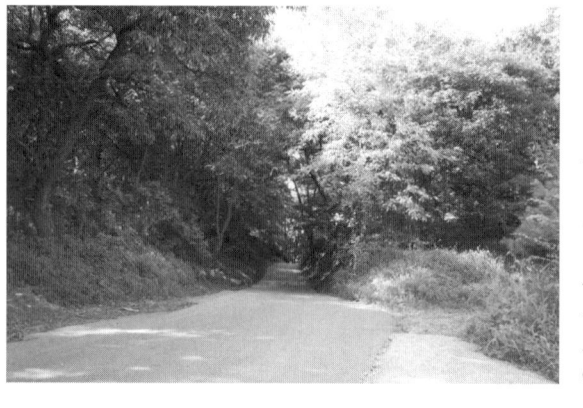

〈그림 2.37〉 당하동 골목고개

당하동 광명마을 쪽 골목고개 언덕
에서 매밭 방향으로 내려다 본 모습
이다. 제림산의 서쪽 줄기에 위치한
골목고개는 사람 두세 명이 지나갈
정도로 좁아 오솔길과 같은 정겨움
과 두근거림이 느껴지는 곳이다.
(2009년 9월 13일 직접 촬영)

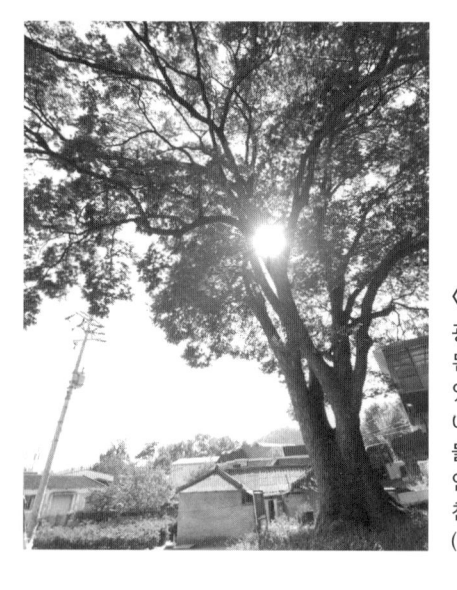

〈그림 2.38〉 당하동 느티나무

광명마을회관 옆에는 약 350여 년
된 느티나무가 광명마을을 지켜주고
있다. 따스한 광명마을의 햇살을 한
아름 간식한 나무는 그 온기를 주민
들에게 전해주는 듬직한 기둥이자
언제든지 고민을 털어놓을 수 있는
친구이다.
(2009년 9월 13일 직접 촬영)

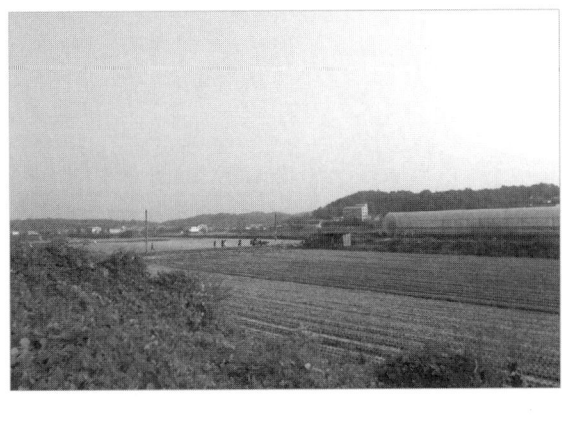

〈그림 2.39〉 당하동 매밭

광명부락의 매밭에 얼마 전부터 새로운 친구들이 생겼다. 광명에 위치한 인천영어마을로 향하는 젊은 아이들의 웃음소리가 매밭에 울릴 때면, 매밭은 풍작이 들었을 때보다 더 큰 기쁨을 느끼며 아이들에게 대자연의 축복을 내리곤 한다.
(2009년 10월 30일 직접 촬영)

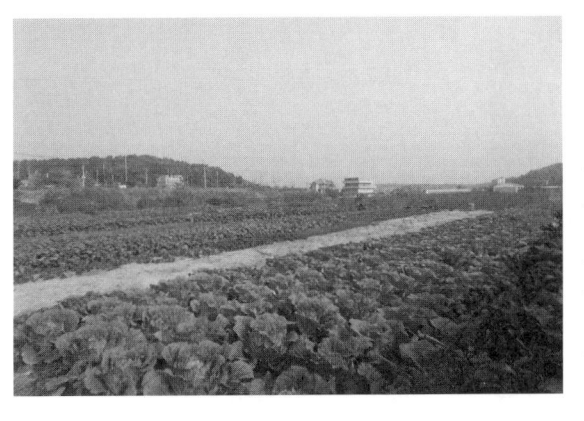

〈그림 2.40〉 당하동 천둥거리

족저마을 입구에 위치한 천둥거리는 예전부터 땅이 좋고 물이 가까워 작물이 잘 자라기로 유명한 지대였다. 높이 뜬 해 아래에서 밭일을 하는 아낙의 얼굴에서 일의 고단함보다는 좋은 수확을 바라는 바람이 느껴진다.
(2009년 10월 30일 직접 촬영)

〈그림 2.41〉 당하동 동아장생이

족저마을에 들어서서 마을을 쳐다보면 광명으로 향하는 논 한가운데 동그란 산이 자리하고 있음을 확인할 수 있다. 동아지산이라고도 불리는 동아장생이는 마을 노인들이 어릴 적 뛰어놀던 놀이터였다고 한다.
(2009년 10월 30일 직접 촬영)

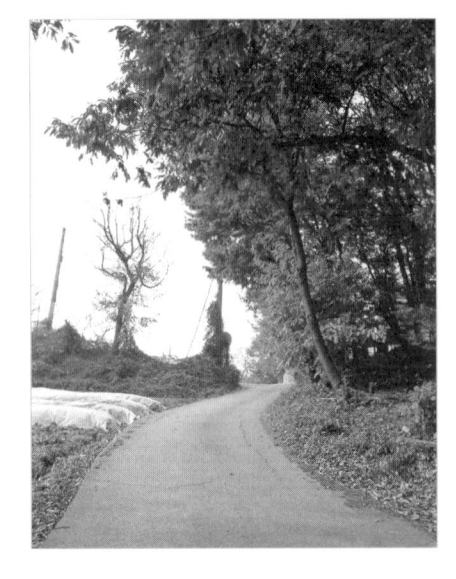

〈그림 2.42〉 당하동 넘말고개

넘말고개는 족저의 윗말과 넘말로 넘어가는 고개이기도 하지만, 신기말로 향하는 된고개로 가는 길이기도 하다. 많은 사람들이 지나다녔던 넘말고개는 그만큼 많은 사연을 담고 있어 한없이 과묵하기만 하다. (2009년 11월 4일 직접 촬영)

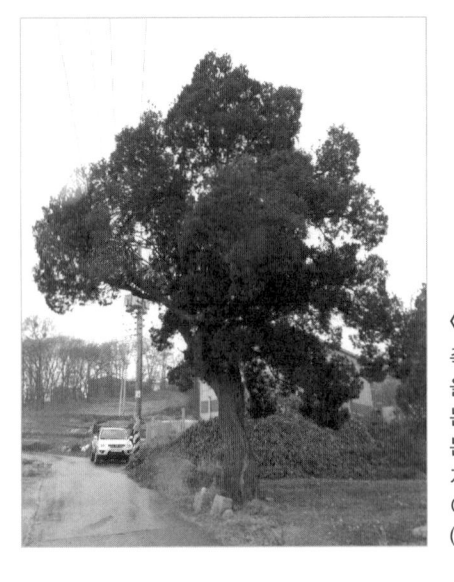

〈그림 2.43〉 당하동 족저 향나무

족저에서 광명부락으로 향하는 길목을 오랫동안 지켜온 이가 있다. 때로는 사람들의 그늘이 되어주고 때로는 사람들의 기둥이 되어주었던 족저 향나무에게, 이제는 마을 주민들이 자신과 마을의 안녕을 빌고 있다. (2009년 11월 29일 직접 촬영)

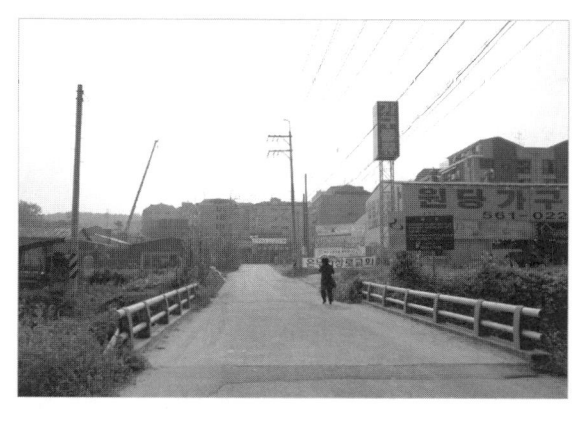

〈그림 2.44〉 당하동 쪽다리

서구영어마을과 족저 입구 사이에는 천둥거리와 매밭을 적셔주는 시내가 흐르고 있다. 지금은 시멘트로 확장된 다리가 있지만, 과거에는 이 시내를 건네주던 쪽다리라 불리던 작은 다리가 있었다고 한다.
(2009년 10월 30일 직접 촬영)

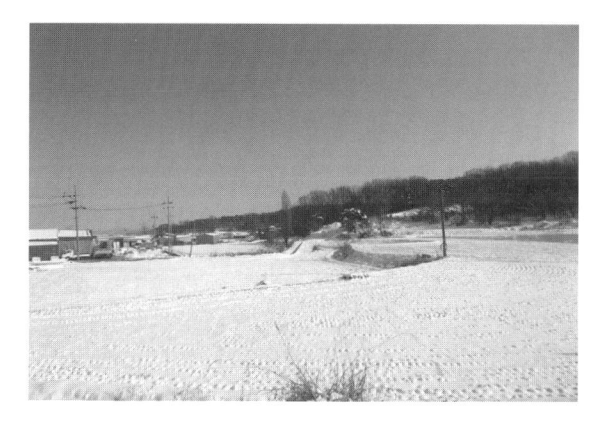

〈그림 2.45〉 당하동 한강논들

제림산 북쪽 골짜기에는 계단식으로 된 논들이 자리하고 있다. 물이 많고 기름져 한강논들이라고 불리었다는 이 들판에 함박눈이 내리자 한강논들과 마을은 마을을 지켜주는 제림산을 향해 한없이 고개 숙이고 겸손해진다.
(2010년 1월 7일 직접 촬영)

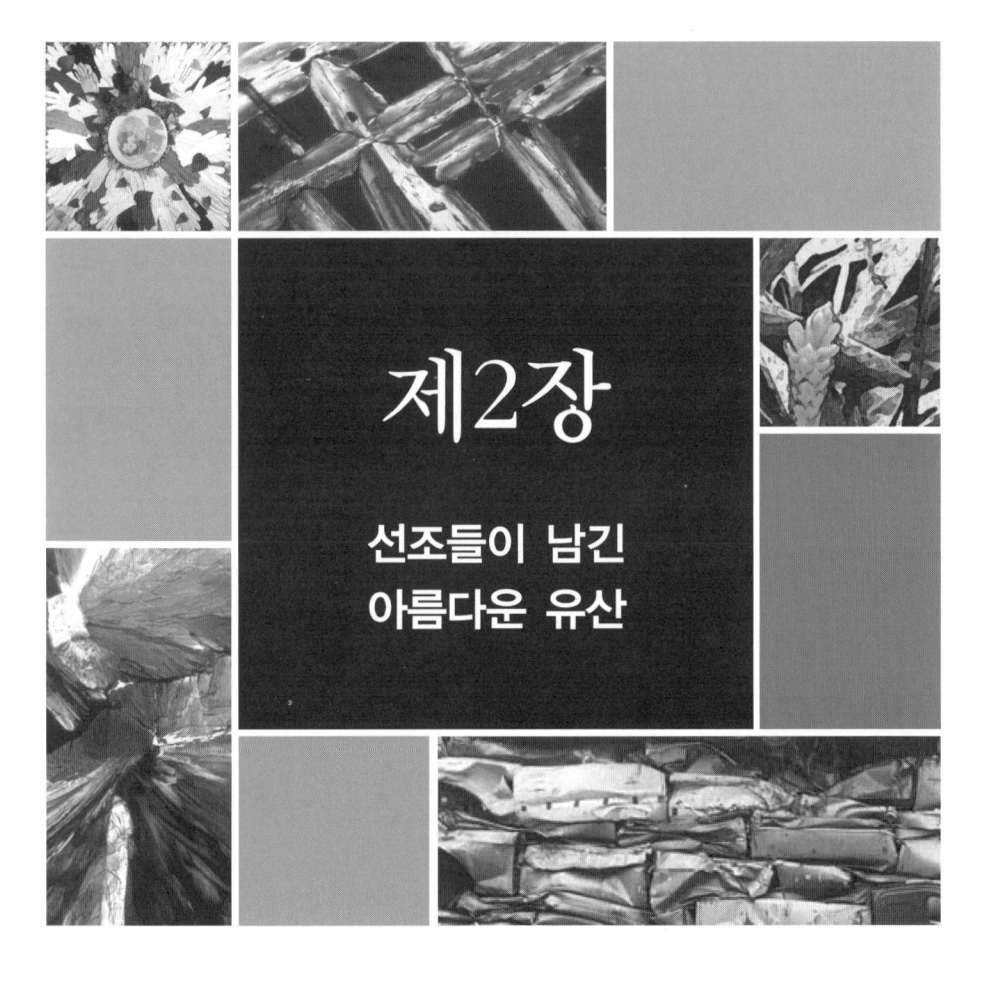

제2장

선조들이 남긴
아름다운 유산

검단지역이 속해 있는 인천의 서북부지역은 김포평야와 인접하고 서해바다와 한강유역이라는 위치적인 이점을 바탕으로 사람이 살기에 최적의 자연 지리적 조건을 가지고 있다. 그래서 아주 오래전부터 사람들이 살았다는 흔적이 다수 발견되었고, 인천 역사의 근간을 설명할 수 있을 만큼의 유물들은 문화재로 지정되어 그 가치를 인정받아 인천 서구, 그리고 검단의 자랑이 되었다. 뿐만 아니라 각 자연부락마다 수령이 오래된 나무들이 많이 존재함을 알 수 있는데, 이를 통해 자연과 함께 더불어 살아가는 생태 중심의 검단 사람들의 생활문화를 엿볼 수 있다. 이처럼 평화로운 검단의 역사 · 생태문화를 지속할 수 있었던 것은 어느 지역의 사람들보다도 심성이 곱고, 인(仁)과 예(禮)를 지키고 따르는 검단의 주민들이 있었기에 가능했다. 충과 효를 다했던 검단 사람들의 마음은 당(堂), 정려(旌閭) 등을 통해 살펴볼 수 있다.

검단의 시간을 품다, 木: 검단의 보호수

1) 검단의 역사와 전통을 고증하는 나무들

"그가 심은 나무들은 그 건조한 땅에 생명을 불어넣었고, 마을사람들의 마음을 평온하게 만들었으며, 그들이 삶의 터전으로 삶고 살아갈 수 있도록 만들었다." - 나무를 심는 사람

검단에서는 검단의 유구한 역사를 함께한 나무들이 각 마을마다 제자리를 지키고 있는 것을 볼 수 있다. 마을이 형성될 때 누군가가 마을의 입구 혹은 마을의 중간에 심은 나무들은, 그 둘레가 어른 두 명이 손을 벌려 잡을 수 있을 즈음부터 마을 주민들이 모이는 구심점 역할을 해오고 있다. 주민들의 휴식처로, 지나가는 나그네들의 쉼터로, 아이들의 놀이터로 이용되던 나무들은 이제 마을의 역사만큼이나 많은 나이를 먹었다.

마을과 마을사람들을 지켜주던 오래된 나무들을 이제는 마을사람들이 보호해주고 있나. 나무 주위에 둘레를 두르고, 나무의 이름과 수령이 써신 팻말을 나무의 목에 달아 마을 주민 중 누군가의 책임하에 나무는 관리, 보호되고 있다. 검단의 오래된 역사와 전통을 지켜온 검단의 나무는, 신도시로 새로이 발전하는 그 모습까지도 묵묵히 지켜볼 것이다.

2) 신성한 나무, 마을을 지켜주는 자애로운 마음

높은 산에 신이 내리는 것처럼, 오래된 물건에 그 사람의 영혼이 담기는 것처럼, 한 자리에 오랫동안 자리를 지킨 나무에도 신성한 영혼이 깃든다고 한다. 사람들은 이렇게 오래된 나무들을 신성시 여기고 더욱 조심히 보호한다. 때로는

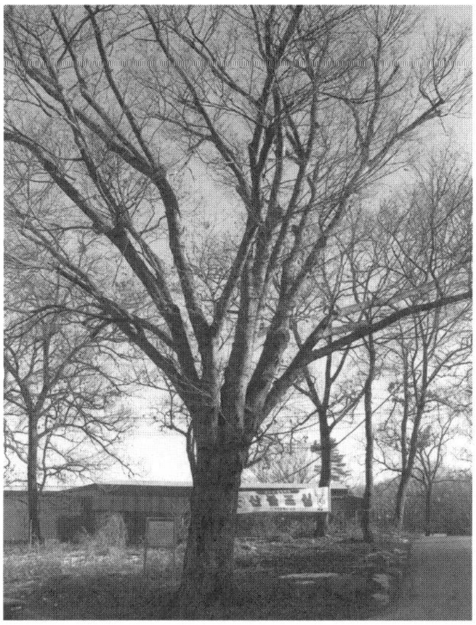

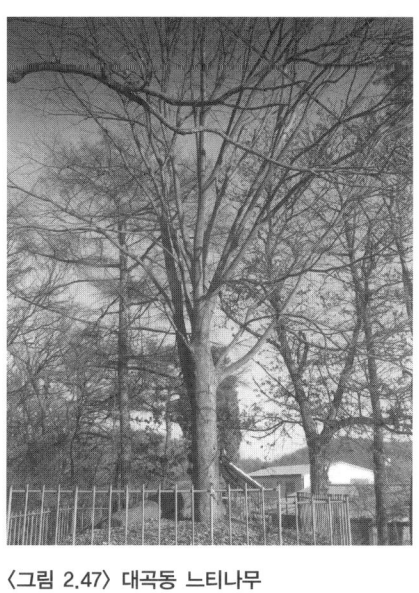

〈그림 2-46〉대곡동 은행나무
* 품격: 동나무
* 지정일자: 1982. 10. 15
* 소재지: 서구 대곡동 산 124
* 수령: 200년
* 고유번호: 4-8-14
* 관리자: 신상철
(2010년 2월 5일 직접 촬영)

〈그림 2.47〉대곡동 느티나무
* 품격: 시나무
* 지정일자: 1982. 10. 15
* 소재지: 서구 대곡동 산 120-1
* 수령: 500년
* 고유번호: 4-8-2
* 관리자: 신상철
(2010년 2월 5일 직접 촬영)

이런 나무에게 제사를 지내기도 하는데, 그러한 나무를 당산목(堂山木), 성황림(城隍林), 종묘숲 등이라고 부른다.

"뿌리 깊은 나무 가뭄 안탄다."라는 말이 있다. 이 말은 땅속 깊이 뿌리를 내린 나무는 가뭄에 말라 죽는 일이 없다는 뜻이다. 무엇이나 근원이 깊고 튼튼하면 어떤 시련도 견뎌낼 수 있다는 것을 비유한 이 말처럼 검단의 나무들은 마을을 지키는 수호목(守護木)이자 신이 내린 신단수(神檀樹)로서 마을을 건실하게 지켜주고 있다. 앞으로도 검단의 나무들은 나무가 마을을 지켜준다고 생각하는 사람들의 믿음만큼 마을을 굳건히 지켜줄 것이다.

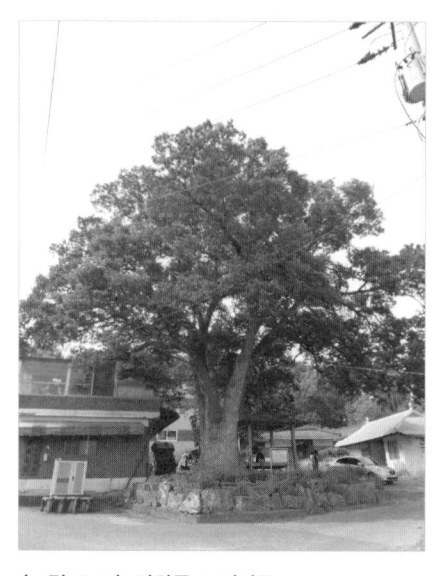

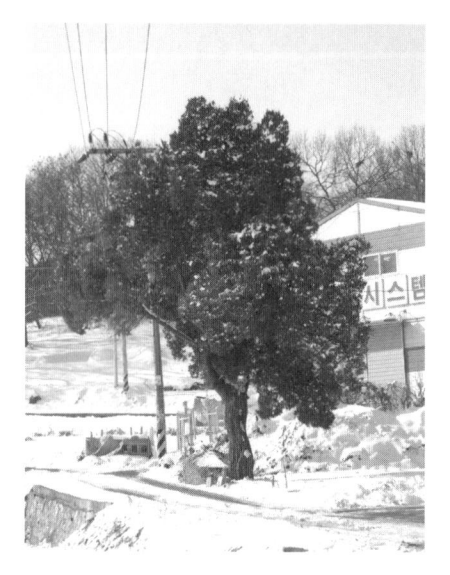

〈그림 2.48〉 당하동 느티나무

- 품격: 구나무
- 지정일자: 1982. 10. 15
- 소재지: 서구 당하동 351
- 수령: 400년
- 고유번호: 4-8-5
- 관리자: 심오섭

(2009년 6월 6일 직접 촬영)

〈그림 2.49〉 당하동 족저 향나무

- 품격: 미지정
- 지정일자: 없음
- 소재지: 서구 당하동 족저부락
- 수령: 약 400년
- 고유번호: 없음

(2010년 1월 7일 직접 촬영)

3) 전설 속의 나무, 상상 속 이야기의 풍요로움

검단의 나무들은 많은 이야기를 담고 있다. 오랜 세월동안 보아온 이야기, 들어온 이야기들을 모두 껴안고 있는 검단의 나무들은 때때로 그 자신이 주인 공이 되는 이야기를 사람들에게 전해주기도 한다. 나무와 주민, 어른과 아이에 게 전해지는 수많은 이야기를 통해 마을의 전통은 계승되고 서로를 아끼고 소중히 여기는 마음도 전달된다.

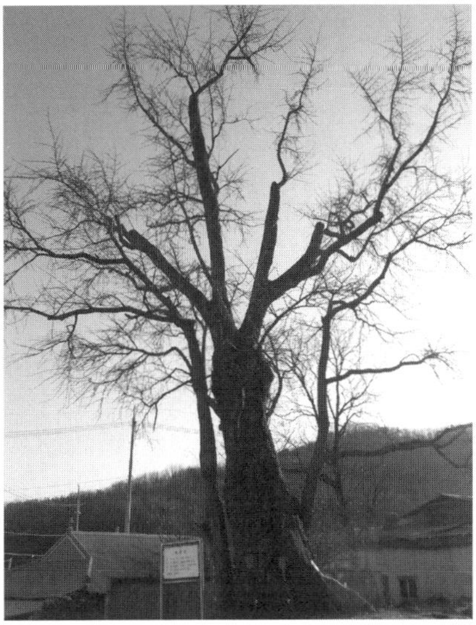

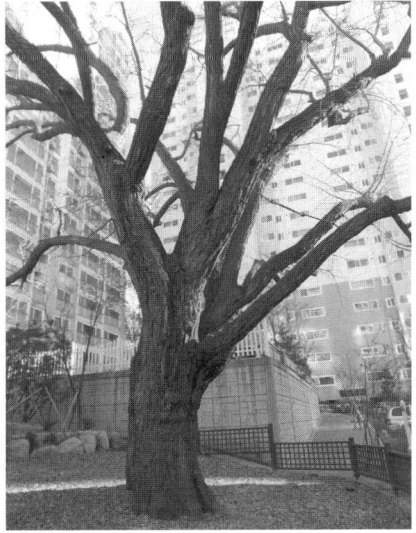

〈그림 2.50〉 대곡동 은행나무
- 품격: 시나무
- 지정일자: 1982. 10. 15
- 소재지: 서구 대곡동 249
- 수령: 500년
- 고유번호: 4-8-1
- 관리자: 박봉서
(2009년 12월 15일 직접 촬영)

〈그림 2.51〉 불로동 마산마을 은행나무
- 품격: 구나무
- 지정일자: 1982. 10. 15
- 소재지: 서구 불로동 산77
- 수령: 300년
- 고유번호: 4-8-4
- 관리자: 이만승
(2009년 11월 18일 직접 촬영)

4) 안식처의 나무, 산책과 명상을 함께 하는 관대함

나무는 사람들의 그늘이 되기도 하고, 눈과 비를 피하는 우산이 되기도 하며, 맑은 산소를 공급해주는 산소호흡기의 역할을 하기도 한다. 이렇게 아낌없이 자신의 모든 것을 내놓는 나무는 '소박하고 그윽한 정신의 거주지'이다. 점차 도시화되는 검단의 도심 속에서도 자연을 꿈꾸게 하는 검단의 나무는 그 관대함으로 도시 주민들에게도 편안한 안식처가 되어줄 것이다.

1) 나무를 등지고 물에 발 담근 산수가 좋은 땅, 검단

검단지역을 하늘에서 내려다보면 주위의 다른 지역에 비해 많은 산이 분포해 있음을 알 수 있다. 높은 가현산과 북쪽에 위치한 한강으로 인에 굵은 지류가 흐르는 검단지역은 배산임수*의 지형을 가진 마을과 산수를 쉽게 찾아볼 수 있다. 예로부터 이렇게 수려한 검단의 자연환경은 사람을 하늘의 이치에 맞게 순(順)한 삶을 살게 하고 제 능력을 세상에 펼칠 수 있도록 도와주는 좋은 기운을 만들어내고 있다.

명당(明堂)이란 풍수지리설(風水地理說)에 근거를 둔 좋은 집터나 묏자리를 뜻한다. 돌아가신 분이 편안히 쉴 수 있고, 남은 자손들이 제가 지닌 몫을 모두 행할 수 있게 하는 자리가 바로 명당인 것이다. 명당은 보통 산, 물, 바람, 토질, 암석의 위치와 생김새를 통해 판단하는 것으로 검단지역에는 유난히 많은 명당자리가 있다고 한다.

검단의 선인(先人)들은 묘(墓)를 둘러싸고 있는 산의 기(氣)가 왕성한가, 쇠잔한가, 묘 주변이 습하지는 않은가, 종일 햇볕이 드는 자리인가 등의 조건을 보며 묏자리를 정하였다고 한다. "조상의 묘를 잘못 쓰면 후손이 망한다.", "묏자리를 잘 쓰면 임금이 나온다." 등의 말이 전해지는 것처럼 묏자리는 한 집안의 풍운(風雲)을 결정하는 하나의 우주였던 것이다.

검단의 자연부락이 집성촌이었기 때문에, 아직 개발이 되지 않은 검단지역에서는 각 집안의 묘역을 쉽게 찾아볼 수 있다.

*배산임수(背山臨水)
산을 등지고 물을 내려다본다는 뜻으로 예로부터 풍수지리상의 명당으로 주택이나 건물을 지을때 이상적으로 여기는 지형이다.

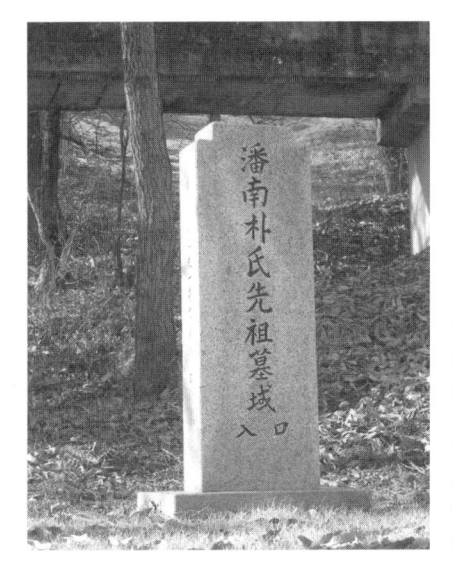

〈그림 2.52〉 반남 박씨 묘역
반남 박씨 묘역은 인천시 서구 대곡동 두밀부락에 위치하고 있다. 묘역 입구에는 묘역을 알리는 조그마한 비석이 세워져 있어 그 후손들이 이곳을 지나갈 때, 조상에 대해 다시 한 번 생각하게 한다.
(2010년 12월 15일 직접 촬영)

효(孝)가 삶을 살아가는 제일의 가치였기 때문에 각 문중은 조상의 묘를 그 어느 것보다 중시 여기고 보존해왔다. 검단이 신도시로 바뀌어가는 현재에도 각 문중은 조상의 묘를 지키기 위해 애쓰고 있으며, 몇 문중의 묘는 공원으로 지정되어 보호받고 있다.

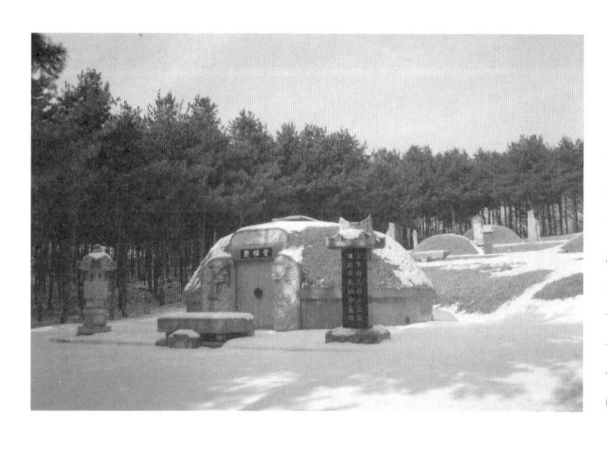

<그림 2.53> 의령 남씨 묘역

인천광역시 서구 원당동 검단신도시 1지구 내에 위치한 의령 남씨(宜寧南氏) 묘역은 2009년 4월 22일 '인천시 보존묘지'로 선정되었다. 이 묘역은 350년 전 조선 중기시대부터 보존된 것으로 의령 남씨 남정화의 묘 등 3기이다.
(2010년 1월 19일 직접 촬영)

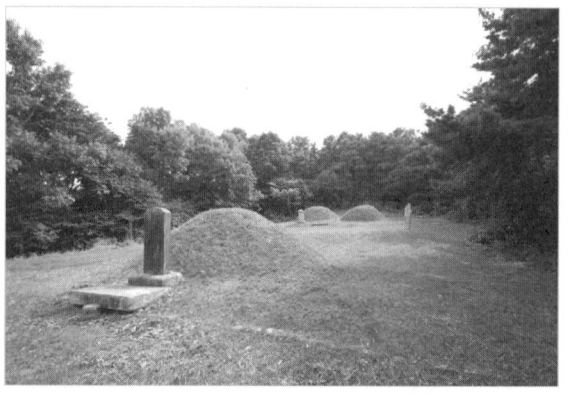

<그림 2.54> 평산 신씨 묘역

인천광역시 서구 대곡동 황곡마을에 위치한 평산 신씨(平山申氏)의 묘역이다. 낮은 구릉에 넓게 자리한 묘역에서는 아직까지도 손수 묘역을 정비하는 평산 신씨 후손의 부지런함이 느껴진다.
(2009년 7월 8일 직접 촬영)

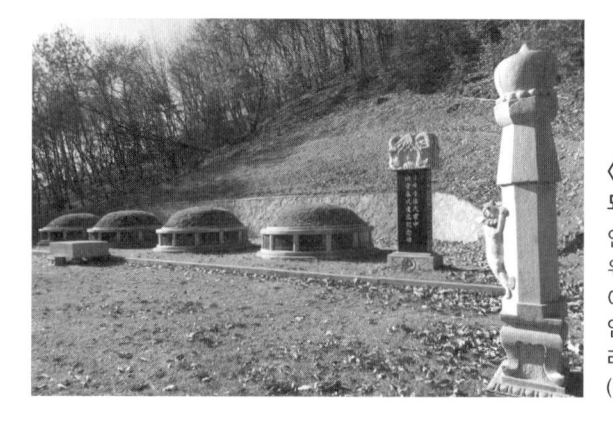

<그림 2.55> 불로동 갈산 평택 임씨 묘역

인천광역시 서구 불로동 갈산마을에 위치한 평택 임씨(平澤林氏)의 묘역이다. 이곳에서는 시월상달에 평택 임씨 문중의 후손들이 모여 정성스레 시향(時享)을 올린다.
(2009년 11월 17일 직접 촬영)

2) 청백리 한백륜 능안에 잠들다, 청천부원군 한백륜 묘역

앞으로는 만수산이 병풍처럼 펼쳐져 있고, 그 아래에 위치한 능내 논두머리, 군논들, 가리논들, 새들 등의 들판과 논들이 한눈에 내려다보이는 곳에 초록색으로 둘러싸인 묘역이 위치해 있다. 그 크기가 마치 능처럼 큰 한백륜* 묘역은 해가 뜬 날이면 아침부터 저녁까지 해가 비치는 따뜻한 곳에서 벌써 오백년이 넘도록 능내의 여러 마을과 주민들을 지켜보고 있다. 묘역에는 『예종실록』 편찬에 참여한 김뉴(金杻)가 지은 신도비(神道碑)가 세

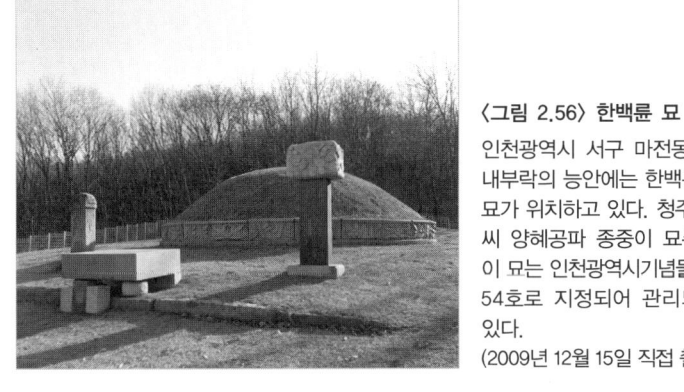

〈그림 2.56〉 한백륜 묘
인천광역시 서구 마전동 능내부락의 능안에는 한백륜의 묘가 위치하고 있다. 청주 한씨 양혜공파 종중이 묘주인이 묘는 인천광역시기념물 제54호로 지정되어 관리되고 있다.
(2009년 12월 15일 직접 촬영)

*한백륜(韓伯倫)
1427년(세종 9년)~1474년(성종 5년). 조선 초기의 문신으로 본관은 청주(淸州), 자는 자후(子厚), 호는 의암(毅菴)이다. 익대공신(翊戴功臣) 3등에 책록된 후, 1469년 성종 즉위 후 우의정에 올라 1471년 좌리공신(佐理功臣) 2등으로 청천부원군(淸川府院君)에 진봉되었다.

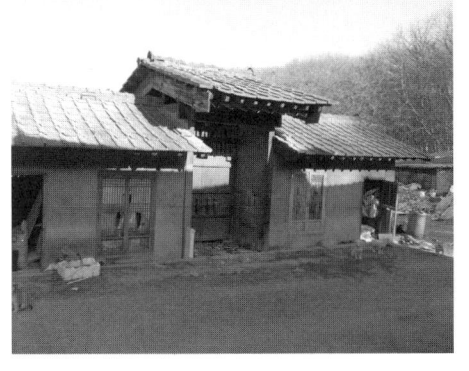

〈그림 2.57〉 한백륜 묘역 솟을대문
인천광역시 서구 마전동 능내마을의 능안의 가장 안쪽에 위치한 한백륜 묘역을 지키는 그 후손의 집이다. 비록 주변에 공장이 들어서 이전의 모습을 많이 잃긴 했지만, 과거 그 세가 얼마 했는가를 짐작하게 한다.
(2009년 12월 15일 직접 촬영)

워져 있고, 일반 묘보다 규모가 큰 봉분과 묘갈, 장명등, 문인석, 산신단이 배치되어 있다. 1981년에 발굴된 묘비명(墓碑銘)에는 한백륜의 청렴결백(淸廉潔白)과 위국충절(爲國忠節)의 정신이 새겨져 있어 후세들에게 많은 귀감이 되고 있다.

한백륜 묘역의 입구에는 낡은 집 한 채가 오롯이 서 있다. 이제는 공장의 벽에 가로막혀 솟을대문의 문을 통과할 수는 없지만, 그 기개(氣槪)로 한백륜 묘역과 묘역을 지키는 할머니를 살피고 있다. 낡은 가옥에서 예전부터 한백륜 묘역을 지키고 있는 할머니는, 묘역이 인천광역시기념물 제54호로 지정된 이후에도 자신의 조상을 직접 모신다는 생각으로 그 자리를 그렇게 지키고 있다.

3) 500년을 지켜온 지방 호족의 기개: 봉익대부삼사좌윤 김안정 묘역

검단의 중앙에 넓게 자리 잡은 만수산의 줄기인 금릉산의 남쪽 자락에는 원당의 입향조인 풍산 김씨(豊山金氏) 김안정* 묘역이 위치해 있다. 최근의 신도시 개발 전까지는 약 100여 기의 묘가 있었지만, 모두 이장되고 현재는 김안정 묘와 일부 묘 5기만이 남아 있다. 묘역에는 묘갈과 묘비, 상석, 향로석, 혼유석, 망주 등의 석물들의 원형이 잘 보존되어 있고, 묘갈 전문에는 "봉익대부삼사좌윤김안정지묘"(奉翊大夫三司左尹金安鼎之墓)라는 비문이 음각되어 있다.

이 묘역은 500여 년간의 세월이 무색하리만큼 그 원형이 잘 보존되어 있으며 한국문화재보호재단의 조사에서 청동기시대의 주거지, 수혈 등의 많은 유물이 발굴되기도 하였다. 인천지역에

*김안정(金安鼎)
1476~1534년. 조선 중기 문신으로 1509년(중종 4) 별시문과 병과에 급제 후, 여러 관직을 거쳐 1530년 도승지가 되고 이어 종2품에 올라 이조참판·개성부유수를 역임하였다.

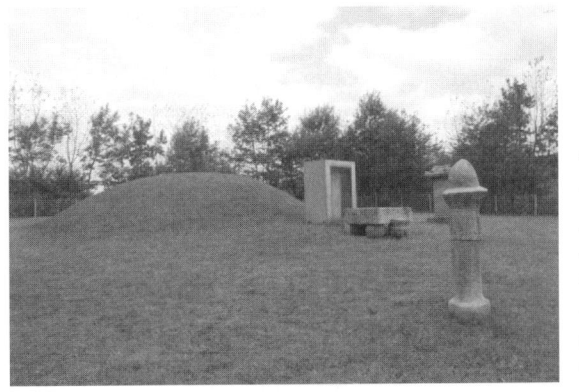
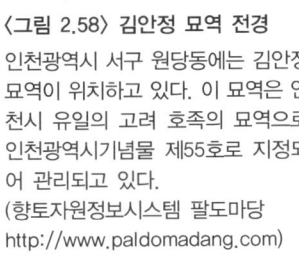

〈그림 2.58〉 김안정 묘역 전경

인천광역시 서구 원당동에는 김안정 묘역이 위치하고 있다. 이 묘역은 인천시 유일의 고려 호족의 묘역으로 인천광역시기념물 제55호로 지정되어 관리되고 있다.
(향토자원정보시스템 팔도마당 http://www.paldomadang.com)

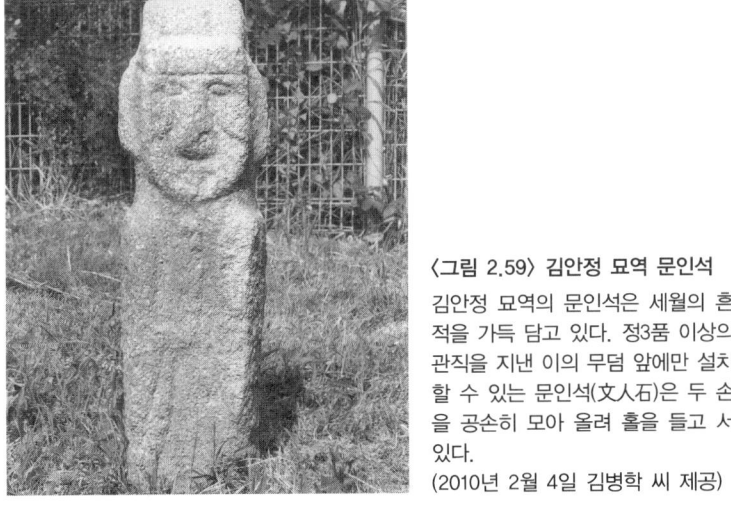

〈그림 2.59〉 김안정 묘역 문인석

김안정 묘역의 문인석은 세월의 흔적을 가득 담고 있다. 정3품 이상의 관직을 지낸 이의 무덤 앞에만 설치할 수 있는 문인석(文人石)은 두 손을 공손히 모아 올려 홀을 들고 서 있다.
(2010년 2월 4일 김병학 씨 제공)

서는 유일하게 잘 보존된 고려시대 지방 호족의 묘역으로 2003년 인천광역시기념물 제55호로 지정되었다. 김안정 묘역은 신도시로 개발된 이후에도 우리의 문화재이자 공원으로 우리 곁에 남아 있을 것이다.

4) 조선 초기 문화와 정치를 이끈 유학자: 하동부원군 정인지 사당

대곡동의 낮은 구릉에 위치한 하동부원군(河東府院君) 정인지* 사당은 과거 한식골기와에 목조건물이었다고 전해진다. 원래 정인지의 위패를 모셨던 사우(祠宇)였으나 후에 그의 둘째 아들이며 세조(世祖)의 사위인 부원군(府院君) 정현조를 제향해 왔다고 전한다. 예전에는 이곳에 사당의 역사만큼이나 오래된 향나무가 있었다고 전해진다.

하지만 현재의 정인지 사당은 사람의 흔적이 거의 남아 있지 않고 마른 넝쿨과 잡초들로 무성하다. 조선 초기의 대표적인 학자로 명예로운 삶을 살았던 정인지의 사당은 불과 몇십 년 전까지만 하더라도 벽돌과 기와로 정성스레 모셔진 규모 4.75×3.55m의 사당이었다. 후손들이 그의 사우를 수원으로 옮긴 뒤 대곡동에 위치한 정인지 사당은 그렇다 할 보호와 관리 없이 방치되고 있다.

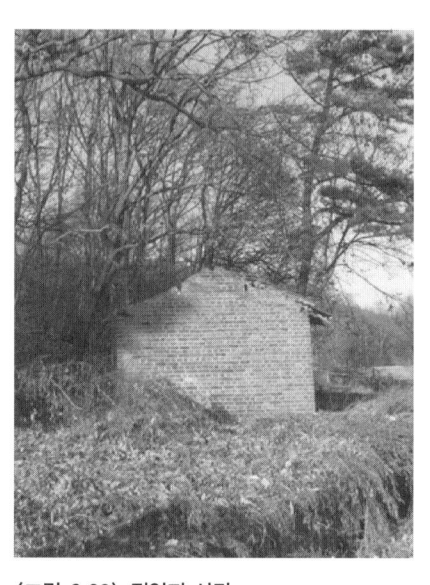

〈그림 2.60〉 정인지 사당
인천광역시 서구 대곡동에 위치한 정인지 사당이다. 한때는 후손들이 모두 모여 제를 지내 인천시 향토유적 제2호로 지정되기도 했었다.
(2010년 12월 15일 직접 촬영)

*정인지(鄭麟趾)
1396~1478년. 조선 전기 문신 겸 학자로 조선 초기의 대표적인 유학자이다. 세종~문종 대에는 문화 발전에, 단종~성종 대에는 정치 안정에 기여하였다. 대표적인 저서로 『용비어천가』, 『학역재집』(學易齋集), 『고려사』(高麗史) 등이 있다.

검단의 귀감이 되다, 孝와 烈: 검단의 정려

1) 후세에 귀감이 되어라, 검단의 충·효·열

입신양명(立身揚名)하여 세상에 이름을 알리는 것을 최고의 가치로 여기는 사람이 있는가 하면, 제자리에서 조용히 자신의 소임을 다하는 것을 하늘의 명으로 알고 살아가는 사람이 있다. 검단지역은 학문적으로 뛰어난 인물을 많이 배출했을 뿐만 아니라 자신의 소임에 최선을 다한 인물 역시도 많아, 이들에게 내려지는 정려(旌閭)를 검단 곳곳에서 쉽게 발견할 수 있다.

정려(旌閭)란 왕의 뜻을 전하거나 왕명을 받은 자가 지니던 깃발 혹은 현판을 말하는 정(旌)과 마을 입구나 길가에 세운 문을 뜻하는 려(閭)가 합쳐진 단어로 흔히 정려각(旌閭閣)이라고도 부른다. 이는 충신, 효자, 열녀 등을 표창하고 후세에 귀감이 되게 하기 위해 그들이 살던 고을에 세우는 것으로, 정려를 받은 각 고을과 문중은 정려를 받은 것을 굉장히 자랑스레 여겼다. 정려의 편액에는 충(忠), 효(孝), 열(烈)과 직함, 이름 등을 새겼으며, 정려를 받은 사람에게는 세나역을 면제해주고 관직을 주는 등 국가적으로 이를 장려하기 위한 정책을 펼쳤다고 한다.

2) 어버이 살아계실 제 섬기기를 다하여라: 심한성 효자정려

당하동의 광명부락에서는 효자로 이름났던 심한성의 효자정려편액을 볼 수 있다. 평소 부모에 대한 효행이 극진하던 심한성은 부모님이 병으로 자리를 보전하자 부모님의 약을 구하기 위해 갖은 방법을 간구했다고 전해진다. 약을 구하기 위해 전국을 떠도는 것은 기본이요, 한겨울에 수박이 먹고 싶다고 하는 부모님의 말씀에 따라 수박을 찾아 떠났다고도 전해진다. 이 외에도 꿩알, 잉어

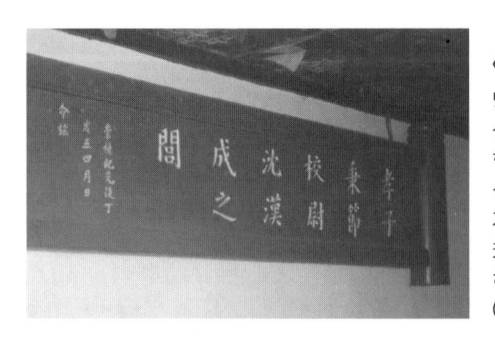

〈그림 2.61〉효자정려 편액
당하동 광명부락에 위치한 심한성의 효자정려편액이다. 현재에는 그의 후손인 심오섭 씨가 관리하고 있다. '효자병절교위심한성지려'(孝子秉節校尉沈漢成之閭)라고 적혀 있다.
(2009년 10월 30일 직접 촬영)

등 귀한 음식을 구해다 부모님께 드리고 부모님의 대변을 맛보아 두 분의 건강상태를 확인했다고 한다. 이렇게 극진한 그의 효심이 마침내 세상에 알려져 고종 24년 광명부락에 효자정려가 내려졌다. 병절교위*의 직책을 가지고 관직과 자식으로서의 역할에 충실했던 심한성의 이야기는 근래에 신축된 정려와 그에 보관된 편액의 내용에서 확인할 수 있다.

3) 부군을 향한 애절한 사랑: 남양 홍씨 열녀문

원당부락의 원당마을회관이 보이는 마을의 계단을 조금 올라가다보면 나무로 지어진 대문(원당동 90번지) 위에 글씨가 써져 있는 것을 볼 수 있다. 그 글씨는 '열녀학생김중정처유인남양홍씨지문'(烈女學生金重鼎妻南陽洪氏之門)으로 부군을 향한 애절한 사랑의 징표인 열녀문(烈女門)의 편액이다.

남양 홍씨는 김중정의 부인이라고만 알려져 있을 뿐, 그녀에 관한 자세한 기록은 남아 있지 않다. 남양 홍씨는 부군이 사망하자 3일 후에 슬픔을 이기지 못해 애절하게 요절하였다고 전해진다. 후에 이런 남양 홍씨의 열(烈)을 세상에 알려 세상의 귀감으로 삼기 위해 헌종(憲宗) 때인 1850년에 열녀문이 내려졌다고 한다.

*병절교위(秉節校尉)
조선시대 서반(西班) 종6품에 속하는 무관의 관계명이란 뜻이다. 오위(五衛)에 속해 있던 종6품의 무직(武職)인 부사과(副司果)는 관계상으로 세조 12년(1466) 1월에 여절교위·병절교위로 별칭되었다.

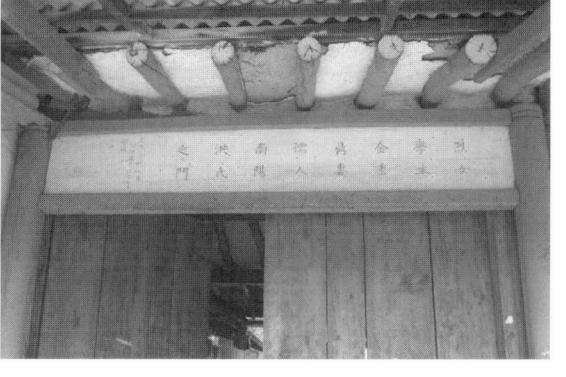

<그림 2.62> 남양 홍씨 열녀정문

남양 홍씨 열녀정문은 인천시 서구 원당동 90번지에 걸려 있다. 집에 들어가지 않고도 지나가는 모든 이가 열녀정문을 확인할 수 있도록 처마 아래에 걸린 정문은 150년의 세월이 무색하리만큼 깨끗하다.
(2010년 1월 19일 직접 촬영)

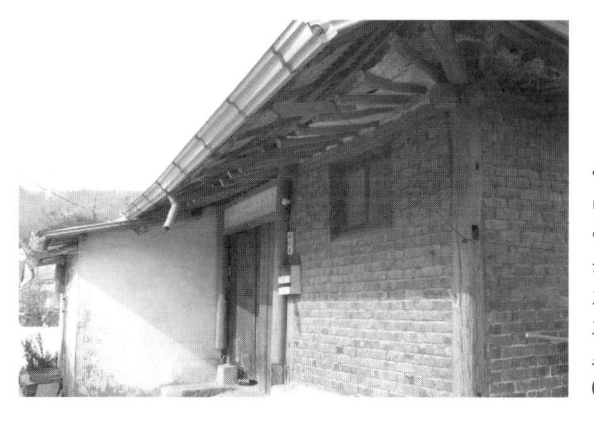

<그림 2.63> 남양 홍씨 열녀정문

남양 홍씨 열녀정문은 원당마을회관 앞에 위치한 원당마을 중턱에 위치하고 있다. 열녀정문의 따뜻한 메시지가 집 앞에서 내려다보이는 들판과 마을회관을 감싸 안아 마을을 따스하게 만든다.
(2010년 1월 19일 직접 촬영)

4) 무명지를 자른 지아비에 대한 정성: 당씨 정렬비

'간절한 마음이 담긴 사람의 피 한 방울은 죽어 가던 사람도 살리는 명약이라네.'

대곡동 두밀부락의 박종주(朴宗柱)의 처 밀양 당씨(密陽唐氏)는 건강하던 지아비가 갑자기 병으로 몸져눕자 어디선가 주워들은 저 말을 떠올렸을 것이다. 밤과 낮을 가리지 않고 하늘에 빌고 또 빌었지만, 세상에 좋다는 약은 모두 구해 먹였지만 지아비의 병에 차도가 보이지 않자, 당씨는 남편의 머리맡에서 자신의 무

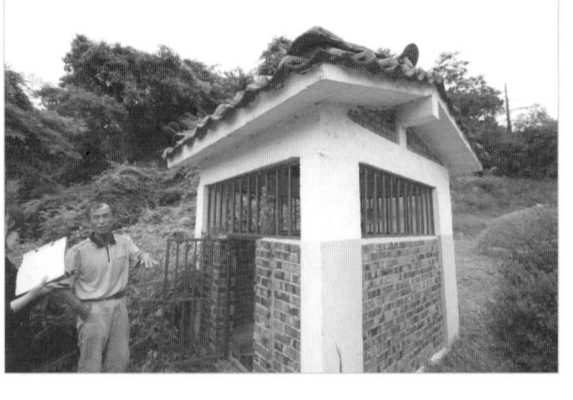

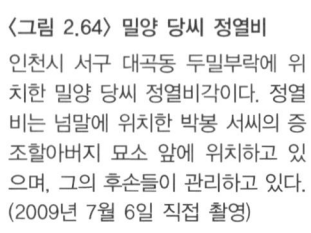

〈그림 2.64〉 밀양 당씨 정열비
인천시 서구 대곡동 두밀부락에 위
치한 밀양 당씨 정열비각이다. 정열
비는 넘말에 위치한 박봉 서씨의 증
조할아버지 묘소 앞에 위치하고 있
으며, 그의 후손들이 관리하고 있다.
(2009년 7월 6일 직접 촬영)

명지(無名指)를 이로 힘껏 깨물었다고 한다. 하얀 손가락에서 흘러내린 피는 그 누구보다 간절한 당씨의 마음을 알고 있었지만 지아비는 끝끝내 자리에서 일어나지 못했다고 한다.

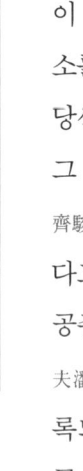

이 이야기는 김포향교의 유생 이병봉, 심양지, 이병조 등 62명의 유생들이 김포군수였던 조준구(趙駿九)에게 상소를 올려 알려졌다고 한다. 이 상소로 당씨에게 성렬비(貞烈碑)가 내려졌고, 그 비각과 비는 1924년 손자 박제준(朴齊駿)과 박제정(朴齊定)이 글을 짓고 썼다고 한다. 비문에는 "통정대부반남박공종주처숙부인밀양당씨정렬비"(通政大夫潘南朴公宗柱妻叔夫人密陽唐氏貞烈碑)라 기록되어 있으며 『경기인물지』와 『김포군지』에 이에 관한 기록이 전한다.

〈그림 2.65〉 밀양 당씨 정열비
밀양 당씨 정열비는 임오년 당씨 정열비라고도
불린다. 반남 박씨의 5대조 할머니라고 하며 이
에 관한 이야기가 후손들을 통해 전해 내려오고
있다.
(2009년 7월 6일 직접 촬영)

검단의 풍년을 노래하다, 樂: 인천무형문화재 18호 '서곶들노래'

1) 서구가 처음 낳은 무형문화재, '서곶들노래'

2008년 11월 10일, 인천 서구지역의 옛 노래인 '서곶들노래'가 인천무형문화재 18호로 지정되었다. 서곶들노래는 서구지역에서 처음으로 지정된 무형문화재로 그 내용은 서구를 배경으로 하고 있고, 기능보유자가 서구 검단지역에 거주하고 있다는 점에서 더더욱 의의가 크다. '서곶'은 현재의 인천 서구지역을 부르는 명칭으로 조선 정조 13년(1789)의 기록에서 '석곶면'이라는 방리를 찾아볼 수 있다. 서곶들노래는 서곶지역 농민들이 모심기와 김매기를 할 때 부르던 농

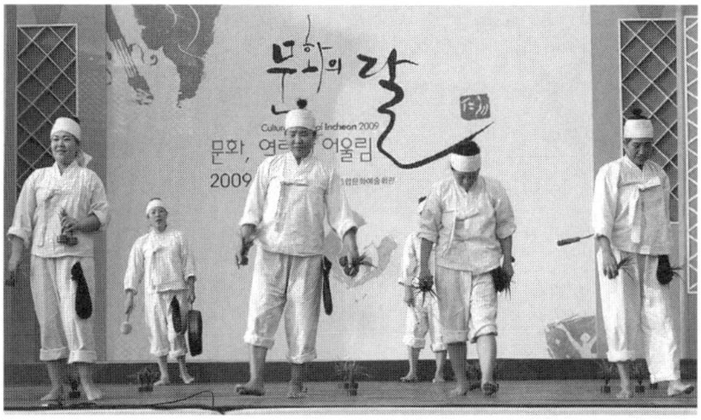

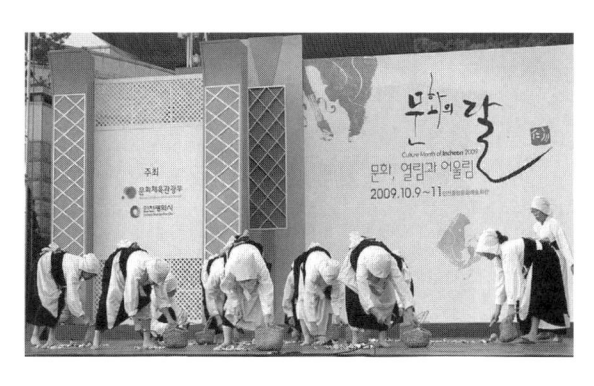

〈그림 2.66〉 2009 문화의 달 서곶들노래

문화체육관광부와 인천광역시가 주최하고 2009 문화의 달 행사추진위원회가 주관한 문화의 달 행사에서 서곶들노래를 공연하고 있다.
(2010년 2월 6일 블로그 참조, http://blog.daum.net/m962609887925817srchid=BR1http%3A%2F%2Fblog.daum.net%2Fm96260988%2F7925817)

〈그림 2.67〉 2009 문화의 달 서곶들노래

인천종합문화예술회관 앞 광장의 서곶들노래 공연 모습이다.
(2010년 2월 6일 블로그 참조, http://blog.daum.netm962609887925817srchid=BR1http%3A%2F%2Fblog.daum.net%2Fm96260988%2F7925817)

요(農謠)이다.

한해의 풍년을 기원하는 마음이 담긴 꺾음조의 모찌기 소리로 시작되는 서곶들노래는 선소리꾼의 선창에 맞추어 농부들이 서로 교창하며 부르는 모시기 소리, 김매는 소리, 새 쫓는 소리, 벼 베는 소리, 벼 묶는 소리 등 열두 가지 소리로 구성되어 있다. 지금은 거의 찾아볼 수 없는 농요인 서곶들노래는 이순배 기능보유자와 전수조교 이영하, 전수장학생 양선우, 최미희로 구성된 (사)인천서구 향토문화보존회에서 들을 수 있다.

2) '찌었네 찌었네 나두 또 한줌 찌었네…' 고단한 들녘 농요로 하는 속풀이

서곶들노래는 입장식, 쓰레질소리, 모찌기소리, 모시기소리, 애벌매기, 새참, 두벌매기, 새벌매기, 뒷풀이로 구성되어 있다. 두레농악으로 시작되는 입장식은

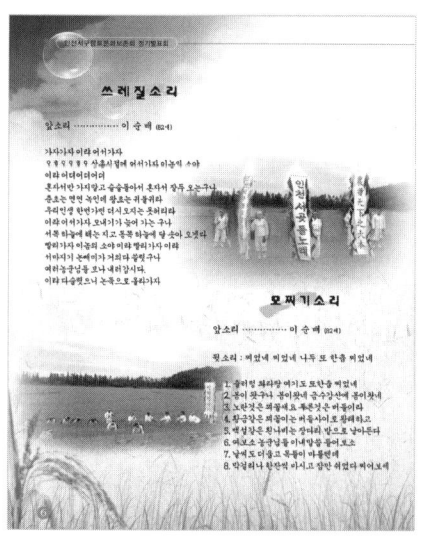

〈그림 2.68〉 제3회 인천 서곶들노래 브로슈어
쓰레질소리, 모찌기소리의 가락과 가사가 적혀 있다.
(2010년 1월 19일 이순배 씨 제공)

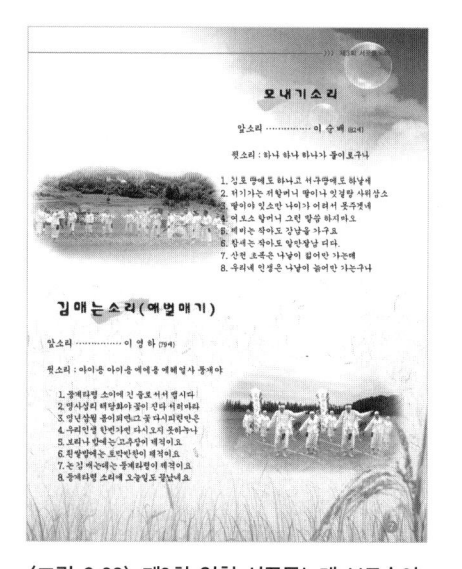

〈그림 2.69〉 제3회 인천 서곶들노래 브로슈어
모내기소리, 김매는소리(애벌매기)의 가락과 가사가 적혀 있다.
(2010년 1월 19일 이순배 씨 제공)

마을 주민들이 각자의 농구를 손에 들고 신명나는 농악 가락에 맞추어 모심기를 할 논으로 향하는 과정이다.

논에 도착한 마을 주민들은 모를 심기 전, 미리 논에 모를 심기 좋게 쓰레질하는 쓰레질소리를 한다. 이어 모찌기를 시작으로 본격적인 한 해의 농사를 시작한다. "찌었네 찌었네 나두 또 한줌 찌었네" 하는 선소리꾼의 소리에 맞추어 마을 주민들은 모찌기소리를 한다. 이 모찌기 소리는 서곶들노래만의 특색 있는 소리이다. 모를 찐 후에는 풍년을 기원하는 한 마음으로 "하나 하나 하나가 둘이로구나" 하는 선소리꾼과의 교창인 모심기소리를 한다.

애벌매기는 논 매기 소리 중 가장 먼저 매기는 소리로, 부드러운 곡조로 구성되어 있다. '얼카뎅이'라는 흙덩이를 엎고 깬다는 뜻의 구음으로 시작되는 애벌매기 소리 후에는 농부들이 잠시 쉬면서 한바탕 어우러지는 새참마당이 진행된다.

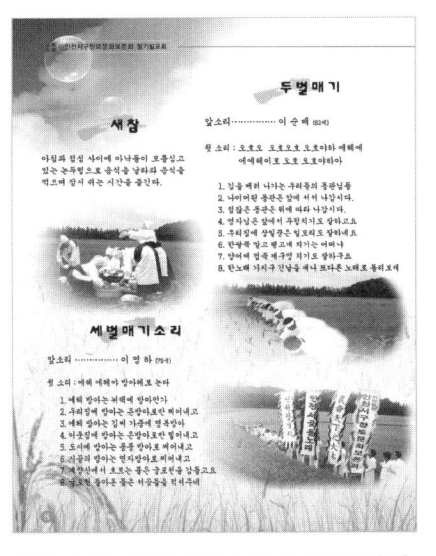

〈그림 2.70〉 제3회 인천 서곶들노래 브로슈어
새참, 두벌매기, 세벌매기소리의 가락과 가사가 소개되어 있다.
(2010년 1월 19일 이순배 씨 제공)

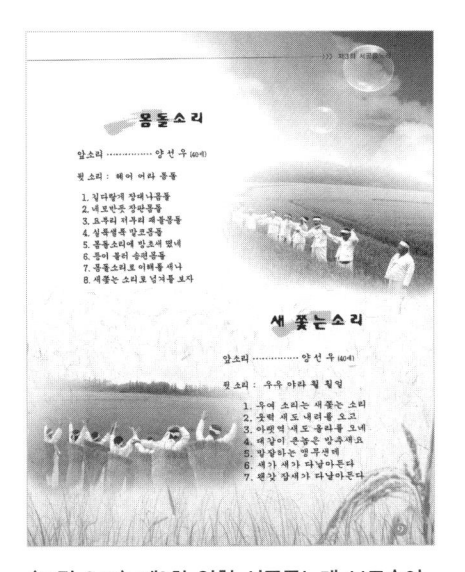

〈그림 2.71〉 제3회 인천 서곶들노래 브로슈어
세벌매기와 함께 어우러지는 몸돌소리, 새 쫓는 소리의 가락과 가사가 적혀 있다.
(2010년 1월 19일 이순배 씨 제공)

두벌매기는 "워워, 워워, 어하여, 에이, 어, 이로 워허야" 하며 손으로 논을 훔치면서 부르는 소리이다. 몸돌소리, 새 쫓는 소리와 함께 어우러지는 세벌매기소리는 김매기의 마무리 단계로 "넬 넬 넬 상사디야"로 받는 후렴구가 매력적이다. 이후, 모든 농사일을 마친 즐거움과 풍년을 기원하는 농부들의 마음이 하나로 합쳐져 두래패들과 신나게 노는 뒷풀이로 서곶들노래는 막을 내린다.

3) 인천 고유의 소리를 찾아서, 입에서 입으로 전해온 들노래

서곶들노래의 기능보유자인 이순배 씨는 서구 검단 마전동에 거주하고 있다. 83세인 이순배 씨는 서곶들노래를 알리는 일 외에도 검단유도회 활동 등 지역을 발전시키는 일에 열심히 참여하고 있다. 농사가 기계화된 오늘날과는 달리, 인력에 의존할 수밖에 없었던 예전의 벼농사는 매우 고달프고 힘든 작업이었다. 하지만 서곶들노래와 같은 농요를 통해 예전의 사람들은 힘든 농사일을 해낼 수 있었다고 한다.

서구가 개발되어 논과 밭, 자연부락이 사라지고 아파트단지가 들어서면서 서곶들노래를 들을 수 있는 길이 사라지고 있다. 인천 서구지역만의 특색 있는 서곶들노래는 향토문화유산으로 보존하고 전승할 필요가 있다. 이를 위해 입에서 입으로 전해 내려오던 서곶들노래를 체계적으로 보존 · 전승하기 위해 (사)인천서구향토문화보존회가 노력하고 있다. 이들은 지난 2002년부터 검단지역과 경서동의 어르신들을 대상으로 이에 관한 자료를 수집하여 2005년 처음으로 정기발표회를 개최하

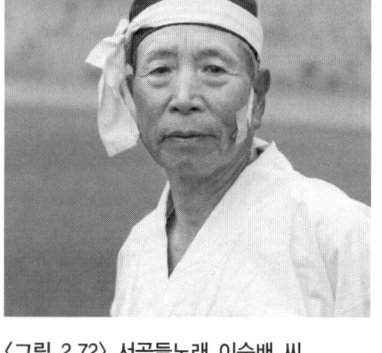

〈그림 2.72〉 서곶들노래 이순배 씨
서곶들노래의 기능보유자인 이순배 씨의 공연 모습이다. 이순배 씨는 현재 검단 마전동에 거주하며 서곶들노래를 알리고 전수하기 위해 열정적으로 활동하고 있다.
(2010년 2월 6일 향토문화보존회 홈페이지 참조. http://cafe.naver.com/pd07/)

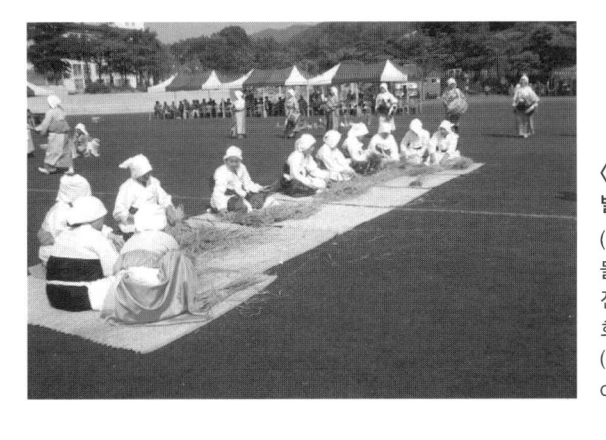

〈그림 2.73〉 제3회 서곶들노래 정기
발표회
(사)인천서구향토문화보존회는 서곶
들노래는 노래를 대중에게 알리고
전승하기 위해 서곶들노래 정기발표
회를 열고 있다.
(2010년 2월 6일, http://cafe.naver.
com/kukak88 참조)

였다. 2006년에는 제47회 전국민속예술축제에 인천 대표로 참가하여 동상, 연기
상, 문화부장관상을 수상하였고, 이후 지속적으로 서곶들노래의 정기발표회를
통해 대중에게 알리기 위해 노력하고 있다.

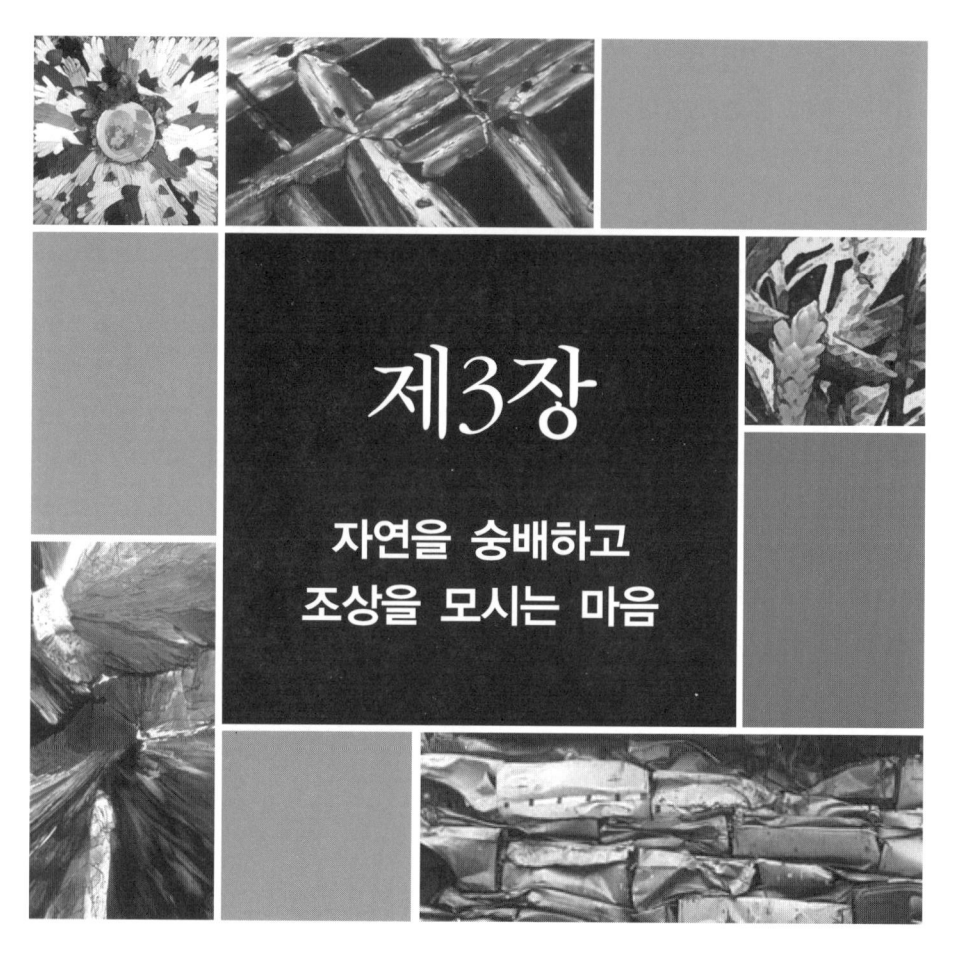

제3장

자연을 숭배하고
조상을 모시는 마음

예부터 산수가 좋아 어느 지역보다도 자연의 혜택을 선물 받은 검단지역의 주민들은 조상으로부터, 하늘로부터의 은혜 받음을 감사히 여기고 있었다. 남성들은 정성을 다해 조상을 모심으로 해서 마을과 문중의 안녕(安寧)을 빌었고, 여성들은 집안 곳곳에 가신을 모심으로 해서 집안의 평화와 행복을 기도했다. 또한 선조들은 풍성한 수확을 바라는 염원을 하늘에 빌기 위해 마을에서 제일 높은 곳인 산이나 고개, 큰 나무, 기이한 바위 등에서 천신제(天神祭)를 올렸다. 이는 개인의 조상에 대한 유교적 숭배 이상으로 정성을 다해 준비했던 신성한 제의였다. 정월에 대보름달이 떠오르면 마을사람들 모여 소원을 빌던 행사는 현재까지 계승되어 이제는 검단 전체를 아우르는 큰 축제가 되었다. 이러한 공동체 의식들은 검단지역 주민들이 어떤 어려움과 고난 속에서도 지역을 아끼고 사랑하는 마음으로 오랫동안 이 지역에 남아 있게 하는 향토애를 고취시키는 기제가 되었다. 검단의 사람들이 서로를 믿고 의지하여 아름다운 향토사회를 지속할 수 있었던 이유인 것이다.

1) 조상을 모시는 마음, 禮

예기(禮記)에 "성인은 本을 돌아보고 始를 다시 하여 生의 근원을 잊지 않는다"(聖人本復始 不忘其 所由生也)라는 구절이 있다. 사람이 제 근본을 잊지 않고 돌보는 것, 그것은 바로 조상을 섬기는 마음과 닿아 있다. 그래서 우리 선조들은 예부터 조상 모시기를 결코 게을리 하지 않았다.

비록 죽어서 육신은 땅에 묻히고 흙으로 돌아갔으되 그 혼백은 남아 제 후손들을 보살펴주고 있다는 강한 믿음으로 죽은 조상도 사회의 구성원으로 받아들였던 우리 선조들은 조상이 죽으면 묘를 만들고 때마다 잊지 않고 제례를 지냈다. 그리고 그 풍습은 지금까지도 고스란히 이어져 내려오고 있다.

인천 서구 검단 일대에 거주하고 있는 성주 이씨, 안동 권씨, 나주 임씨 등의 성씨들은 매년 음력 시월이 되면 저마다의 조상들이 묻혀 있는 묘역을 찾아가 시제를 지낸다. 이 시기에는 헐벗은 나뭇가지를 드러내놓고 갈빛의 낙엽에 덮어싸인 가현산, 만수산, 도당산, 능정산 등지에서 만추(晩秋)의 바람을 맞으며 조상

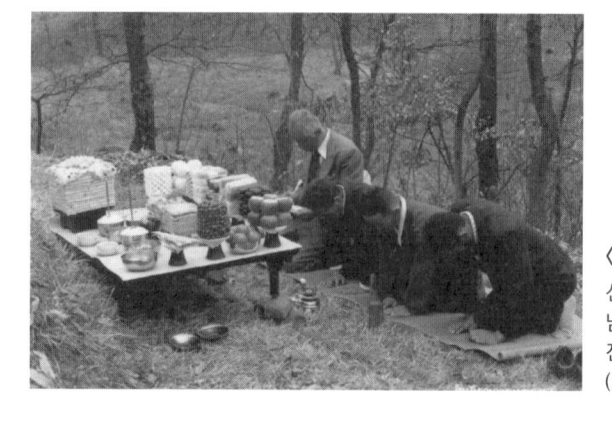

〈그림 2.74〉 가현산 시제
신광균 씨는 가현산에 모셔진 조상님께 시제를 지내고 있는 모습을 사진으로 담아 보관하고 있다.
(2009년 4월 17일 신광균 씨 제공)

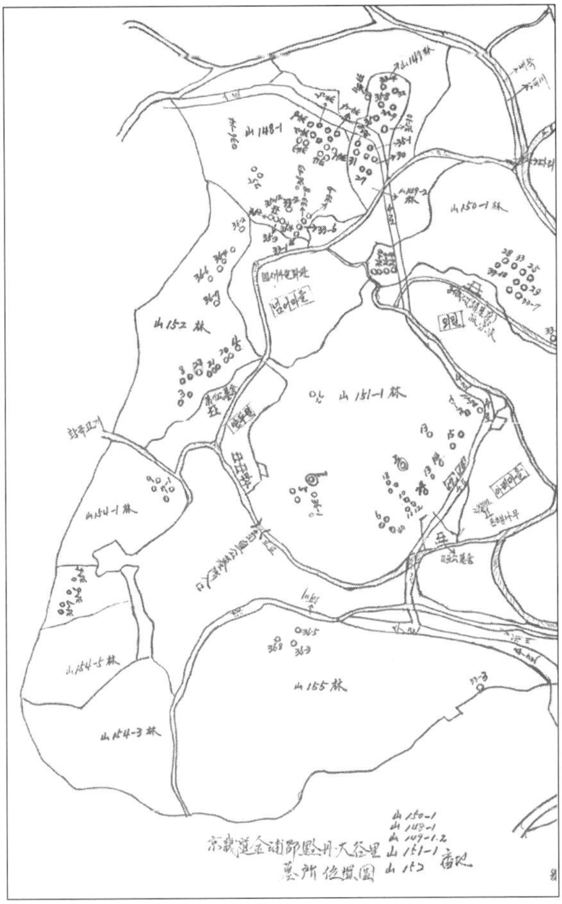

〈그림 2.75〉 검단 반남 박씨의 조상 묘역 수기(手記) 지도

지금의 인천 서구 검단과 경기도 김포시 일대에 위치하고 있는 반남 박씨의 조상 묘역들을 후손들이 알아보기 쉽게 손으로 그려 표시해 놓은 지도이다.
(2009년 11월 4일 박봉서 씨 제공)

께 제를 올리는 검단 사람들의 모습을 어렵지 않게 찾아볼 수 있다.

시제를 지내는 이 시기에는 멀리 흩어져 있던 후손들이 모두 한자리에 모여 조용하던 검단 일대가 시끌벅적해진다. 검단에서 열리는 시제는 조상과 후손, 즉 죽은 자와 산 자가 만나는 하나의 경건한 의식이자, 멀리 떨어져 있던 친척들이 모두 한자리에 모여 산 자와 산 자가 만나는 살아 있는 자들의 축제이다. 또한, 멀리서 온 손님들 덕분에 검단지역의 식당들도 활기를 찾는다. 이렇게 시제는 문중뿐만 아니라 부락 전체를 들썩이는 중요한 행사이다.

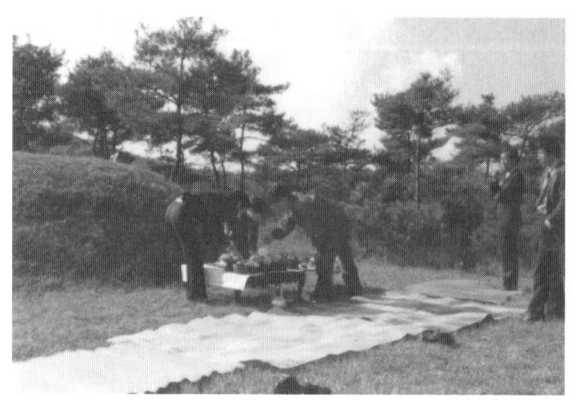

〈그림 2.76〉 선산 가을시제
불어오는 바람이 제법 차갑게 느껴
지는 음력 시월 무렵, 후손들이 조상
의 묘를 찾아 시제를 올린다.
(2009년 10월 30일 김병학 씨 제공)

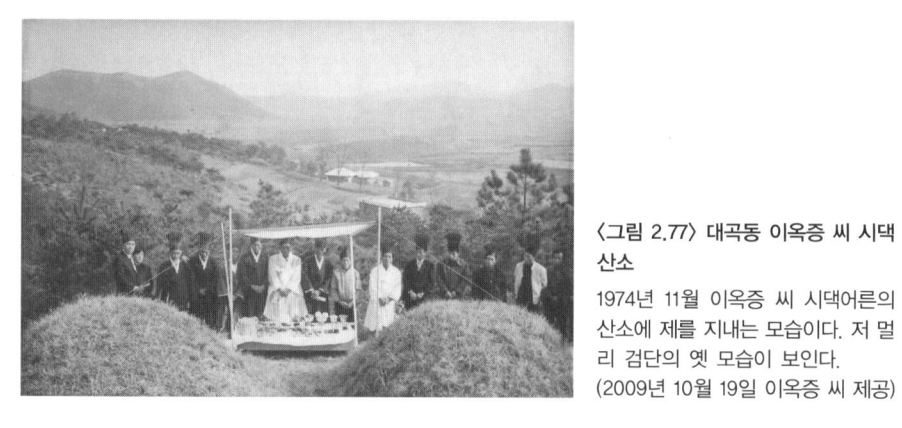

〈그림 2.77〉 대곡동 이옥증 씨 시댁
산소
1974년 11월 이옥증 씨 시댁어른의
산소에 제를 지내는 모습이다. 저 멀
리 검단의 옛 모습이 보인다.
(2009년 10월 19일 이옥증 씨 제공)

2) 조상을 모시는 방법, 시제

시제(時祭)는 원래 사시제(四時祭)라고 부르던 것으로 1년에 네 번 즉, 춘하추동
의 계절마다 고조(高祖) 이하의 조상을 함께 제사 지내던 합동제사의 하나이다.
시제는 지방에 혹은 가문에 따라 시사(時祀), 시향(時享) 이라고도 불린다. 시제는
조상을 모신 사당에서 거행하는 것이 원칙이지만 요즘에는 묘제와 그 구별이
흐릿하여 묘역에서 지내기도 한다. 원래 시제와 구별되는 묘제는 음력 3월, 10
월 중에 날을 택해서 대진(代盡)된 5대조 이상의 조상을 해마다 한 번 그 묘소에
서 받드는 제사이다.

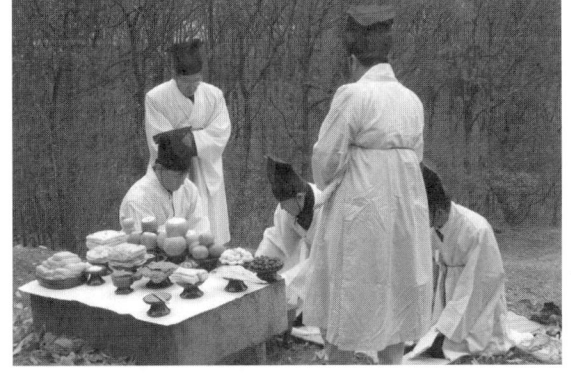

〈그림 2.78〉 성주 이씨 시제 전 산신제

오래전부터 청마마을에 세거하는 성주 이씨는 매년 음력 10월에 전국 각지에 흩어져 살던 후손들이 모두 모여 정성스레 시제를 지내고 있다.
(2009년 11월 29일 직접 촬영)

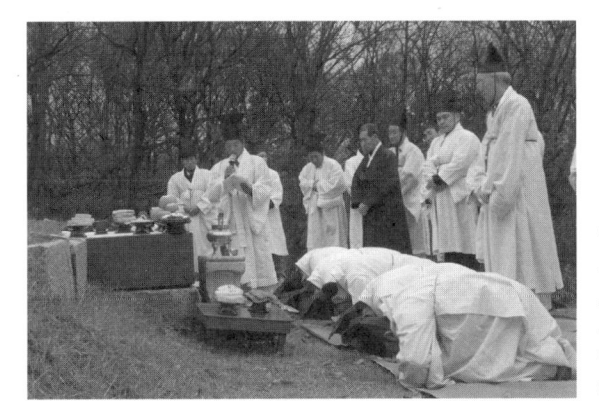

〈그림 2.79〉 성주 이씨 배례(拜禮)

전통복식을 차려입고 옛것 그대로의 시제를 지내는 성주 이씨 시제에서 후손들이 조상님께 배례를 올리고 있다.
(2009년 11월 29일 직접 촬영)

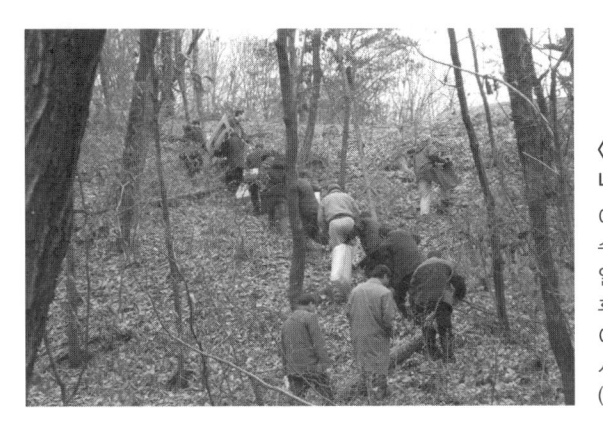

〈그림 2.80〉 작은 만수산을 오르는 나주 임씨 일가

여래마을 나주 임씨 시제는 작은 만수산에 위치한 나주 임씨 묘역에서 열린다. 검단에 거주하는 나주 임씨 후손 외에도 각지에서 모인 후손들이 모두 모여 산을 올라가는 것으로 시제는 시작된다.
(2009년 11월 22일 직접 촬영)

검단 일대에서는 농사일이 끝난 시월상달(十月上-)에 각 가정마다 산소에서 시제를 행했다. 시제는 조상의 산소 제사 외에도 가문의 위세를 나타내는 것이기도 하다. 재답이나 문중답이 많은 집안에서는 소를 잡아 제를 지낼 정도로 규모가 엄청났다. 자손이 번창할수록 제관도 수백 명이 참여해 가문의 번성함을 자랑으로 삼았다.

시제의 과정을 3단계로 나누어 보면, 시제 준비의 단계와 시제 단계, 시제 후의 단계로 나누어볼 수 있다. 시제 준비의 단계는 말 그대로 시제를 위해 사전 작업을 하는 것으로 시제에 참여하는 사람들이 모여서 시제를 진행하기 위해 필요한 준비작업을 한다. 이때는 성별에 따라 담당하는 역할이 비교적 분명하게 갈리는데, 일반적으로 시제에 쓰이는 축문, 향, 향로, 초, 제례복 등은 남성이, 시제에 쓰일 그릇과 음식은 여성이 준비한다. 하지만 문중마다 역할 분담의 차이는 존재한다.

시제 준비의 단계를 마치면 본격적으로 시제를 올리게 된다. 시제의 절차는 재계(齋戒), 설위진기(設位陳器), 봉주(奉主), 참신(參神), 강신(降神), 진찬(進饌), 초헌(初獻), 독축(讀祝), 아헌(亞獻), 종헌(終獻), 음복(飲福), 사신(辭神), 납주(納主), 철찬(撤饌), 준(餕)의 순서로 이루어진다. 이러한 절차는 가장 완비된 형태의 시제 절차이지만 지역이나 문중에 따라 차이가 있으며 최근에는 점차 간소화되고 있다.

마지막으로 시제 후의 단계가 있는데, 이는 음복을 마친 후 시제를 위해 준비했던 음식과 각종 제물들을 시제에 참가한 사람들에게 나누어 주는 것이다. 시제의 단계가 산 자와 죽은 자의 만남을 위한 신성한 종교적 의식이었다면, 시제 준비의 단계와 시제 후의 단계는 산 자들의 축제이다. 시제가 조상을 섬기는 후손의 마음을 담고 있기는 하나, 후손들 역시 시제를 빌어 서로 간의 관계를 돈독하게 유지할 수 있는 것이다.

조상을 모시는 종교 의식으로, 또 문중 구성원 간의 관계를 형성할 수 있는 사교의 장으로서 생사여부에 관계없이 사람과 사람 사이를 잇는 시제의 풍습은 지금도 검단에서 그 명맥을 이어오고 있다. 그러나 신도시 개발로 인해 조상의

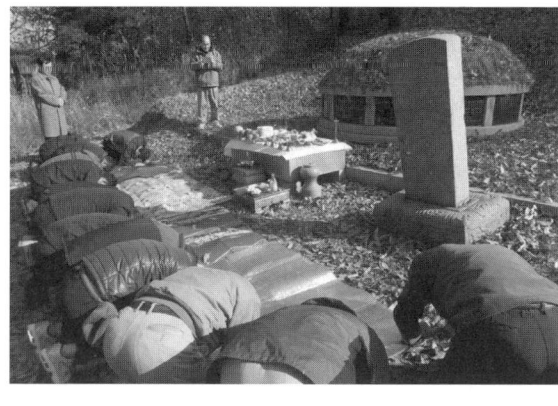

〈그림 2.81〉 나주 임씨 배례

묘역에 도착해 제단에 제물을 진설하면 본격적인 시제가 시작된다. 산에 오른 후손들은 시제에 절차에 따라 정성을 다해 조상을 섬긴다.
(2009년 11월 22일 직접 촬영)

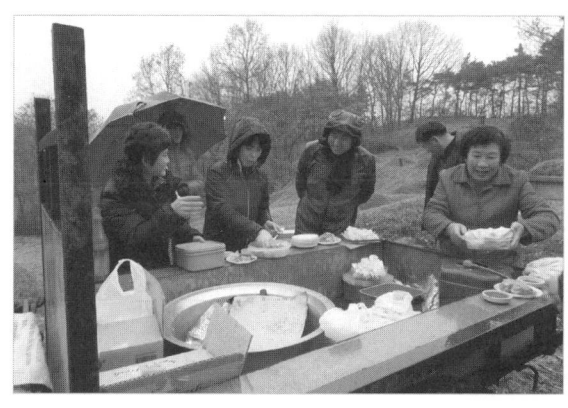

〈그림 2.82〉 안동 권씨 시제 음식 준비

2009년 족저마을 안동 권씨 시제가 열린 날은 비가 오고 기온이 유난히 낮았다. 이런 기후에도 불구하고 안동 권씨 후손들은 경건하면서도 즐거운 분위기 속에서 조상님께 감사하는 마음으로 시제를 드렸다.
(2009년 11월 22일 직접 촬영)

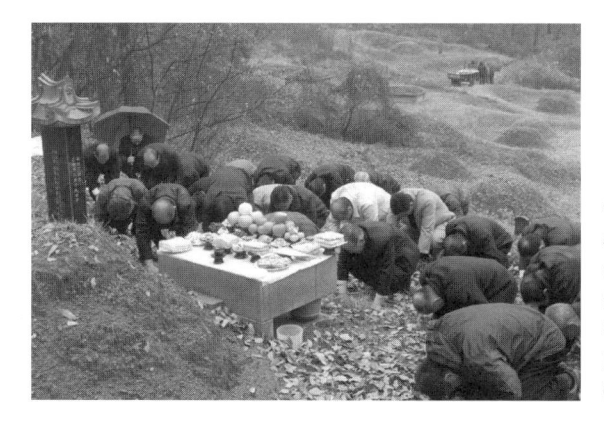

〈그림 2.83〉 안동 권씨 배례

족저마을에 위치한 안동 권씨 묘역에서 안동 권씨 후손들이 배례를 올리고 있다. 높은 제단과 제물이 저 멀리 보이는 낮은 구릉과 대비되어 더욱 경건하게 보인다.
(2009년 11월 22일 직접 촬영)

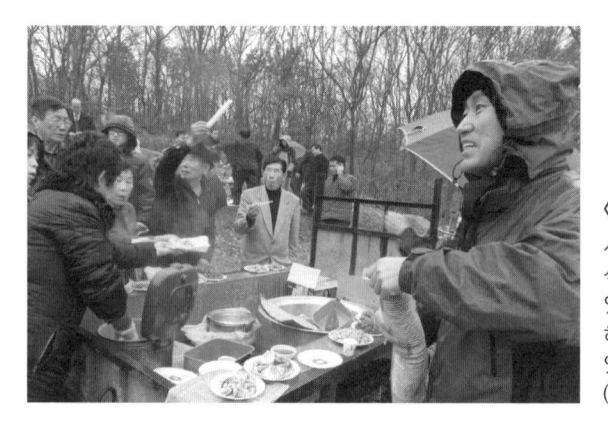

<그림 2.84> 안동 권씨 시제
시제가 끝나고 참가자들이 모여 음식을 나누어 마시며 담소를 즐기고 있다. 시제가 이승과 저승의 경계를 허문 축제라는 말의 의미가 여기에 있을 것이다.
(2009년 11월 22일 직접 촬영)

묘소를 이전해야 하는 현실에서 시제의 풍습이 언제까지 지속될지는 알 수 없다.

세상인심이 후덕해지려면 조상을 소중히 여기고 모시는 마음을 가져야 한다. 유학(儒學)의 성인(聖人) 공자(孔子)는 '인의예지'(仁義禮智)의 덕목을 강조하며 그중에서도 특히 '인'(仁)과 '예'(禮)를 중요시하였다. 어질고 예의바름은 인간으로서 갖추어야 할 가장 기본적인 소양이라고 공자는 말하였다. 세상에 태어나 제 근원을 알아 섬기는 일 만큼 기본적인 예의가 어디에 있겠는가? 이를 알지 못하고 있는 이는 참으로 아둔한 사람일 것이다.

시제가 끝나고 나면 함께 음식을 나누어 먹고, 제물을 서로 짚단으로 쌓아 건네주던 우리의 풍습이 점점 사라지고 있는 것은 우리의 인과 예가 사라지고 있음이라 할 것이다. 시제가 단순한 종교의식을 넘어선 이승과 저승의 경계를 허문 하나의 축제라는 점을 생각해본다면 시제가 사라지는 오늘의 현실은 참으로 안타까운 일이다. 오늘날 바쁜 현대인의 삶 속에서 시제를 위해 문중의 모든 사람이 한자리에 모이는 일도 어렵고, 시제의 형식과 절차 또한 매우 어렵고 까다롭기 때문이라는 것이 그 이유이다. 또한 대가족제에서 핵가족화되면서 시제가 아버지에게서 아들로 전승되는 과정이 점점 사라지고 있기 때문이기도 하다.

공자(孔子)는 살아 있는 자가 죽은 자를 모시는 마음에서 삶의 소중함을 깨우칠 수 있다고 했다. 조상을 생각하고 모시는 마음은 사람을 경건하게 하고 머리

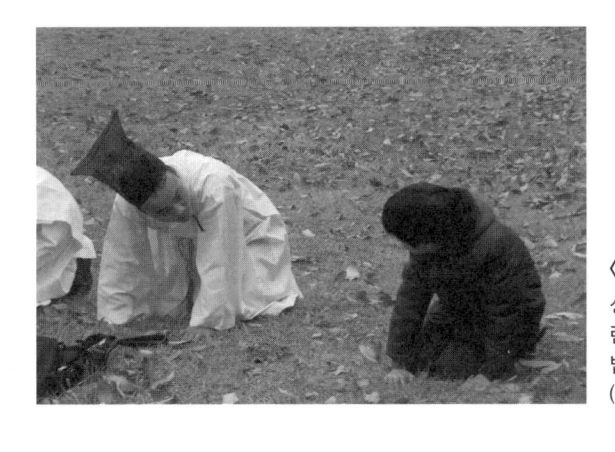

〈그림 2.85〉 성주 이씨 시제의 전승
성주 이씨의 시제 중에 아버지가 어
린 아들에게 시제의 절차와 절하는
법을 가르치고 있다.
(2009년 11월 29일 직접 촬영)

를 조아리게 만든다고도 했다. 사람이 사람을 생각하고 섬기는 바, 이것이 바로
세상 인심이 후덕해지는 길이 아닐까.

제 자식에게 조상을 섬기는 마음을 가르치고 그것이 또 제 자식의 자식에게
전해지고, 그렇게 시제가 이어지고 이어져 각박하다 못해 삭막한 이 세상이 사
람과 사람으로 이어지는 훈훈함으로 가득하기를 빌어본다.

1) 검단 마을의 평안과 풍요를 비는 제의, 동제

동제(洞祭)는 마을을 수호하고 안녕을 도모해주는 동신(洞神)에 대한 신앙으로 동제를 모시는 개인의 삶을 넘어 공동체적 삶에 대한 간절한 발원이 투영된다. 동제는 일반적으로 당제와 당굿으로 구별되는데, 검단지역에서는 당제를 드리는 것이 일반적이다. 당제에서는 마을의 성역인 당산에 깃들어 있는 당산신을 신성시하여, 당산신을 마을의 태평과 풍요·번영은 물론이고 병마와 재액을 막아주는 최고의 영험을 지닌 신으로 받들어 모신다.

당산(堂山)은 마을의 주령(主嶺)이나 마을을 감싸고 있는 산세의 주맥으로 검단의 당산은 지역의 지명에서 쉽게 찾아볼 수 있다. 가현마을의 당산, 광명마을의 광명산과 미루터모퉁이, 신기마을의 제림산, 발산·능곡의 송우산, 고산후마을의 당산, 불로동의 제향산, 갈산의 도당산, 목지의 제향산, 두밀마을의 당산 등이 바로 그러하다. 각 마을별로 그 지역의 생태적인 조건에 따라 당제는 다양한 이름과 모습으로 행하여지고 있다. 당산이란 이름은 고유지명이 아니다. 민속적

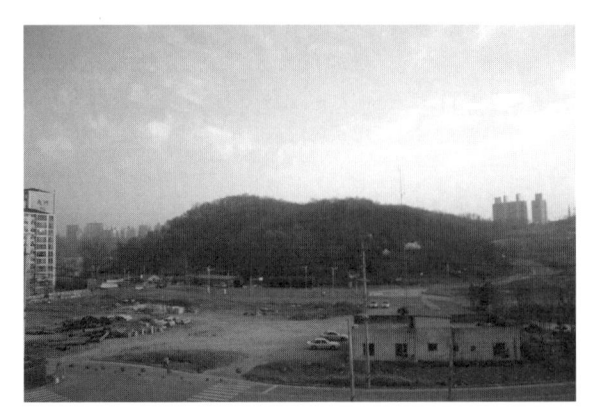

〈그림 2.86〉 여래마을의 안산
여래마을 하누재고개에서 바라본 안산의 모습이다. 안산은 여래마을의 당산이라고도 불리며 현재에도 음력 10월 2일에 당산에서 동제가 열린다. (2009년 3월 28일 직접 촬영)

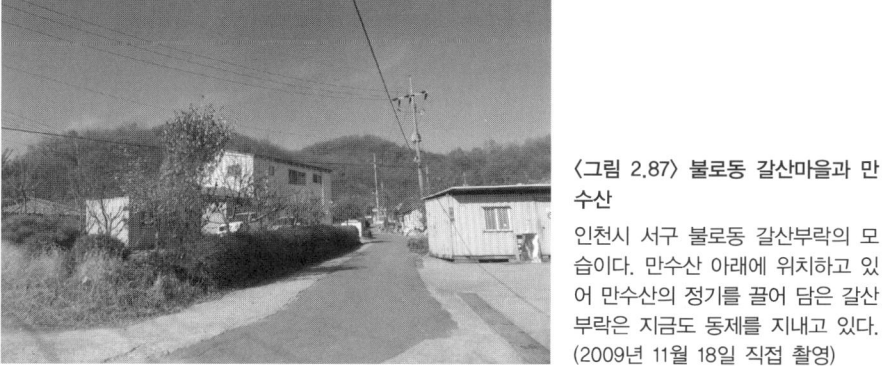

〈그림 2.87〉 불로동 갈산마을과 만수산

인천시 서구 불로동 갈산부락의 모습이다. 만수산 아래에 위치하고 있어 만수산의 정기를 끌어 담은 갈산부락은 지금도 동제를 지내고 있다. (2009년 11월 18일 직접 촬영)

으로 우리나라의 많은 산에 당산이라는 명칭이 부여되는데, 이는 동제(洞祭)를 지내는 산이라는 뜻이다.

2) 하늘이 밝힌 광명마을에 내린 제림산의 축복

광명(光名)마을에서는 동제를 산고사라고 칭하며 매년 음력 시월 초이튿날(10월 2일) 제림산에서 동제를 지내고 있다. 광명마을의 당신(堂神)은 큰당과 작은당으로, 두 분은 제림산과 마을 느티나무에 따로 모셔지고 있다. 광명마을의 산고사는 마을사람들이 마을회의를 통해 당주를 선정하고 제물로 삼색실과(대추, 밤, 곶감)만을 사용할 뿐 육류를 사용하지 않는다는 점이 특징적이다.

광명마을 산고사의 제관(祭冠)은 제를 모시기 일주일 전쯤에 마을회의를 통하여 선출되는데, 마을 노인들이 추천한 사람 또는 마을에서 나이가 가장 많은 사람이 제관으로 지목된다. 제의 준비는 음력 시월 초하루 0시가 되면 제관이 그 해에 수확한 찹쌀과 누룩을 빚어 조라술을 만드는 것으로 시작된다. 제관은 큰당이 모셔져 있는 제림산 정상의 터주가리에 조라술이 담긴 항아리를 넣어둔다. 마을사람들은 저녁식사 후 마을회관에 모여 함께 제물을 준비한 후, 23시 30분 정도 되면 준비된 제물을 지고 제림산에 오르고, 0시가 되면 산고사를 시

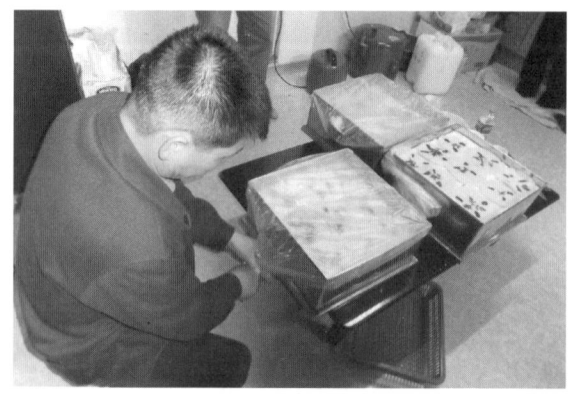

〈그림 2.88〉 당하동 광명마을 산
고사

인천시 서구 당하동 광명부락 산고
사에서 제관이 산고사를 지내는 제
림산으로 지고 올라갈 제물을 정리
하고 있다.

(2009년 11월 18일 직접 촬영)

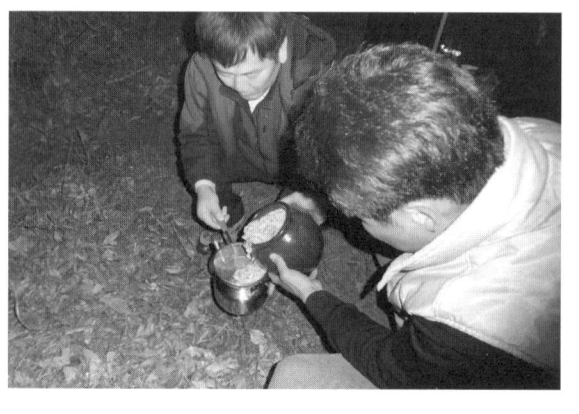

〈그림 2.89〉 당하동 광명마을 산고
사(제주)

제관은 산고사가 시작되기 24시간
전에 그해 수확한 찹쌀로 조라술을
빚어 터주가리 아래에 묻어둔다. 그
리고 제사가 시작하기 직전에 꺼내
어 체에 걸러 상에 올린다.

(2009년 11월 18일 직접 촬영)

작한다.

제단에는 창호지를 펴고 제단 양 귀퉁이에는 초를 밝힌다. 상의 뒤쪽 귀퉁이
에 백설기를 시루 채 올리고, 그 시루 위에 북어 일곱 마리를 올린다. 그리고
국 한 그릇과 메밥 한 그릇을 뚜껑을 덮어 백설기 시루 옆에 올린다. 그 앞쪽으
로 무나물, 생선전, 호박고지, 두부 부침을 차례로 올리고 그 앞으로 대추, 밤,
배, 대봉시, 사과, 산자를 올린다. 유사가 제물을 진설하는 동안, 제관은 전날
넣어두었던 조라술항아리를 꺼내 술을 걸러낸다.

0시가 되면 산고사를 시작한다. 유사가 고사의 시작을 알리면 동제에 참여한
마을사람들은 유교식 행사에 따라 산고사를 지낸다. 마을사람들은 산고사를 지

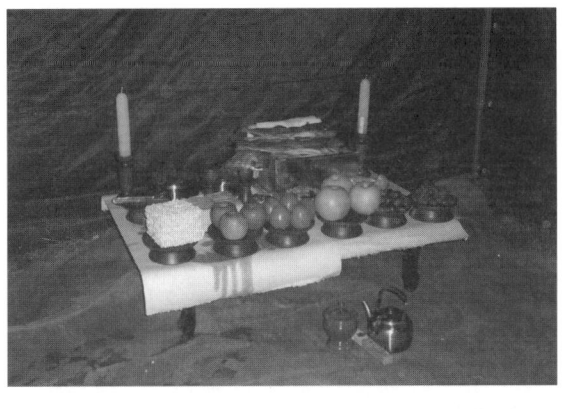

<그림 2.90> 당하동 광명마을 산고사(제림산제단)

광명마을의 제단은 장년들이 지게에 지고 올라온 떡, 과일, 생선 등으로 구성된다. 다른 마을과는 달리 광명마을 산고사의 제단에는 육류가 올라가지 않는다.
(2009년 11월 18일 직접 촬영)

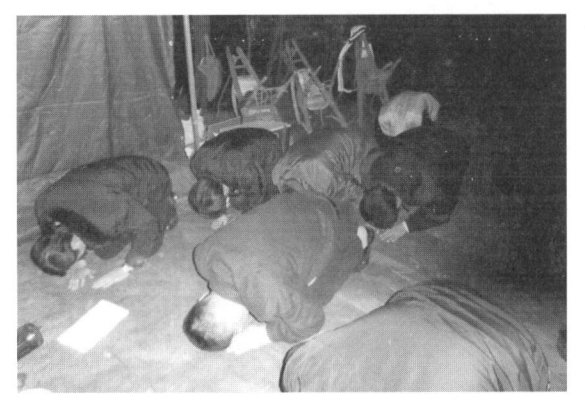

<그림 2.91> 당하동 광명마을 산고사(제림산제단)

광명마을 산고사는 한 명의 제관과 한 명의 유사 그리고 다수의 마을주민들이 함께 지낸다.
(2009년 11월 18일 직접 촬영)

내는 동안 마을의 평안, 재해방지, 곡식의 풍작에 대한 감사와 내년 농사에 대한 바람 등을 마음속으로 빌고 또 빈다. 남성밖에 참여할 수 없는 제림산에서의 큰산고사는 그렇게 엄숙하고 경건하게 치러진다.

제단 앞에서의 산고사가 끝나면 사람들은 터주가리 앞으로 장소를 이동하여 소지(燒紙)를 태운다. 소지는 "마을사람들 잘되게 해주시고, 농사 잘되게 해주시고, 사업하는 사람은 사업 잘되게 해주시오. 우리 동네 처녀 총각들 시집, 장가 보내주시고, 무병장수하고, 동네가 두루두루 행복하게 해주소서." 하는 마을 축사(祝辭)를 읊은 다음 마을사람들의 수(數)대로 준비한 창호지를 태우며 마을사람들의 안녕과 축복을 기원하는 것이다.

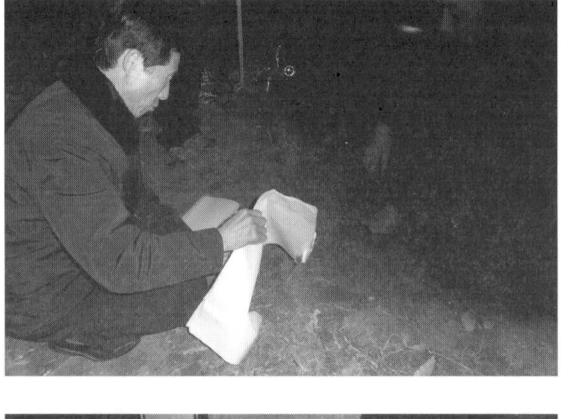

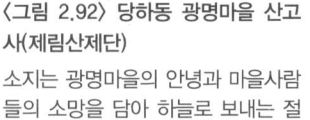
〈그림 2.92〉 당하동 광명마을 산고사(제림산제단)

소지는 광명마을의 안녕과 마을사람들의 소망을 담아 하늘로 보내는 절차이다. 지금까지 무사히 지켜주신 것에 감사하고 올 한해도 잘 부탁드린다는 소지는 산고사에서 빠져서는 안 될 중요한 행사이다.
(2009년 11월 18일 직접 촬영)

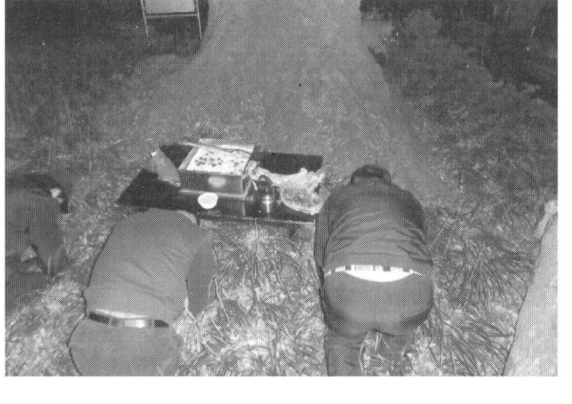
〈그림 2.93〉 당하동 광명마을 산고사(작은당)

광명마을의 작은 산고사는 마을회관 앞에 자리한 느티나무에서 드린다. 비교적 제림산에서의 제사보다 절차와 제단에 오르는 음식이 간소하다.
(2009년 11월 18일 직접 촬영)

소지까지의 제의를 끝내고 짐을 챙겨 마을회관 앞 느티나무로 이동하여 작은 당에도 인사를 드린다. 제림산에서의 제의 절차가 길었던 것에 반하여 느티나무에서의 제의는 비교적 단출하다. 상에는 백설기 시루와 북어, 두부, 과일 등이 약식으로 올라가며, 절차 역시 제관이 술을 올리고 절을 하면 마을사람들이 모두 같이 절을 하는 것으로 광명마을의 산고사는 끝이 난다.

3) 한마음으로 올린 정성, 마을의 태평과 풍요의 약속

여래마을에서는 동제를 산신제라고 부르며 매년 음력 시월 초하룻날 마을의

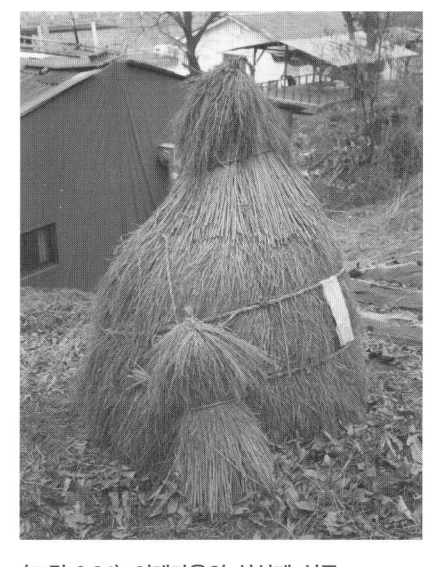

〈그림 2.94〉 여래마을의 산신제 신주

인천시 서구 마전동 여래부락 안산 중턱에는 짚으로 만들어진 신주가 위치해 있다. 지난 해 산신제를 위해 만들어진 신주는 마을사람들의 안녕을 바라며 제 자리를 지키고 있다.
(2009년 3월 28일 직접 촬영)

안산에서 동제를 지낸다. 여래마을의 산신제는 당산의 중턱에 위치한 당산할아버지(느티나무)에게 제사를 지내고, 당산의 아래쪽에 위치한 당산할머니(터줏가리)에 제사를 지내는 것으로 구성된다. 여래마을의 당주는 마을에서 가장 나이가 많은 할머니 두 분으로 여성이 동제의 주체가 되어 참여하고 있다.

마을에서 당주가 결정이 되면, 그 이후로 당주는 여러 가지 금기사항을 지켜야 한다고 한다. 마을 밖으로의 외출 금지, 상가(喪家)집 출입 금지 등은 물론이고, 당산 아래 논에 위치한 우물을 돌보는 일 역시 해야 한다. 여래마을의 우물은 오직 당주만이 사용할 수 있다고 한다. 산고사날, 당주는 이 물로 목욕을 하고 이 물로 산신제에 올리는 떡과 밥을 지어야 한다.

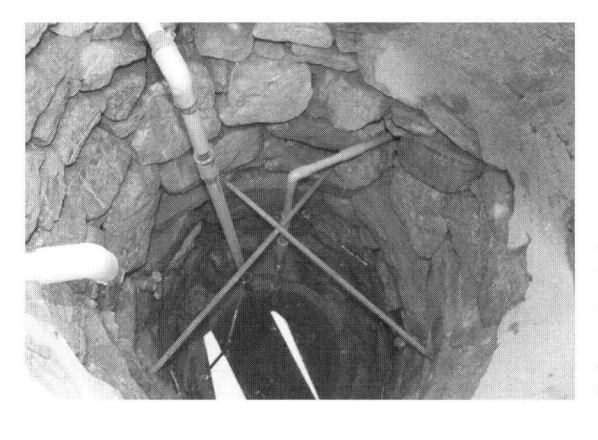

〈그림 2.95〉 여래마을 우물

여래부락의 안산과 지진달 사이에는 오래된 우물이 있다. 여래마을의 산신제에 사용되는 이 우물은 그 크기가 작고 높이가 낮아 여래마을 주민이 아니고서는 우물이라고 분간하기도 힘들 정도이다.
(2009년 4월 11일 직접 촬영)

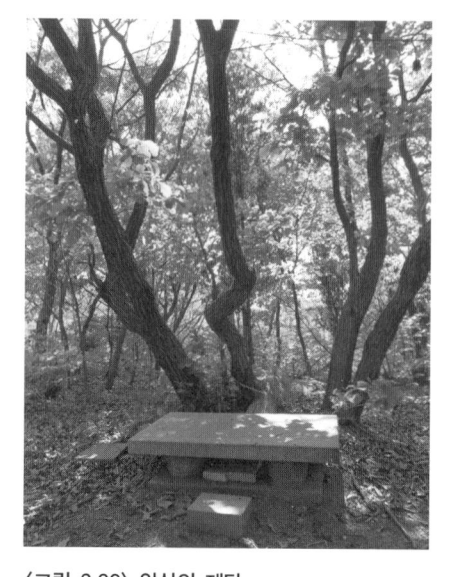

〈그림 2.96〉 안산의 제단
여래마을 당산에 위치한 산고사 제단이다. 느티
나무 앞에 놓인 제단은 산고사 때뿐만이 아니라
시시때때로 마을사람들이 찾아 작은 제물을 놓
고 기도를 드린다고 한다.
(2009년 4월 17일 직접 촬영)

마을회관에서의 산신제 제물 준비가 끝나면, 마을 남성들은 제물을 지게에 지고 산을 오른다. 산신제의 주체가 여성이고 그 시각이 저녁 8시쯤이기 때문에, 마을 남성들은 당주와 여성들의 안전을 위해 산신제를 지내기 며칠 전부터 안산을 전구로 밝혀 놓는다고 한다. 느티나무 제단에서의 큰 당제가 끝나면 사람들은 그 아래쪽이 위치한 당산할머니로 이동하여 간단히 제사를 지낸다. 제물로는 소머리와 닭고기 등이 사용된다.

밤 10시쯤이 되면 큰당제와 작은당제는 끝이 나고 사람들은 마을회관으로 모여 음복을 한다. 하지만 당주 두 분은 몸가짐을 바르게 하고 새벽에 다시 산에 오를 준비를 한다. 마을사람 모두가 참석할 수 있는 앞선 행사와는 달리, 새벽 2시에 있을 제사는 고령의 할머니

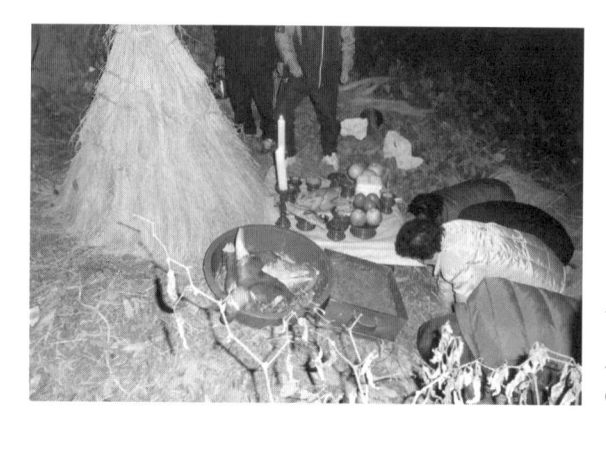

〈그림 2.97〉 작은당제
2009년 여래마을 산고사의 모습이
다. 느티나무에서의 제사가 끝나면
새로 만든 신주로 내려와 제물을 차
려놓고 작은 제사를 지낸다. 제물로
는 소머리가 사용된다.
(2009년 11월 17일 직접 촬영)

두 분만이 조용히 산에 오를 수 있다. 이때 두 분의 당주는 아무도 없는 고요한 당산을 오르며 마을의 안녕을 빈다고 한다.

4) 마을을 지키는 힘, 신뢰를 키우는 공동체의 문화

동제는 마을사람들이 마을을 지켜주는 신에게 제사를 지내는 행사이지만 마을사람들을 하나로 통합시키는 마을문화의 하나이기도 하다. 동제를 준비하는 과정과 동신의 덕을 나누어 먹는 음복은 마을 주민 상호 간은 물론 동신과도 하나 되는 신앙적 결속감을 형성한다.

특히 동제 후에 갖는 마을회의는 자발적 통합조직이다. 즉, 동제는 종교의식을

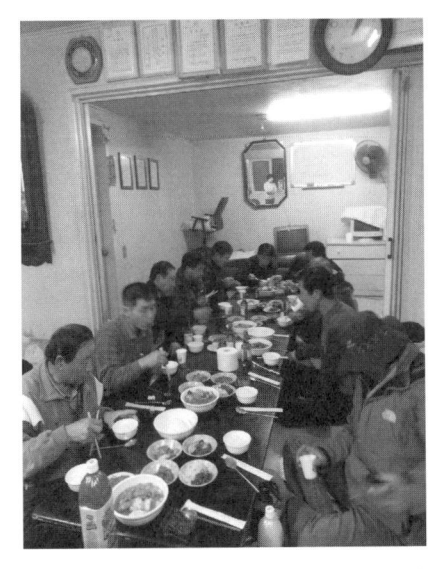

〈그림 2.98〉 당하동 광명마을 산고사(마을회관)
산고사가 끝나면 새벽 1시가 넘은 시간이지만 마을사람들은 마을회관에 모여 마을의 미래를 위한 마을회의와 함께 잔치를 벌인다.
(2009년 11월 17일 직접 촬영)

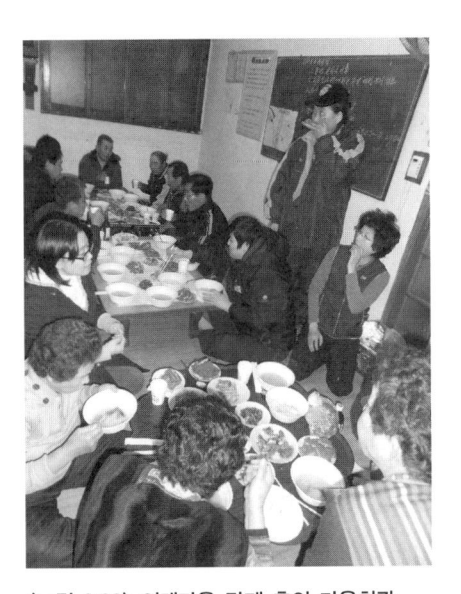

〈그림 2.99〉 여래마을 당제 후의 마을회관
아직도 잔칫상은 남자와 여자가 나누어 받으며 산고사에 사용된 모든 음식을 나누어 먹는다. 그리고도 남은 음식은 각자 집으로 가져가 가족과 함께 먹는다.
(2009년 11월 17일 직접 촬영)

넘어 마을 공동체를 형성하고 유지시키는 중요한 사회적 기능을 하고 있는 것이다. 노동집약적 단결과 단합, 마을의 갈등 해소와 정화 등의 긍정적인 의미를 가지고 있는 검단의 동제는 마을의 현대화, 신도시 개발과 함께 사라질 예정이다. 마을이 신도시로 개발되면, 마을을 지키고 서로 간의 신뢰를 키우는 다른 형태의 공동체 문화를 만들어 나가야 할 것이다.

가신 신앙, 가족을 지키는 마음

1) 집안지킴이, 가족을 보호하는 가신

밝은 달빛 아래에서 맑은 정화수 한 그릇을 떠놓고 하염없이 손을 비비시던 어머니의 모습을 본 적이 있는가. 부엌 찬장 위에 올려진 조그마한 단지를 날마다 깨끗한 수건으로 닦던 할머니의 모습을 본 적이 있는가. 우리의 어머니, 할머니들은 집안의 여러 곳에 가신(家神)을 모시고 살았으며 그들이 집안의 길흉화복을 관장한다고 믿었다. 미신이라는 미명하에 거의 사라진 우리의 가신은 현재에도 농어촌의 몇몇 가정에서는 가족 구성원의 안전과 소원성취 및 가업의 번창을 위해 모셔지고 있다.

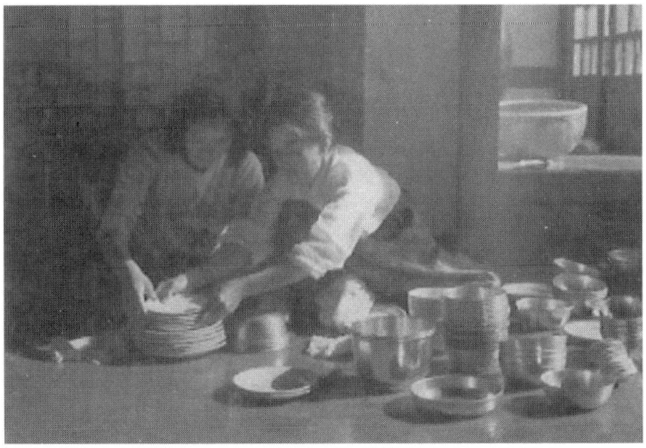

〈그림 2.100〉 광명마을의 종성분 씨
민영식 씨의 아내분인 종성분 씨가 갓 시집왔을 무렵, 종성분 씨의 시어머니는 종성분 씨에게 제사에 쓰이는 놋그릇을 닦고 정리하는 방법을 가르쳐주셨다고 한다.
(2009년 6월 6일 민영식 씨 제공)

2) 정화수의 비밀, 족저 할머니의 사랑

열아홉에 안동 권씨 문중의 며느리로 시집와 한평생을 족저마을에서 살고 있는 김옥자 할머니를 만났다. 할머니는 많은 나이에도 불구하고 편치 않은 몸을

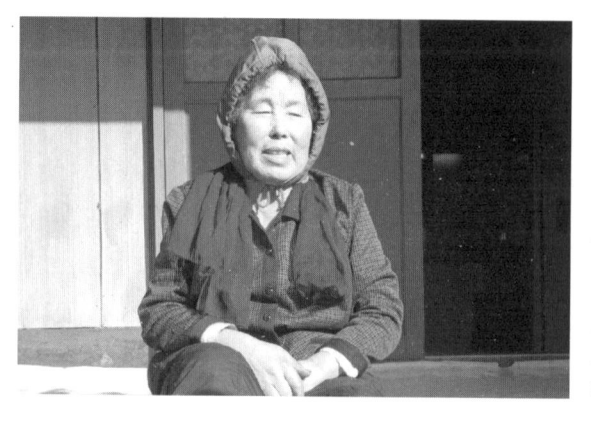

<그림 2.101> 김옥자 씨 모습
늘 며느리자랑과 손주 자랑하기에
여념이 없는 김옥자 씨는 그 옛날 시
어머님이 가르쳐 주신대로 지금도
가신을 모시고 있는 평범한 우리들
의 어머니이다.
(2010년 1월 7일 직접 촬영)

이끌고 소일거리를 끊임없이 찾아 하고 있었다. 집안 곳곳에 여러 대감님(가신)을 모시고 사는 할머니는 날마다 대감님들에게 인사를 올리는 것을 잊지 않고 있으며 그 모습을 타인에게 들키면 효험이 사라진다고 믿고 있었다.

"새벽에 우물에서 뜬 물을 정화수라고 하는 거야. 정화수는 하루 중에서 가장 깨끗한 물이어야 해. 이 물로 하늘에 소원을 빌거나 약을 달이면 빌고 또 빌던 것이 이루어진다고들 하지."

이른 새벽에 길은 우물물을 뜻하는 정화수(井華水)는 조왕에게 가족들의 평안을 빌면서 정성을 들이거나 약을 달이는 데 썼다고 전해진다. 또한 잡귀를 물리치는 영험도 지니고 있었다고 한다. 따라서 정화수를 뜰 수 있는 우물이 있는 가정에서는 우물물을 복으로 여겼고, 다른 집에서 해가 진 뒤에 물을 뜨러 오면 복이 나간다고 하여 꺼리기도 했다고 한다.

"요즘도 장독대 위에 정화수를 떠놓고 빌지. 시부모님이 아프실 때에도 빌었고, 자식새끼 아플 때, 집안에 큰 일이 있을 때. 얼마 전에 우리 손녀가 대학교 간다고 했을 때에도 빌었어."

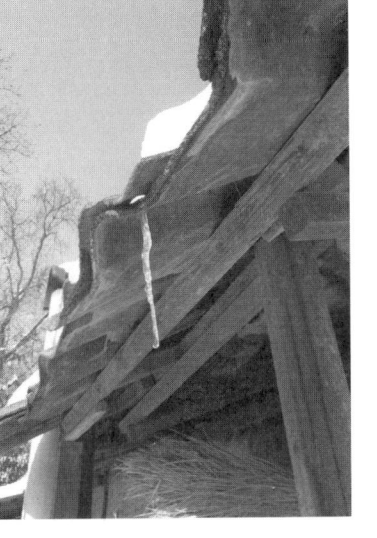

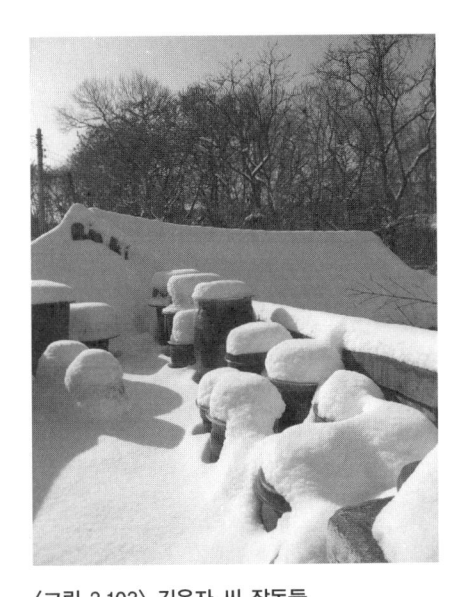

〈그림 2.102〉 김옥자 씨 댁

함박눈이 내린 다음날 아침, 김옥자 씨 댁 처마
에는 가느다란 고드름이 열렸다. 파란 하늘과 지
붕 위에 쌓인 하얀 눈이 대비되는 가운데 열린
고드름에 가족을 위하는 김옥자 씨의 마음이 투
영되어 보인다.

(2010년 1월 7일 직접 촬영)

〈그림 2.103〉 김옥자 씨 장독들

지붕과 옥상에 눈꽃이 내린 날, 어머니가 두 손
모아 빌던 장독대에도 어머니의 하얀 마음이 수
북이 쌓였다.

(2010년 1월 7일 직접 촬영)

김옥자 씨는 "정화수도 몰가야(맑아야) 하지만 믿음도 지퍼야(깊어야) 하는 것"
이라며 열아홉 그때부터 지금까지 정화수에 가정의 사랑을 지켜달라고 빌고
있었다.

3) 부엌의 신비, 목지 할머니가 모시는 조왕신

인천 서구 검단의 불로동 목지마을에 다다라 장릉고개를 오르다보면, 작지만
위엄 있는 고택을 만날 수 있다. 고택에는 할머니, 할아버지 두 분과 이 가정을
지켜주는 조왕신(竈王神)이 살고 있다. 조왕신은 부엌을 관장하는 화신(火神)으로
정화의 신이라고 한다. 가신 가운데 성주신 다음으로 삼신(三神)과 더불어 숭앙

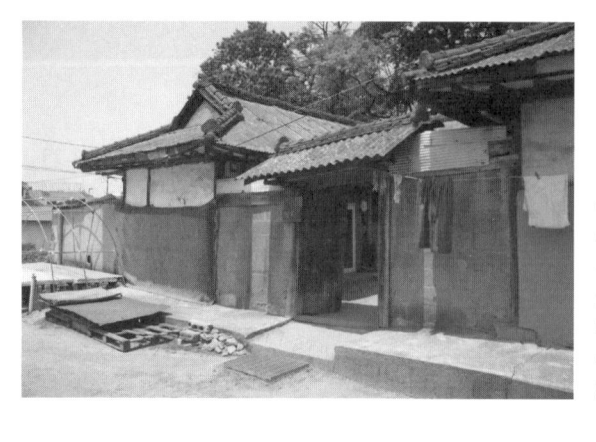

<〈그림 2.104〉 정호실 씨의 집**

인천시 서구 불로동에 위치한 정호
실 씨의 집이다. 부지런한 성격의 정
호실 씨와 그의 아내 조영애 씨는 50
년 전 강화도에서 이사 온 이후 이곳
에서 줄곧 지냈다고 한다.
(2009년 6월 1일 직접 촬영)

되는 신이라고 한다. 오직 여성들의 공간이었던 부엌의 신이기에 할머니가 더더
욱 정성들여 모시고 있는 조왕신에 대한 이야기를 들어보자.

조왕각시, 조왕할매라고 불리는 조왕신은 옥황상제의 명에 의해 각 가정에
파견되어 그 가족의 언행을 1년 동안 감찰하였다가 섣달 스무나흘에 하늘에 올
라가 상제에게 보고하고, 설날 새벽에 내려와 다시 부엌에 좌정한다고 한다. 옥

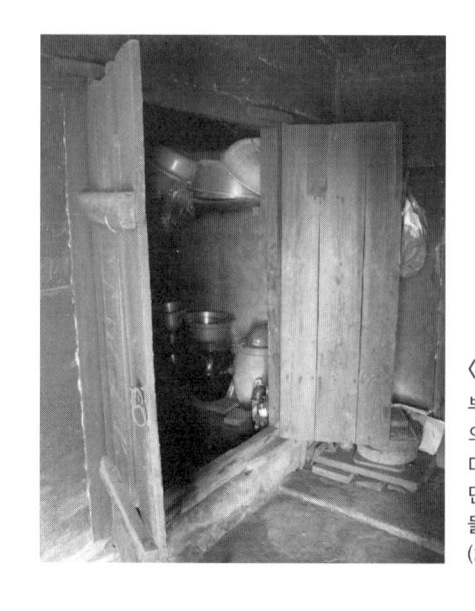

〈그림 2.105〉 조영애 씨 부엌

부엌의 신, 조왕신은 한국 어머니들
의 눈물을 닦아주고 함께 웃어주었
다. 여성의 편에서 여성을 도와주었
던 조왕신을 모시는 집은 점점 줄어
들고 있다.
(2009년 6월 1일 직접 촬영)

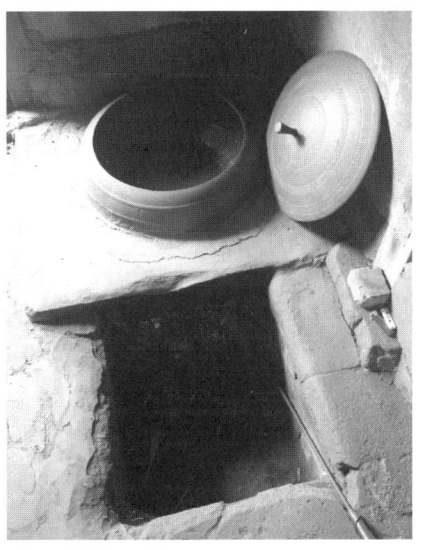

<그림 2.107> 조영애 씨의 장독대
뒤껼에 위치한 장독에는 낙낙한 어머니의 손맛
으로 만들어진 간장, 된장, 고추장들이 담겨 있
다. 자식들을 어루만지는 것처럼 날마다 장독대
를 닦는 어머니의 손길이 아름답다.
(2009년 6월 1일 직접촬영)

<그림 2.106> 조영애 씨 부엌
어머니들은 아궁이에 불을 지피면서, 솥에 밥을
하면서, 검게 그을린 벽을 닦으면서 마음에 쌓인
답답함을 풀어내었다고 한다. 조왕신에 의지해 마
음을 다스린 어머니들의 마음이 느껴지는 듯하다.
(2009년 6월 1일 직접 촬영)

황상제는 이 조왕신의 보고에 따라 가정에 화복을 내려주기 때문에, 할머니는
조왕신을 정성을 다해 모시고 있었다.

부엌에 조왕신이 모셔져 있기 때문에, 부뚜막에 걸터앉거나 발을 디디는 것은
금기였으며 아궁이에 불을 때면서 나쁜 말과 생각조차 하지 않았다고 한다. 음
식을 하는 장소이기 때문에 쉽게 더러워졌지만 항상 부엌을 깨끗하게 유지한
이유도 조왕신에게 정성을 다해야 하기 때문이라고 한다. 조왕신은 보통 조그마
한 오지그릇의 정화수이거나 한지와 함께 걸어둔 마른 명태, 제비집 모양의 대
(臺) 위에 올려놓은 조왕보시기에 모셔놓지만, 목지 할머니의 조왕신은 부뚜막
위, 가마솥 뒤에 위치한 조그마한 바가지에 담은 베 조각이 그 신체였다.

목지 할머니의 정성으로, 조왕신은 그동안 할머니의 가정을 군건하게 지켜주

었다. 50년 전 강화에서 검단으로 이사 온 목지 할머니는 맏아들을 잃은 후 남은 여섯 남매를 지키기 위해 조왕신을 모셨다고 한다. 할머니와 조왕신의 보살핌으로 여섯 남매는 무탈하게 자랐다고 한다. 할머니는 지금도 여섯 남매와 그들의 자녀, 그리고 할아버지의 건강과 행복을 조왕신에게 빌고 있다.

정월 대보름, 검단을 비추는 소망의 빛

1) 밝게 떠오른 보름달, 검단을 비추다

예로부터 음력 1월 15일 대보름에는 집집마다 약밥을 만들어 먹었고, 저녁에는 마을사람들이 모여 달맞이를 했다. 아이들은 바람개피, 실싸움 등을 즐겼고, 어른들은 다리밟기, 횃불싸움, 줄다리기 등을 했다. 온 마을이 축제의 장이었다.

2) 검단 주민들의 축제, 정월대보름을 맞이하다

검단 주민들에게 있어서 음력 정월대보름은 매년 기다려지는 날이다. 검단 전체 주민들이 즐길 수 있는 달맞이 축제가 있기 때문이다. 검단의 정월대보름 달맞이 행사는 검단 유도회에 의해 두 달 전부터 회의를 거쳐 탄탄히 준비된다. 장소선정에서부터 시작해서 문화공연 섭외, 검단 주민들에게 초청장을 보내고 홍보하는 활동까지 행사에 쓰이는 작은 돌멩이 하나에도 신중하게 준비된 결과

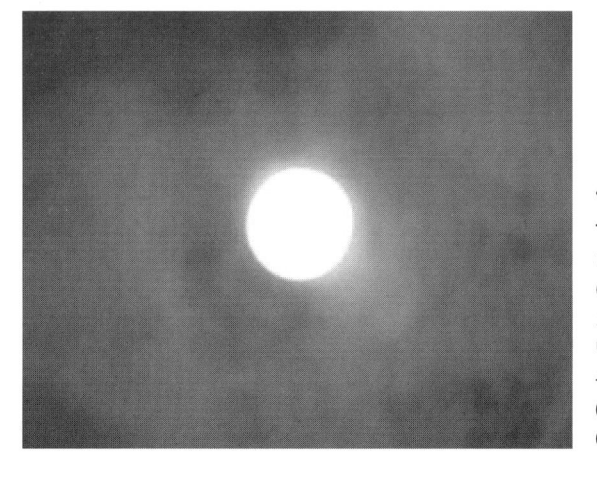

〈그림 2.108〉 높이 떠오른 정월 보름달
대보름은 음력을 사용하는 전통사회에서 각별한 의미를 지녔다. 농경을 기본으로 했던 우리 문화에서 보면, 달은 생생력(生生力)을 바탕으로 한 풍요로움의 상징이었던 것이다.
(http://photo.naver.com/view/2009033116224097340)

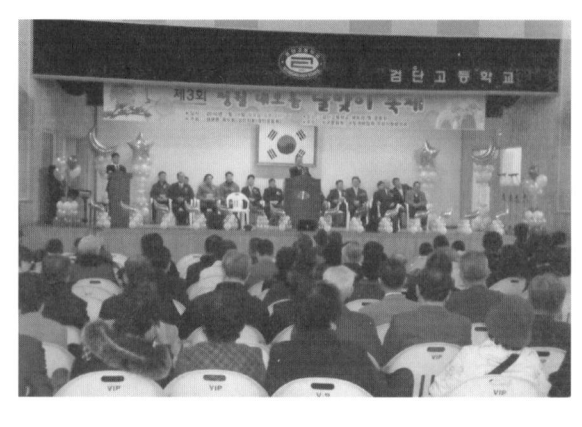

〈그림 2.109〉 제3회 정월 대보름 달맞이 축제 1부 행사

2010년 2월 28일 오후 2시 검단고등학교 체육관에는 검단일대의 주민들 300여 명이 모여 정월 대보름 달맞이행사에 참여했다.
(2010년 2월 28일 직접 촬영)

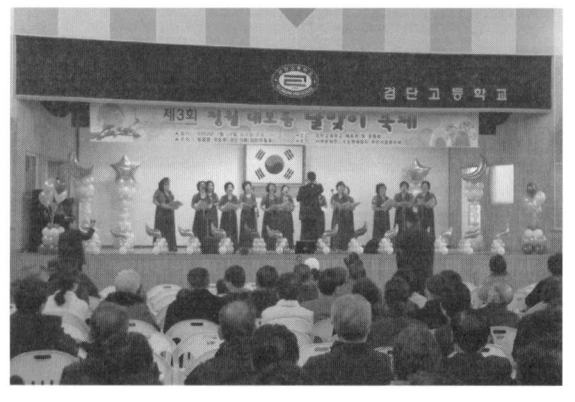

〈그림 2.110〉 제3회 정월 대보름 달맞이 축제 2부 행사

정월 대보름 달맞이 축제 2부 행사는 검단 주민들의 문화공연으로 이루어졌다. 사진 속의 여성분들은 불로어머니합창단에서 갈고 닦은 실력을 뽐내고 있다.
(2010년 2월 28일 직접 촬영)

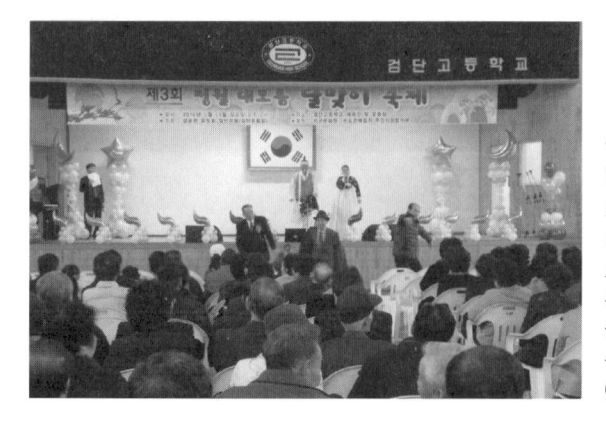

〈그림 2.111〉 제3회 정월 대보름 달맞이 축제 2부 행사

차석환(남, 69세) 씨와 문하생이 무대에 올라 흥겹고 아름다운 경서민요를 선보였다. 어깨춤이 절로 나오는 가락에 무대 앞에는 검단 어르신들이 나와 함께 즐기는 모습을 사진 속에서 찾아볼 수 있다.
(2010년 2월 28일 직접 촬영)

인 것이다.

이번 달맞이 행사 역시도 검단유도회의 주체적인 움직임으로 마련되었다. 검단유도회 부회장 조방삭(남, 69세) 씨는 작은 보름(음력 1월 14일)에 달집을 만들기 위해 종일 작업을 했다고 한다. 검단고등학교 운동장에 제법 큰 달집이 그 전날 오전 7시부터 오후 7시까지 하루 내내 만든 결과라고 하니 그 정성에 혀를 내두를 수밖에 없다. 검단지역 주민들의 희망의 불씨를 위한 노력이었다.

검단유도회 부회장 이종백(남, 64세) 씨는 달맞이행사를 준비하는 데 있어 가장 큰 애로사항은 예측불허의 날씨와 부족한 인력이라고 했다. 옛날 같아서는 마을 청년 모두가 행사를 준비하고 도왔는데, 요즘같이 바빠서야 젊은이들이 도울 시간이 없다고 한다. 하지만 매년 검단주민 300명 이상, 많을 때는 500명까지도 참여하는 큰 행사인 만큼 인력이 부족하다는 핑계로 허술하게 준비할 수 없다고. 이처럼 보이지 않는 노력이 검단 달맞이 축제를 검단의 대표적인 자치행사로 자리 잡게 했다.

3) 한마음 한뜻으로, 소원을 기도하다

예로부터 전해져 내려오는 정월대보름 달맞이 풍속을 재현하는 것은 여러 가지 의미가 있다. 바쁜 일상으로 과거를 뒤돌아볼 여유가 없는 후세들에게 축제라는 장을 통해 전통문화를 계승하고, 전통지역이 신도시화되어 감에 따라 소원해진 이웃 간의 정을 되찾는 계기를 제공하는 것이다. 검단지역 주민뿐 아니라 전체 서구민들까지 아우르는 화합과 소망의 문화축제가 될 수 있다.

검단 달맞이 행사의 보이지 않는 정성이 하나 더 있다. 바로 검단 여성유도회의 노력이다. 축제에서 빠질 수 없는 것이 '음식'이라고 한다면 검단 여성유도회는 달맞이 행사에서 가장 큰 역할을 한다고 볼 수 있다. 아직 겨울의 한기가 가시지 않은 날씨임에도 많은 사람들이 달집을 태울 때까지 즐기면서 기다릴

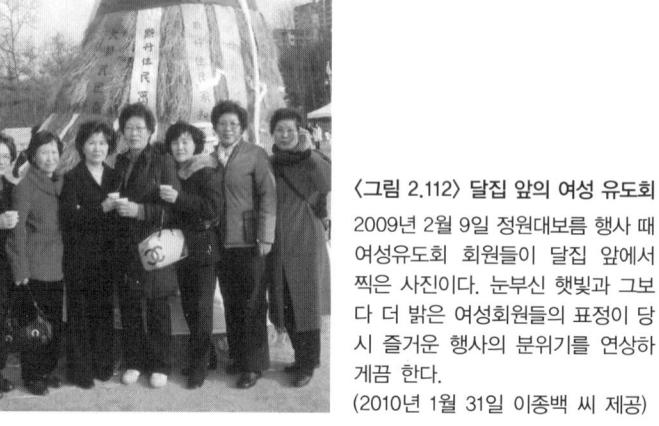

〈그림 2.112〉 달집 앞의 여성 유도회
2009년 2월 9일 정원대보름 행사 때
여성유도회 회원들이 달집 앞에서
찍은 사진이다. 눈부신 햇빛과 그보
다 더 밝은 여성회원들의 표정이 당
시 즐거운 행사의 분위기를 연상하
게끔 한다.
(2010년 1월 31일 이종백 씨 제공)

수 있는 이유는 검단 여성유도회의 정성이 담긴 따뜻하고 맛있는 떡과 차에 있
을 것이다.

4) 크게 타오른 횃불, 희망을 약속하다

"달집태우기는 어른들의 불놀이다." 본래 달집은 달이 막 떠오르는 순간에 불
을 붙여 태워야 하는데 달집에 먼저 불을 붙이기 위해 치열한 경쟁을 벌이기도
한다.

달집태우기에는 여러 가지 설이 있다. 맨 먼저 달집에 불을 지르면 총각들은
장가를 가고 아녀자들은 득남을 한다고 믿었으며, 달집의 불이 활활 잘 타고
연기가 많이 날수록 마을이 태평하고 풍년이 든다고 했다. 이처럼 달집태우기는
한 해 농사의 풍흉을 점치고 마을사람들의 안녕을 기원하는 세시풍속이지만,
현대 검단에 계승되고 있는 달집태우기는 검단 주민들의 화합과 축제의 장으로
서 모든 이들의 희망을 약속하는 상징적인 의미를 가진다.

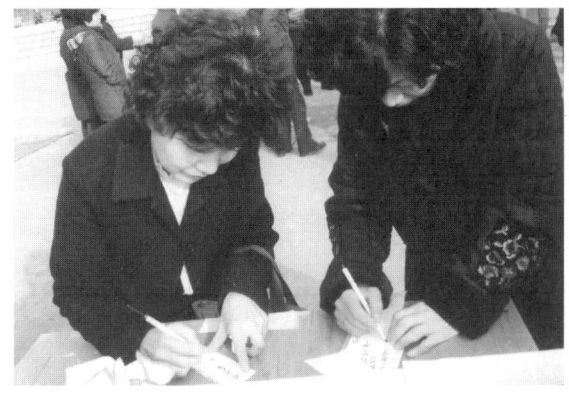

〈그림 2.113〉 소원 적기

당시 기억으로 2009년 정월 대보름 행사에는 검단 주민들 500여 명이 참가했다고 한다. 사진 속에서 달집에 엮을 소원을 정성스럽게 적고 있는 모습을 볼 수 있다.

(2010년 1월 31일 이종백 씨 제공)

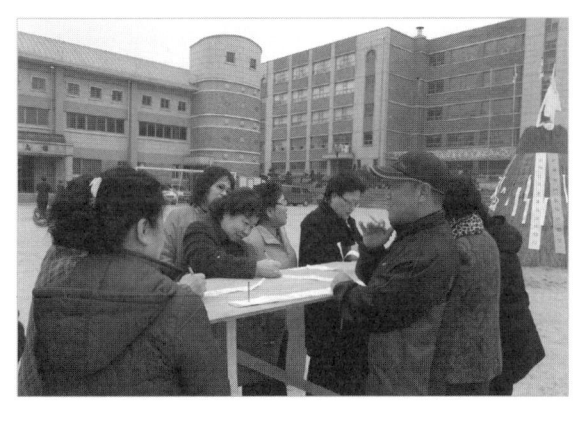

〈그림 2.114〉 소원 적기

'개발기원문작소'에 모인 검단 주민들이 반갑게 인사를 하고 있다. 소원을 적으면서 이웃의 기쁨, 아픔, 그리고 바람을 확인하고 서로를 위해 기도하는 마음은 예전에도, 그리고 지금도 아름답다.

(2010년 2월 28일 직접 촬영)

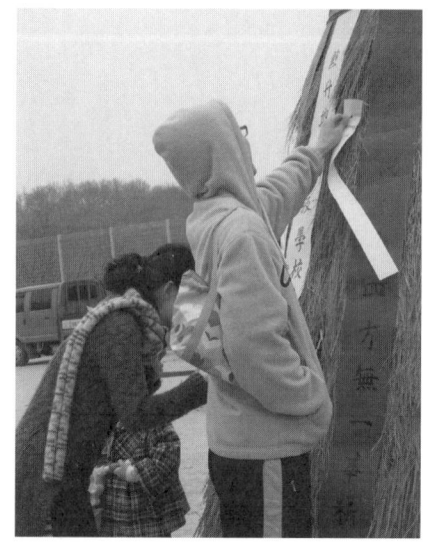

〈그림 2.115〉 달집에 소원 달기

꼬마 아가씨와 함께 검단 대보름 행사에 참가한 젊은 부부의 모습이다. 꽤나 추운 날씨로 목도리를 감고 두꺼운 외투를 입어야 했지만 달집에 소원을 매달고 있는 모습에 미소가 번진다.

(2010년 2월 28일 직접 촬영)

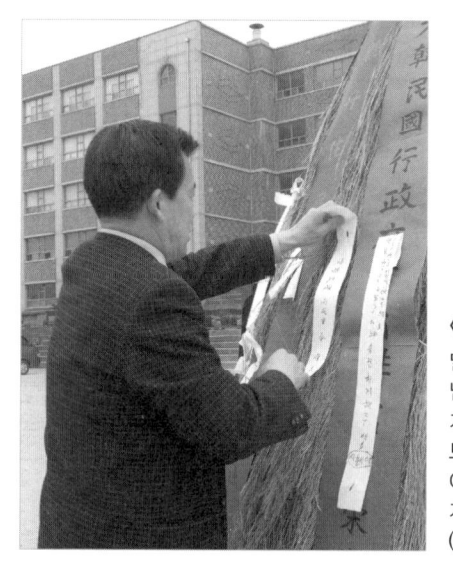

〈그림 2.116〉 달집에 소원 달기

말끔하게 양복을 차려 입은 중년의 남성이 달집에 소원종이를 조심스럽게 매달고 있다. 표정이 사뭇 진지해 보인다. 옆에 매달려 있는 소원종이에 "행복하고 부자 되고 아빠 승진하게 해주세요."라는 문구가 인상 깊다.

(2010년 2월 28일 직접 촬영)

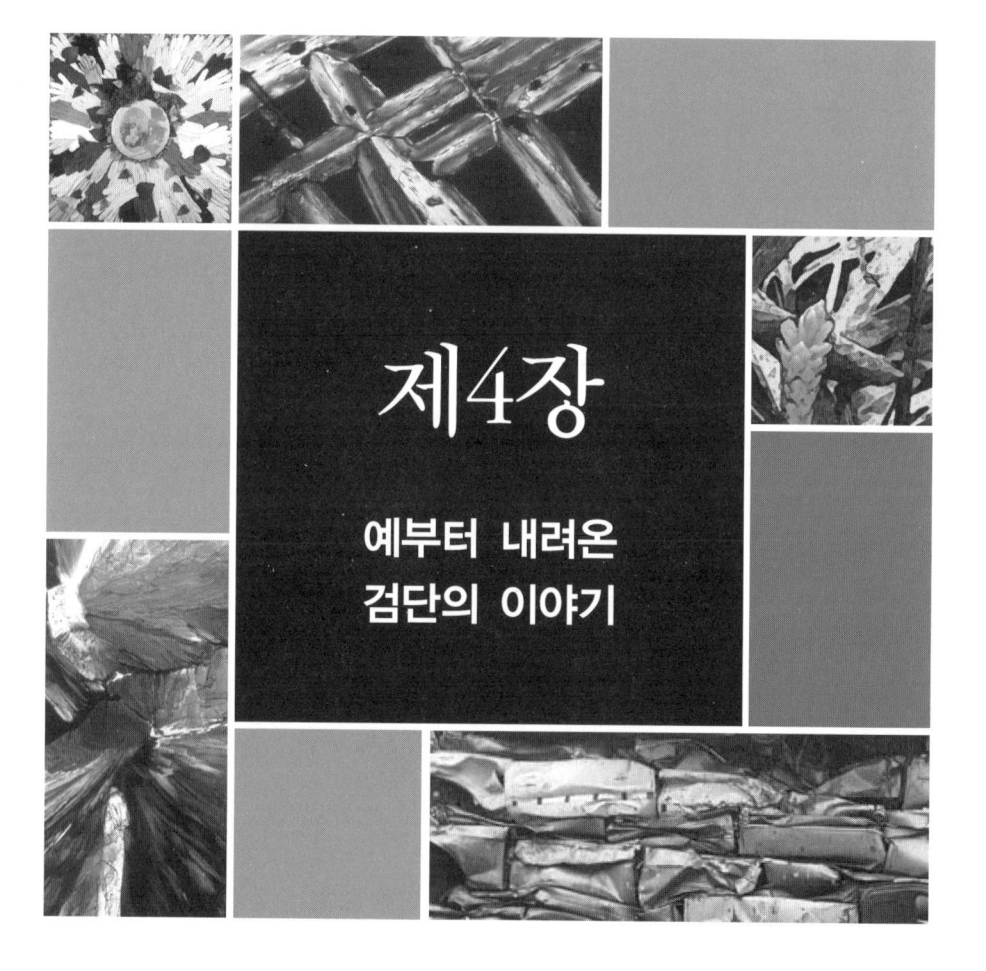

제4장

예부터 내려온
검단의 이야기

    검단지역에 오래전부터 사람들 사이에 입에서 입으로 전승되어 오는 이야기 속에는 조상들의 지혜가 깃들여 있다. 어릴 적에 할아버지로부터 들었던 새미있는 옛날이야기들은 마을의 내력이 되었고, 그 지역의 사람들에게 자긍심과 애향심을 갖게 하는 정신적이고 정서적인 구심점의 역할을 해왔다. 이는 향토애를 고취시키고 지역공간에 의미가 부여되며, 향토민들의 공동체적 삶에 미치는 영향이 크다는 점에서 중요한 의의를 갖는다고 할 수 있다. 검단에 오래전부터 전해 내려오는 이야기들은 검단의 지역성과 역사성을 갖는 향토의 이야기라는 측면에서 매우 소중한 것들이다. 본 장에서는 검단지역에 전해 내려오는 전설을 『김포군지』, 『김포군지명유래집』, 『인천 서구지역의 설화』, 『검단의 역사와 문화』와 지역 주민들을 인터뷰하고 채록하면서 발췌한 내용을 정리하여 이야기로 재구성하였다.

1) 검단 제일의 산, 가현산

인천광역시 서구 검단동과 김포시 양촌면 구래리의 경계를 이루고 있는 가현산은 검단의 제1봉으로 해발 215m를 자랑하는 검단에서 가장 높은 산이다. 이 산은 코끼리와 같은 형세로 상두산(象頭山)이라 불리는 검단을 대표하는 명산 중의 하나이다. 가현산은 코끼리를 닮았다고 하여 상두산(象頭山)이라 불렸고, 칡이 산세 가득 번성하여 갈현산(葛峴山)이라고도 불렸다.

2) 나무꾼의 형님이 된 호랑이

김포와 인천을 잇는 고갯길로 예부터 많은 사람들이 넘나들었던 가현산에는 재미있는 전설 하나가 전해지고 있다.

아주 먼 옛날 가현마을에는 노모와 처자식을 거느리고 어렵게 생활하는 나무꾼이 살았다. 하루하루 산에서 나무를 해다가 장에 팔아 연명하던 나무꾼은 그

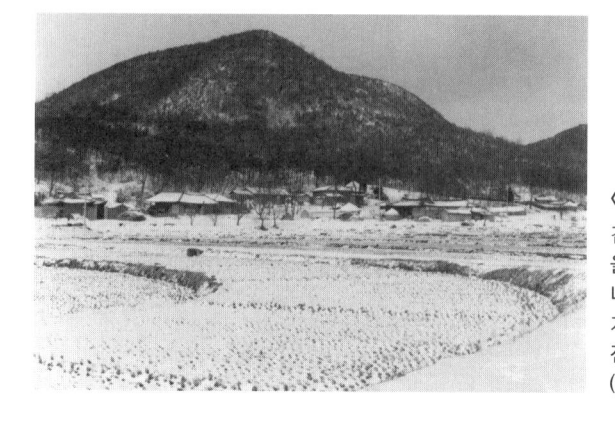

〈그림 2.117〉 가현산의 옛 모습
검단에서 가장 높은 가현산은 검단을 대표하는 명산 중의 하나이다. 동네 할아버지들은 그들의 할아버지에게 가현산 호랑이에 관한 이야기를 전해 들었다고 한다.
(2009년 4월 17일 신광균 씨 제공)

날도 여느 날과 같이 나무를 하러 가현산에 올랐다. 그런데 산 중턱쯤 다다랐을 때 갑자기 호랑이 한 마리가 튀어나와 나무꾼을 잡아먹으려 달려들었다. 너무 놀라 도망갈 생각도 못하던 나무꾼은 호랑이에게 물려가도 정신만 차리면 된다는 생각에 마음을 가다듬고, 재빨리 꾀를 내어 호랑이 앞에 엎드려 통곡을 하였다. 나무꾼의 갑작스런 행동에 영문을 몰라 잡아먹기를 머뭇거리는 호랑이에게 나무꾼은 이야기를 꾸며내기 시작했다. 이야기인즉슨, 어린 시절 어머니께서 이 산에 올랐다가 형님을 잃어버렸다는 것, 그리고 어머니께서 잃어버린 아들 때문에 무척이나 상심하셨다는 것, 그리고 자신은 상심한 어머니께 효를 다하고자 잃어버린 형님을 찾기 위해 산에서 나무하는 일을 시작했다는 것이었다. 그리고 그렇게 찾아다니던 자신의 형님이 바로 호랑이라는 이야기였다. 호랑이는 나무꾼의 이야기가 의심스러우면서도 너무나 애통하게 울며 자신을 형님이라 부르는 나무꾼의 모습에, 정말 자신이 그의 형님일지도 모른다고 생각하며 나무꾼을 살려주었다.

그 후로 호랑이는 초하루와 보름날에 나무꾼의 집 울타리 안에 돼지를 한 마리씩 잡아다 놓고 갔다. 나무꾼의 거짓말을 철석같이 믿고, 그동안 어머니께 효를 행하지 못했던 것을 대신하여 온 마음을 다해 정성으로 어머니를 봉양하기 시작하였다. 그렇게 몇 해가 흐르고 어머니가 돌아가시게 되자, 그 후로 나무꾼은 호랑이를 볼 수 없게 되었다. 그렇게 한참의 시간이 흐른 어느 날 나무꾼이 땔감을 마련하기 위하여 산속 깊이 들어가게 되었다.

날이 어두워 길을 헤매던 중 굴을 하나 발견하게 되어 가까이 가보니 굴 주위에 귀여운 새끼호랑이 세 마리가 꼬리에 베 헝겊을 매달고 있었다. 나무꾼이 새끼호랑이에게 그 연유를 묻자, 어머니께서는 할머니가 돌아가셨다는 이야기를 전해 듣고는 굴 안에 틀어박힌 채 식음을 전폐하고 울기만 하시다가 끝내 돌아가셨다고 답하였다. 이 말을 들은 나무꾼은 자신이 죽을까 봐 거짓으로 호랑이를 보고 형님이라고 한 것인데 호랑이가 그 말을 믿고 제 어머니께 효를 다한 것에 감탄하여 눈물을 흘렸다는 전설이 전해 내려오고 있다.

3) 가현산에 깃든 호랑이의 효심

가현산에 전해 내려오는 효를 다한 호랑이의 이야기는 재미난 전설에 불과할지도 모른다. 하지만 그 이야기에 담긴 효심은 사람들에게 회자되어 지금도 전해지고 있다. 짐승조차도 제 부모에게 도리를 다할진데 하물며 사람이라면 더더욱 부모님께 효를 다해야 하는 것이 당연한 일이 아니겠는가.

서해의 낙조가 드리워진 가현산은 붉은 노을빛이 곱게 물들어 아름다운 풍경을 선사한다. 하지만 가현산이 더욱 아름다워 보이는 것은 그 안에 한낱 짐승으로 태어났으나 제 어머니께 효를 다한 호랑이의 깊은 효심이 남아 있어서가 아닐까 생각해본다.

1) 장수의 마을 불로동

인천광역시 서구에는 불로동이라는 곳이 있다. 불로(不老)라는 마을 이름은 예전에 이 일대에서 불로초(不老草)가 발견되었다는 전설에서 유래되었다고 한다. 불로동이 불로장수의 마을로 유명해진 것은 마을에서 바로 보이는 만수산의 덕이 크다. 불로와 마산, 갈산부락을 끼고 위치해 있는 만수산은 예로부터 마두산으로도 불리었다. 해발 98m인 나지막한 만수산의 정상에서 만나는 불로동 일대는 천혜의 경관을 자랑하고 있다.

만수산은 예로부터 많은 전설을 낳은 명산으로도 유명한데 특히 불로장생을 가능하게 하는 많은 약초들이 자랐다고 한다. 만수산에서 캐낸 약초를 먹은 사람들은 장수를 했다는 이야기가 전해질 만큼 만수산의 명성이 대단했었다고 마

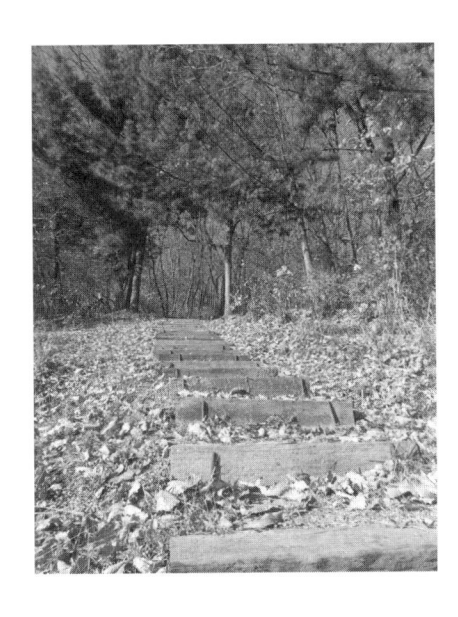

〈그림 2.118〉 만수산
그리 높은 산은 아니지만 천혜의 경관을 자랑하는 만수산, 산을 오르는 길목마다 붉게 타는 단풍 빛은 발길을 멈추게 한다.
(2009년 11월 18일 직접 촬영)

을사람들은 전한다. 이러한 전설 때문인지 만수산에 불로초가 있다는 소문이 퍼져서 불로초를 캐기 위해 각지에서 사람들이 몰려들었다고 한다.

2) 산신령이 감동한 정성

만수산에 얽힌 수많은 이야기들은 지금까지도 사람들의 입을 통해 전해져 내려오고 있다. 그중에서도 불로장생에 관한 전설이 가장 많이 전해져 오고 있는데, 그 대표적인 이야기가 바로 불로리 효자 문 씨와 불로리의 노부부 이야기이다.

불로리에 사는 문 씨는 마을에서도 알아주는 효자였다. 그는 나이 든 노부모를 모시고 산에서 나무를 해서 근근이 먹고 사는 가난한 나무꾼이었다. 없는 살림에도 부모를 극진히 섬겨서 마을에서 효자로 소문이 자자하였는데, 어느 날 그의 아버지가 원인을 알 수 없는 병에 걸려 자리에 눕고 말았다. 문 씨는 그런 아버지를 지극정성으로 보살폈으나 그의 노력이 무색하게도 아버지의 병세는 나날이 악화되어만 갔다. 그러던 어느 날 문 씨가 아버지를 돌보다가 깜빡 잠이 들었는데, 꿈에 산신령이 나타나 만수산에 올라가면 향나무 한 그루가 있는데, 그 아래 산삼이 있으니 그것을 가져다가 아버지께 달여 먹이라고 말했다. 잠에서 깬 문 씨는 혹시나 하는 마음에 만수산에 올라 향나무를 찾았더니, 과연 그 아래에는 산신령의 말처럼 산삼이 묻혀 있었다. 산삼을 먹은 문 씨의 아버지는 병을 털고 자리에서 일어나 전보다 더욱 건강해졌다. 마을사람들은 문 씨의 효심에 감동하여 만수산 산신령이 그에게 선물을 내려준 것이라며 만수산의 신령함에 칭송했다.

또 하나 만수산 산신령과 얽힌 이야기는 불로리의 어느 노부부와 관련된 이야기이다. 옛날 불로리에는 자식도 없이 서로를 의지하며 가난하게 사는 노부부가 있었는데, 힘든 살림에도 부부의 금슬이 매우 좋아 동네 사람들의 부러움을 샀다고 한다. 그러나 나이가 들고 노환으로 건강이 악화되면서 먹고 살 길이 막막

해진 노부부는 흙뿌리라도 캐먹으며 연명할까 싶어 부부가 함께 만수산에 올랐다. 늙고 지친 몸이 만수산의 험한 산세를 견디기 어려웠으나 부부는 서로를 도와가며 그렇게 한참을 산을 헤매었다. 그러다가 기력이 다하고 허기에 지쳐 쓰러지기 직전에 산의 토끼와 고라니가 풀을 뜯어 먹는 걸 보고 주린 배를 채우고자 그 풀을 가져다가 노부부가 사이좋게 나누어 먹었다. 혼자 먹기에도 턱없이 모자란 양이었지만 부부는 욕심을 부리지 않고 그렇게 풀을 나누어 먹었는데, 신기하게도 그렇게 고팠던 배의 허기가 금세 달래어졌다. 기력 없던 몸에도 힘이 나는 듯하여 노부부는 그렇게 만수산에서 내려와 집으로 돌아왔다. 다음날이 되자 여전히 몸에는 기운이 넘쳐났고 눈과 귀도 전해 비해 밝아진 노부부는 그 풀이 만수산의 영험한 약초라고 생각하고, 자신들이 그 풀을 발견하게 된 것이 만수산 산신령의 인도 덕분이라고 생각하며 만수산 산신령에 감사를 드렸다. 이후 노부부는 무병장수하며 오래도록 해로하였다고 한다.

3) 불로장생의 꿈, 만수산

불로동의 만수산은 과거 산신령이 살고 있어 산 안에 많은 산삼과 영험한 약초가 자라고 있다고 소문이 무성하였으나, 세월이 흐르면서 그러한 전설도 바래지고 그저 다른 산들과 다름없이 마을 동산으로, 주민들의 쉼터로서의 역할을 담당하고 있다.

그러나 불로동이라는 마을 이름이 말해주듯, 전설은 사라졌어도 불로장생의 꿈은 여전히 만수산 기슭에 녹아 있다. 묵묵히 불로동을 내려다보고 우뚝 솟은 만수산에 불로장생의 영약이 어딘가 숨어 있을지도 모를 일이다.

스님이 키운 지팡이, 은행나무: (대곡동) 두밀 은행나무

1) 두밀의 은행나무

예로부터 나무에 얽혀 전해지는 수많은 전설과 신화 때문일까. 우리는 오랜 세월 나무를 신성시해왔다. 특히 우리 주변 어디에서나 볼 수 있는 은행나무는 수백 년이라는 오랜 세월동안 사람과 가장 가까운 곳에 뿌리내리며 함께 해왔다. 상부상조하는 이웃처럼 은행나무는 오래전부터 우리 조상들의 보호 아래 자라고 조상들 역시 은행나무로부터 보호를 받으며 살아왔다.

검단 대곡동(大谷洞) 두밀(斗密) 마을에는 오래전부터 마을사람들이 신성시해온 은행나무가 있다. 크고 우람한 은행나무는 약 600여 년의 수령을 자랑한다. 마을사람들은 이 나무에 지성으로 정성을 다하면 복된 일이 생기고, 자손이 번성하며, 아픈 이는 병이 낫는 등 자연히 뜻하는 바가 이루어진다고 믿고 있다. 은행나무 뿌리에 마을의 기가 모아져 마을이 보호받고 있다고 생각하고 있었기에, 마을의 조그만 아이들조차도 이 나무를 발로 차거나 함부로 하는 경우는 없었다. 마을사람들은 누구나 할 것 없이 은행나무를 소중히 여기며 온갖 정성을 들여 보살피고 가꾸어 왔다.

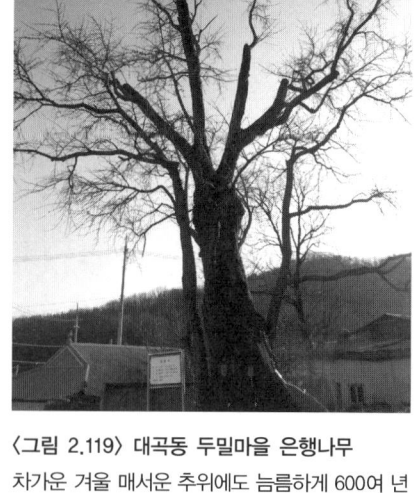

〈그림 2.119〉 대곡동 두밀마을 은행나무
차가운 겨울 매서운 추위에도 늠름하게 600여 년을 견디며 마을을 지켜오고 있는 대곡동 두밀의 은행나무
(2009년 12월 15일 직접 촬영)

2) 은행나무가 된 지팡이

이러한 두밀의 은행나무에는 마을사람들에게 입에서 입으로 전해져 내려오는 이야기가 있다.

아주 오랜 옛날, 두밀마을에 사는 사람들에게는 걱정거리가 하나 있었다. 그 것은 바로 땅이 너무 메말라 농사를 지을 수 없다는 것이었다. 이에 마을사람들 은 저수지를 만들고 물길을 터 논에 대어보기도 하고, 밤낮 정성을 다해 하늘에 기도를 드려보기도 하였으나 소용이 없었다. 그렇게 하루하루를 근심으로 지내 던 어느 날, 고승 한 분이 이 마을을 지나가게 되었다. 마을사람들은 스님의 범상치 않은 기운에 혹시나 하는 희망을 품고 스님께 마을의 걱정거리를 이야기 하며 해결할 수 있는 방안이 없겠느냐 도움을 청하였다. 마을사람들의 이야기를 다 듣고 난 스님은 한동안 말없이 가만히 눈을 감고 서 있었다. 그리고는 이내 마을사람들에게 아무 대답도 하지 않고 그저 가지고 있던 지팡이를 아랫말 가운 에 꽂고는 유유히 사라져 버렸다. 마을사람들은 해결책은 주지 않고 지팡이 하 나만 꽂고 사라져버린 스님의 행동이 어이없고 황당하다 못해 화가 났다. 그래 서 스님이 꽂아 놓고 간 지팡이를 뽑아버리려 하였으나 신기하게도 지팡이는 박힌 그 자리에서 한 치도 움직이지 않았다. 몇 번을 해도 꿈쩍 않는 지팡이를 보며 결국 할 수 없이 포기한 마을사람들은 모두 집으로 돌아갔다.

그렇게 몇 달이 지난 후, 마을에는 이제껏 사람들이 본적 없는 은행나무 한그 루가 돌연 자라 있었다. 하지만 마을사람 누구도 그 자리에 이렇게 커다란 은행 나무가 있었는지 알지 못했다. 마을에 돌연 등장한 커다란 은행나무에 마을사람 들은 어리둥절해 하고 있다가, 문득 이 자리가 몇 달 전 고승이 지팡이를 꽂았던 곳이라는 기억이 났다. 스님의 지팡이가 자라 은행나무가 되었다는 사실에 마을 사람들 모두 놀라며 고승이 과히 범상치 않은 사람이라고 생각했다. 그리고 이 기묘한 은행나무가 신성한 것이라고 생각되어 마을사람 모두가 정성으로 나무 를 보살폈다. 그렇게 마을사람들의 보살핌 아래 무럭무럭 자란 은행나무는 그

뿌리가 먼 곳의 물길을 당겨와 메마른 마을의 논밭을 기름진 땅으로 바꾸어 주었다. 그 덕분에 마을의 매해 농사는 풍년이었고, 마을사람들은 그 덕에 윤택한 삶을 꾸려갈 수 있었다. 이 모두가 은행나무의 덕분이라고 생각한 마을사람들은 더더욱 은행나무를 신성시하였다.

두밀 은행나무는 예전과 다름없이 논밭으로 둘러싸인 마을의 중심에 우뚝 서 있다. 여름이면 농사일에 바쁜 마을사람들에게 시원한 그늘을 제공해주고, 가을이면 너른 황금빛 들판 가운데 서서 제 모습도 노랗게 물들이고 서서 마을사람들을 굽어보는 듯하다. 지금도 풍요롭기로 소문난 대곡동 두밀마을은 굳게 뿌리를 내리고 있는 은행나무가 여전히 그 신성함을 발휘하고 있기 때문인지도 모른다.

구슬을 빼앗긴 여우의 한: 여우재고개 전설

1) 여우재고개

우리나라에는 어디를 가더라도 여시골 혹은 엽시골이라하여, 여우고개라 불리는 고개들이 많이 있다. 예전에는 그만큼 인적이 드물고 산세가 험하여 여우의 출몰이 심했기 때문이 아니었을까 하는 생각이 든다.

김포 감정동에서 인천 검단 방면으로 넘어가는 길에는 고개가 하나 있다. 사람들은 이 고개를 여우재고개라 불렀다. 지금은 산과 아파트로 둘러싸여 아스팔트 도로가 고개 위를 덮고 있지만, 제법 가파른 고갯길이 예전에 험난했던 산세를 미루어 짐작하게 한다. 아마 옛날 이곳에도 여우가 자주 출몰해서 여우재고개라는 이름이 붙어진 것이 아닌가 싶다.

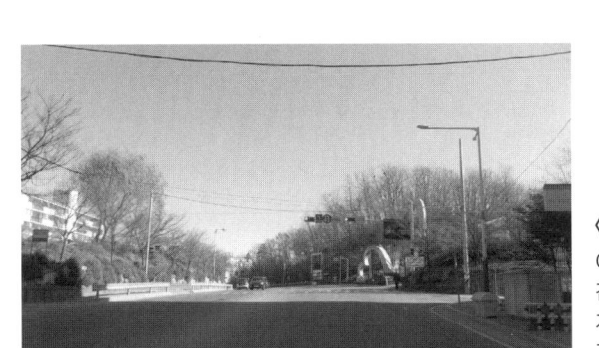

〈그림 2.121〉 여우재고개
여우재고개는 김포 감정동과 인천 검단 사이에 위치한 높고도 좁은 고개였다. 하지만 그 옆으로 넓은 도로가 완공되면서 흙길이었던 여우재고개는 잊혀가고 있다.
(2009년 11월 18일 직접 촬영)

2) 인간을 사랑하게 된 여우, 여우재고개의 전설

이와 같은 추측을 뒷받침해주기라도 하는 듯 인천 검단의 여우재고개에는 여우에 얽힌 몇 가지의 민담과 전설이 전해진다. 그중에 검단 사람들에게 가장 많이 회자되는 것은 조헌과 괴호(怪狐)에 얽힌 전설이다.

지금의 김포읍 감정리에는 '조'씨 성을 가진 '헌'이란 젊은이가 살고 있었다. 그는 매일 고개를 넘어 서당으로 공부를 하러 갔다. 하루는 여느 때처럼 고개를 넘어 서당에 가던 조헌의 앞에 예쁜 처자가 나타났다. 이 험산 산중 고갯길에 웬 처자인가 싶어 의아해하고 있는 조헌에게 불쑥 다가선 처자가 그에게 입을 맞추었다. 그리고는 그에 입 속으로 구슬 하나를 집어넣었다가 곧 다시 빼앗아 가는 것이었다. 갑작스럽게 벌어진 일에 황당함을 감출 수 없었던 조헌이 넋을 놓고 있는 사이, 처자는 나타났던 때와 마찬가지로 순식간에 눈앞에서 사라졌다. 그리고 그런 일이 며칠간을 계속되었다.

그러던 어느 날 조헌의 스승이 조헌의 안색이 점점 나빠지는 것을 보고, 혹시 서당으로 오는 길에 기이한 일을 겪지 않았냐고 물었다. 스승의 물음에 조헌은 제가 고갯길을 넘어올 때 만났던 처자의 기이한 경험을 이야기하였다. 조헌의 이야기를 들은 스승은 잠시 생각을 하더니 조헌에게 다음번에도 처자가 그의 앞에 나타나면 그녀의 구슬을 빼앗아 오라고 말했다. 그리고 다음 날 고갯길을 넘는 조헌 앞에 어김없이 처자가 나타났다. 그리고 평소와 같이 조헌에게 입술을 맞대고는 입 안으로 구슬을 들여보냈다. 그 순간을 기다렸던 조헌은 구슬이 제 입에 들어오자마자 입을 꾹 다물었다. 놀란 처자가 서둘러 조헌의 입 속에서 구슬을 빼내려고 하였으나, 조헌은 입을 굳게 다물고 버텼다. 그렇게 실랑이를 하는 도중에 조헌은 실수로 입에 물고 있던 구슬을 꿀꺽 삼켜버렸고, 그 순간 눈앞에 있던 처자는 사라지고 그 자리에는 대신 하얀 여우 한 마리가 남아 있었다. 어찌된 영문인지 몰라 어리둥절해 하는 조헌을 한없이 원망 어린 눈길로 쏘아보던 흰 여우는 그대로 몸을 돌려 숲으로 달려갔다.

곧바로 서당으로 달려간 조헌은 스승에게 있었던 일을 그대로 고하고 어찌된 영문인지를 물었다. 스승은 원래 그 처자는 사람이 아닌 여우로 사내의 양기(陽氣)를 빼앗아 정기(精氣)를 뭉쳐 구슬로 만들었던 것이라 설명하였다. 그래서 여우의 정기가 깃든 구슬을 삼킨 조헌이 천문(天文)은 알지 못하되, 풍수지리(風水地理)에는 능하게 될 것이라 하였다.

조헌이 바로 임진왜란 때 의병의 선봉장으로 왜군과 맞서 싸우다 칠백의 의병들과 함께 순국(殉國)한 중봉 조헌 선생이다. 그는 여우의 구슬을 삼켰다는 전설에서와 같이 풍수지리에 능하였다고 전해진다.

조헌이 서당으로 글공부를 하러 가는 길에 넘나들던 고개는 조헌과 여우의 전설로 인해 여우재고개로 불리게 되었는지, 아니면 원래 여우가 많이 출현하여 여우재고개라 불리게 되었는지 여우재고개 명칭의 정확한 유래는 확인된 바 없다. 그러나 과거 조헌이 넘나들던 산세가 험한 고갯길은 도시화로 인해 주변에 아파트가 들어서고 고개를 가로지르는 도로가 생기면서 일대가 공원으로 조성되었다. 하지만 여전히 그곳은 여우재고개라는 이름으로 불리고 있다.

세월은 흐르고 풍경은 변하고 조헌에게 구슬을 빼앗기고 사라진 여우의 한은 고개의 전설로 남았지만, 여우재고개라는 이름만은 오랜 세월 변치 않고 남아, 고개를 넘는 사람들에게 여우재고개의 전설을 떠올리게 한다.

하늘에 이르는 길, 하누재고개: 하누재고개 전설

1) 여래마을 제일고개, 하누재

인천 서구 검단의 마전동 여래마을은 서로 맞닿아 있는 큰 짝산과 작은 짝산, 그리고 맞은편의 안산으로 둘러싸여 있다. 여래마을 사람들은 작은 짝산에서 큰 짝산으로 이어지는 높은 고갯길을 가리켜 하누재고개라고 불렀다. 옛날 여래 마을에서 태정마을로 가기 위해 작은 짝산을 넘을 때면 반드시 이 하누재고개를 거쳐가야만 했다.

하누재라는 고개 이름은 '크고 높은 고개'라는 뜻에서 이름 지었다고 마을사람들 사이에게 전해지고 있지만, 정확한 명칭의 유래는 알려진 바가 없다. 아마도 여래마을 주변의 고개 가운데에서 이 하누재고개가 가장 높고 험준하여 이와 같은 이름이 붙여진 것이 아닐까 추측해본다.

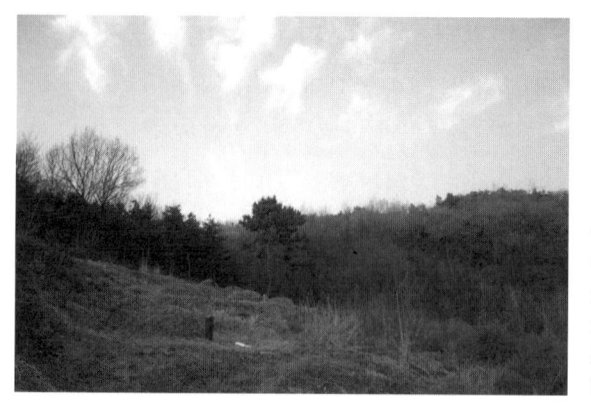

〈그림 2.122〉 하누재고개
인천 검단 마전동에서 대곡동으로 가는 길에 하누재고개가 있다. 이 고개에 얽힌 수많은 이야기들이 지금도 살아 숨쉬는 듯하다.
(2009년 4월 11일 직접 촬영)

2) 태산이 높다하되 하늘 아래 뫼이로다

중국에 유명한 명산 가운데 하나인 태산(泰山)에 얽힌 유명한 속담 중에, '태산이 높다하되 하늘 아래 뫼이로다.'라는 말이 있다. 너른 평지 한가운데 우뚝 솟은 태산은 마치 하늘과 맞닿아 있는 듯 보였으나, 막상 힘들게 태산 위를 오르고 보니 하늘은 태산보다 더 높은 곳에 있었다라는 이야기에서 유래된 속담이다.

여래마을은 산을 끼고 평지가 발달한 곳에 위치한 마을이다. 여래마을에서 가장 가까운 곳에 위치한 제일 높은 산은 짝산이다. 큰 짝산은 어깨를 나란히 하고 있는 큰 짝산과 작은 짝산으로 나뉜다. 작은 짝산의 고갯길인 하누재고개는 여래마을에서 가장 높은 곳에 위치한 고갯길이었다.

옛날 여래마을에 살던 한 선비는 높게 솟은 짝산을 바라보며 저 산의 꼭대기는 분명 하늘과 맞닿아 있을 것이라 늘 생각하였다. 마을에는 짝산에 하늘로 가는 고갯길이라 불리는 고개가 하나 있었는데, 언뜻 보기에도 높은 고갯길은 정말 그 끝이 하늘과 이어져 있는 듯하였다. 늘 하늘에 떠 있는 구름을 한번제 손으로 만져보고 싶었던 선비는 저 고개에 오르면 분명 하늘의 구름을 만질 수 있을 것이라 생각했다. 그리하여 어느 날 선비는 굳게 마음먹고 고갯길을 오르기 시작하였다. 매일 사랑채에 앉아 글공부만 하던 선비에게 산행은 쉽지 않았다. 선비는 가쁜 숨을 헐떡이며 고갯길의 오르막을 열심히 올랐다.

그리고 드디어 오르막의 정상에 도착한 선비는 부푼 기대를 안고 하늘로 손을 뻗었다. 그러나 여전히 그의 손끝과 구름 사이의 거리는 요원(遙遠)하기만 했다. 제 집 사랑채 앞마당에서 손을 뻗었을 때와 마찬가지로 여래마을에서 가장 높은 짝산 고갯길 정상에서 손을 뻗었을 때에도 선비는 결코 구름을 만질 수 없었다. 크게 실망한 선비는 그 길로 발걸음을 돌려 집으로 돌아왔다. 제가 오를 때에는 그토록 높디높은 고갯길이었지만, 그 끝이 하늘에 닿아 있지는 않다는 사실에 크게 실망한 선비는, 선현의 말씀에 '태산이 높다하되 하늘 아래 뫼'라는 의미를 깊게 깨닫게 되었다.

비록 하늘에 닿아 있지는 않았지만, 하늘에 닿을 듯 높은 그 고개는 여래마을 사람들에게 하누재고개라고 불렸다. 옛날 여래마을 사람들이 생각했던 것처럼 하누재고개가 여래마을과 하늘을 잇는 통로는 아니었지만, 여래마을과 태정마을을 잇는 고개로써 그 역할을 톡톡히 하였다.

지금도 검단초등학교 뒤편에 위치한 짝산에는 하누재고개라 불리는 길이 남아 있다. 하누재고개에 오르면 검단 여래마을의 전경이 한눈에 들어온다. 하누재고개에 오른다고 하여 하늘에 닿을 수는 없겠지만, 여래마을을 발 아래에 두고 펼쳐지는 절경은 고개를 오르는 사람들의 노고에 충분한 보상이 되고도 남음이다.

제3부

지역문화 스토리텔링의 실제: 검단의 기억과 이야기의 재구성

김영순 · 박한준 · 오영훈 · 정미강 · 배현주
임지혜 · 오세경 · 윤희진 · 최정화 · 조영철

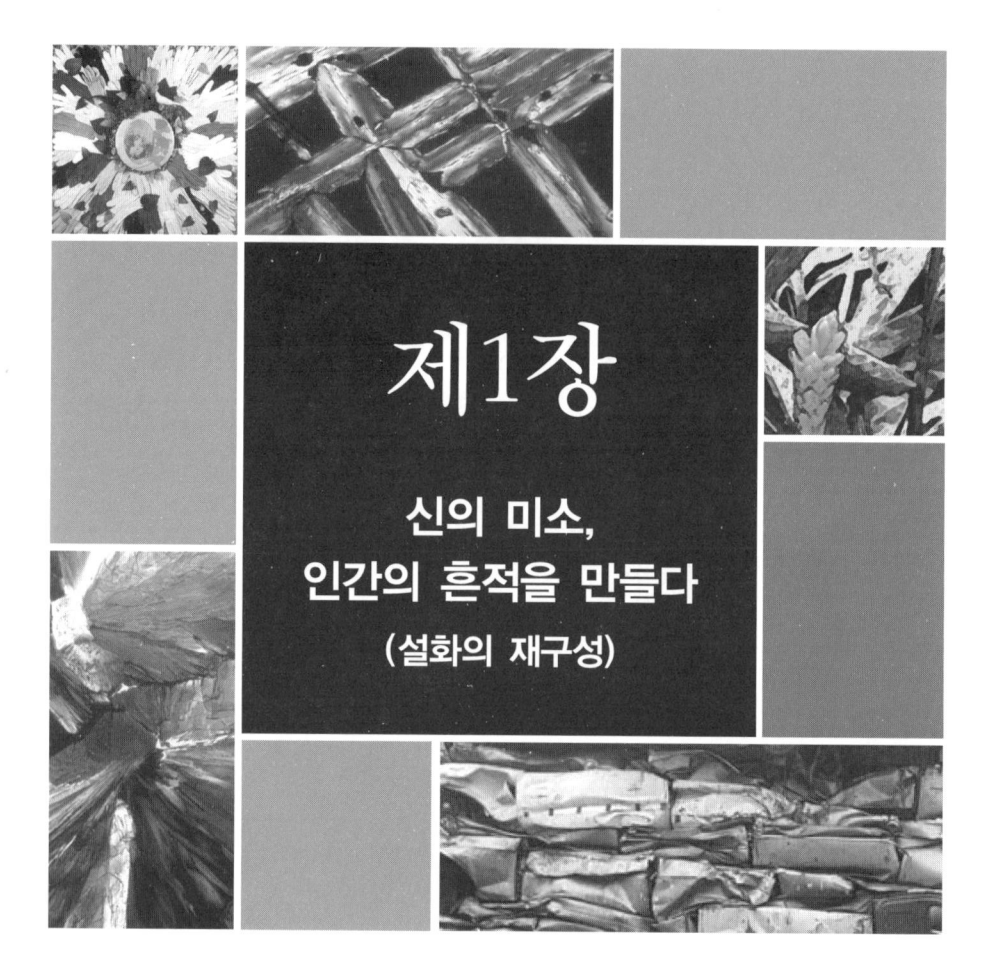

제1장

신의 미소,
인간의 흔적을 만들다
(설화의 재구성)

놋그릇이 묻힌 연못 이야기

검단지역을 다스리는 현감이 여러 마을을 시찰하기 위해 마을을 돌아다니던 중 효자동네로 소문이 나 있던 여래(如來)마을에 당도했다. 현감이 여래마을에 도착하자마자 마을의 촌장은 현감에게 달려가 '까치와 비둘기 떼로 인해 논농사와 밭농사를 망쳤다'고 하소연하였다. 이 마을의 안산은 숲이 울창하여 산에 까치와 비둘기들이 떼를 지어 살고 있었다. 현감은 이 문제를 해결하기 위해 여래마을에서 묵고 가기로 결정하였다.

그날 밤 현감이 이 문제에 대해서 곰곰이 생각에 잠기던 중 깜박 잠이 들었다.

"탁탁탁탁탁…… 나무아미타불……."

현감은 고요히 퍼져오는 목탁 소리에 잠이 깨었다. 마당으로 내려가니 허름한 노승이 목탁을 두드리며 중얼대고 있었다.

"마을을 구하시려고 하십니까. 마을사람들의 힘으로 종을 만들면 마을의 시름이 사라질 것입니다."

"그게 무슨 말이오."

현감은 노승에게 좀 더 물어보려고 했지만 어느덧 노승의 모습은 홀연히 사라져버렸다.

다음 날 아침 현감은 포졸들에게 종을 만들기 위해 마을사람들이 사용하는 놋그릇을 모으라고 명령했다. 그러나 모아진 놋그릇만으로 종을 만들기에는 턱없이 부족했다. 현감은 궁리한 끝에 강제로라도 놋그릇을 모아서 종을 만들려는 계획을 세웠다. 하지만 포졸 중의 한 사람이 이 사실을 마을의 촌장에게 알렸다. 예부터 효(孝)마을로 불리던 여래마을의 촌장은 고심한 끝에 마을사람들을 모아서 제사에 사용하는 놋으로 만든 제기를 제외한 나머지 놋그릇만 주자고 하였다. 그래서 이 놋으로 만든 제기를 한 청년에게 아무도 모르게 숨겨놓으라고 지시하였다. 이 청년은 마을의 우물 옆에 큰 구멍이 있는 것을 발견하고, 그곳에

놋으로 된 제기를 숨겨놓았다.

현감은 마을을 뒤져 놋으로 된 모든 그릇들을 강제로 모았지만, 그것으로도 종을 만들기에는 턱없이 부족했다. 현감은 어쩔 수 없이 모인 놋그릇을 이용하여 종을 만들었지만, 꿈속에서 노인이 말한 크기의 종은 아니었다.

얼마 후 종을 만들어 제대로 된 소리가 나도록 고사를 지내는 날, 놋그릇을 숨겨놓았던 그 청년은 어머님의 병환이 귀까지 들리지 않을 정도로 악화되어 약이 필요했다. 그래서 그는 숨겨놓았던 제기(祭器)를 팔아 어머니의 약값을 마련하기 위해 우물에 갔다. 갑자기 날씨가 어두워지더니 비바람이 몰아치면서 천둥소리와 함께 번개가 내리치기 시작하였다. 놋으로 된 제기에 청년의 손이 닿자마자 조그마한 종소리가 울리면서 벼락이 제기로 내리쳤다. 그러자 청년은 벼락으로 인해 죽게 되고, 조그마하게 들리던 종소리가 갑자기 커지기 시작하였다.

'어머니…… 어머니…….'

이제는 더 이상 사람이 아닌 청년의 목소리가 마을의 푸르른 새벽 공기에 떠돌았다.

"아들아, 내 아들아. 어디 있느냐."

짙은 병색으로 소리를 듣지 못한 지 오래된 어머니였지만 어디선가 들려오는 아들의 목소리만큼은 어머니의 귀를 지나 가슴으로 파고들었다. 어머니의 병환을 위해 조상을 모시던 그릇에 손을 댄 청년. 하늘은 괘씸하기도 했지만 어머니를 위한 효심이었다는 것을 안 하늘은 청년의 효심에 감동하여 어머니의 병환을 고쳐주었다.

그리고 그날 이후, 마을에선 까치와 비둘기 역시 보이지 않았다. 마을사람들은 이 청년의 영혼이 종으로 들어가 종소리를 울림으로써 마을의 농사를 해치던 까치와 비둘기를 쫓아주었다고 생각했다.

일제 강점기 때 일본군이 이 이야기를 믿고, 군수물자가 부족할 때 연못을 찾아 연못의 물을 다 퍼내서 놋그릇을 꺼내고 흙으로 덮었다고 한다. 그래서 지금은 그 연못의 흔적이 오간데 없이 사라져 버렸지만, 연못의 터가 어디인지

는 아직도 사람들이 기억하고 있다고 한다. 이 이야기는 검단지역의 여래마을에서 지금도 구전으로 전해지고 있다.

참고자료 —————————

김포군(1995). 『김포군지명유래집』. 김포군.
박한준(2009). 『검단의 역사와 문화』. 인천서구문화원향토문화연구소.
2009년 5월 6일 김현옥(남, 64세, 마전1동 주민), 이준용(남, 48세, 마전2동 통장) 씨 인터뷰 내용
참조.

관련 이미지 —————————

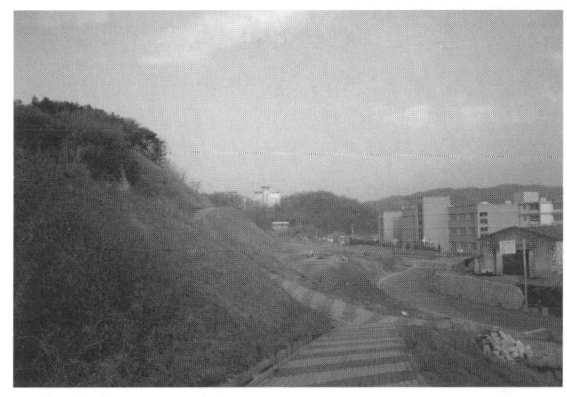

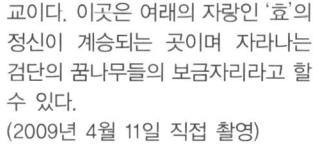

〈그림 3.1〉 마전동 하누재고개에서 바라본 여래 간뎃말

여래마을 간뎃말에 위치해 있는 검단초등학교는 현재 검단에 살고 있는 대부분의 향토민들이 졸업한 학교이다. 이곳은 여래의 자랑인 '효'의 정신이 계승되는 곳이며 자라나는 검단의 꿈나무들의 보금자리라고 할 수 있다.
(2009년 4월 11일 직접 촬영)

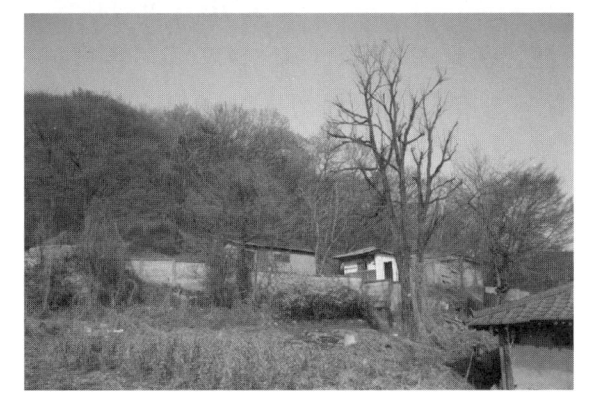

〈그림 3.2〉 마전동 여래 삼죽나무

여래마을 하누재고개를 올라가는 길에 아주 오래된 고목을 한 그루 발견할 수 있다. 그것의 수령은 근처에 있는 검단초등학교 사옥 만큼이라고 하니 족히 80년은 넘었을 것으로 추정된다.
(2009년 4월 17일 직접 촬영)

　예부터 가현부락 양촌말 장산 아래에 연못이 하나 있었다는 이야기가 여러 문헌을 통해 전해 내려오고 있다. 아래의 이야기는 문헌을 토대로 꾸며진 이야기임을 밝혀둔다.

　어느 해 온 나라에 극심한 가뭄이 들어 강물이 완전히 메마르고, 사람들은 굶주림에 시달리다 죽어갔다. 임금은 가장 아끼고 신뢰하던 풍수지리에 능한 지관*을 불러 해결책을 구하라고 하였다. 그러나 지관은 해결책은 있지만 방법이 없다는 말만 되풀이할 뿐 도통 말을 하지 않았다. 이에 화가 난 임금은 지관을 다시는 보기 싫다며 관직을 파하고 궁에서 내쫓아버렸다. 궁에서 쫓겨난 지관은 무엇인가 찾아 헤매는 사람처럼 이 산 저 산을 계속해서 돌아다녔고, 그런 모습을 본 사람들은 임금께 버림받은 충격으로 정신이 나가서 저런다며 불쌍하게 생각하였다. 얼마나 지났을까. 오랜 시간을 헤매던 지관이 어느 연못 앞에 다다르자 걸음을 멈추고 눈물만 흘리는 것이었다. 하루, 이틀이 흘러도 그 눈물을 멈출 줄 모르자 보다 못한 마을사람이 이유를 물었다. 묵묵부답으로 있던 지관은 사람들의 성화에 이기지 못해 입을 열었다.

　아주 먼 옛날, 가현동 장산에 지진이 일어나게 되었고, 지진이 지나간 후 장산 아래에 연못이 생기게 되었다. 특히 여름이 되면 그 연못에는 곱디고운 연꽃들이 만발하고, 넓은 푸른 잎과 연분홍빛 탐스런 꽃들이 어우러지는 게 여간 아름다운 것이 아니었다. 그러던 어느 해 연못에 기이한 일이 벌어졌다. 첫눈이 내려 연못 위에 하얀 눈이 소복이 쌓일 때까지 연꽃 하나가 지

*지관(地官)
풍수설에 따라 집터나 묏자리 따위의 좋고 나쁨을 가려내는 사람을 말한다.

지 않는 것이었다. 그 크기 또한 얼마나 컸던지 연꽃의 둘레는 어른 10명이 손잡고 감싸도 부족할 성노녀, 그 향 또한 어찌나 그윽한지 향기는 마을 아래까지 퍼졌다. 그윽한 향기에 사로잡힌 마을사람들은 향기의 근원을 찾아 연못까지 다다르게 되었고 거대한 연꽃을 보자 놀라움을 금할 수 없게 되었다. 미시가 되면 꽃잎을 활짝 열었다가 해질녘인 유시가 되면 꽃잎을 닫는 이 연꽃의 자태가 얼마나 신기하고 아름답던지, 마을사람들은 매일 이곳을 찾게 되었고 시간이 얼마 지나지 않아 금시에 소문이 퍼져 이웃마을 사람들까지 연꽃을 보러 장사진을 이루게 되었다.

연못 주변 멀지않은 곳에 이 마을의 정신적 지주인 안동 김씨(安東 金氏) 일가가 살고 있었다. 마을사람들은 이 기이한 현상에 대해 궁금해하고 신기해하면서 김씨 일가를 방문하느라 매일매일 문전성시를 이루게 되었다. 가문에서 학식과 재주가 가장 뛰어난 현선은 상황이 기묘하게 돌아가는 것을 느꼈다. 그리고 예로부터 전해 내려오던 고문서들을 살펴본 끝에 실마리를 잡게 되었는데, 그 내용을 보고 경악을 금치 못했다. 책에는 이렇게 기록되어 있었다.

"용이 되고 싶었던 이무기가 용서받지 못할 큰 잘못을 하여 하늘의 벌을 받고 물속에 갇혀 살게 되었다. 이무기는 용이 되어 하늘로 올라가기 위해 3년 동안 물속에서 인내한 끝에 하늘을 감동시키고 승천할 기회를 얻게 되었다. 그것은 승천하기 전 백일 동안 물 위에서 온 마음과 정성을 다해 빌어야 되는 것이었다. 다만 그 누구에게도 모습을 보여서도 안 되며, 용으로 승천하는 날 그에 버금가는 재앙을 마을에서 대신 치러야 된다는 조건이었다. 너무나 용이 되고 싶었던 이무기는 아주 커다란 연꽃 속에 몸을 감추고 물 위로 떠올랐다. 한 달이 지나자 이무기는 배가 고파 참을 수가 없었다. 연꽃 밖을 나갈 수도 없었던 이무기는 연꽃잎을 활짝 피워 사람들을 유혹하기 시작하였다. 커다란 꽃잎이 움직이자 신기해진 사람들은 꽃 안으로 꿀도 주고, 먹을 것도 던져주었다. 그렇게 백일을 지낸 이무기는 승천하기 위해 몸을 꿈틀거리기 시작했다. 거대한 몸이 움직이자 연못의 물이 범람하기 시작하였고, 승천 직전 거대한 용으로 바뀐 이무기는 그

동안 머물렀던 연못을 맴돌기 시작했다. 그러나 그 기세가 어찌나 대단한지 땅은 흔들리고 소용돌이치던 연못의 물은 계속해서 마을로 흘러……."

떨리는 마음으로 마지막 책장을 넘겼지만, 내용이 찢겨 있어 더 이상 읽어내려갈 수가 없었다. 상황이 생각보다 심각하고 급박해졌다는 것을 직감한 현선은 마을사람들을 불러 모으고 정황을 설명하기 시작하였다. 여러 이야기를 나눈 끝에 독을 넣어 만든 찹쌀경단을 연꽃 안으로 넣자는 의견으로 모아졌다. 마을 사람들은 거대한 연꽃 속에 던질 경단을 다함께 만든 후 무녀를 앞세워 연못으로 올라가기 시작했다. 연못 어귀에 다다르자 천신께 제를 올리고 다함께 연꽃 속으로 경단을 던진 뒤, 마을로 다시 돌아왔다. 이런 사실을 모르고 있던 연꽃 속의 이무기는 달콤한 냄새에 빠져 허겁지겁 경단을 먹기 시작하였다. 잠시 후 목이 타들어 가는 고통에 속았다는 생각이 번쩍 들었지만 쫀득쫀득한 찹쌀이 목에 걸려 뱉어낼 수가 없었다. 화가 난 이무기가 온몸을 움직이기 시작한 순간 연못에서는 거대한 검붉은 물결이 솟구치고 이무기의 포효에 천지가 요동치면서 비바람과 천둥번개에 온 마을사람들은 두려움에 떨게 되었다. 이무기가 요동칠 때마다 독은 온몸에 더 빠르고 더 깊숙이 번져갔다. 이무기는 죽어가면서 마을에 저주를 퍼붓기 시작하였다. "용이 하늘로 승천하기 전까지 이 마을에는 계속해서 대재앙이 내릴 것이다. 장산 연못의 물이 마르는 날 용이 하늘로 승천하게 될 것이다"라고 말하면서 죽게 되었다. 이무기가 죽자 마을은 다시 평온해지고 사람들은 일상으로 돌아왔다.

그러나 그것도 잠시, 얼마 지나지 않아 마을사람들이 하나둘씩 시름시름 앓다가 죽어가기 시작했다. 아무도 병의 원인을 알지 못하자 사람들은 이무기의 저주가 원인이며, 현실로 나타나고 있다며 두려움에 휩싸였다. 현선은 함께 제를 올렸던 무녀를 찾아가 해결책을 물었다. 하지만 무녀는 돌아가라는 말만 되풀이할 뿐 사람들의 병을 낫게 할 그 어떤 말도 해주지 않았다. 몇 날, 며칠을 현선이 찾아오자 무녀는 하는 수 없이 대답을 해주었다. 이 모든 일을 해결할 수 있는

방법은 이무기의 한을 풀고 원을 달래는 것으로 젊은 남자의 생명을 재물로 받쳐야 한다는 것이었다. 그렇게 된다면 마을의 재앙은 사라지게 될 것이며, 고귀한 희생은 이 세상에 이로움을 안겨주게 되고 영원히 편안한 안식처로 돌아가 잠들게 될 것이라고 말하였다. 여러 날 고민한 끝에 현선은 재물로 받쳐지기로 결심을 하였다. 온 마을사람들은 하염없이 눈물만 흘릴 뿐 아무 말도 하지 못하였다. 그리하여 마을에는 다시 평안이 찾아오게 되었고, 사람들의 입에서 입으로 전해지던 현선의 이야기는 세월이 흘러 사람들의 기억 속에 잊히게 되었다.

여기까지 이야기를 마친 지관은 지금이 바로 현선이 영원한 안식처로 돌아갈 때라고 말하며 연못을 향해 절을 한 후, 물끄러미 연못을 바라보다가 사라졌다. 극심한 가뭄에 장산의 연못도 물이 메마르기 시작하였고 한 방울의 물도 남지 않게 되자 갑자기 땅이 흔들리기 시작하면서 그 속에 갇혀 있던 용이 하늘로 승천하였다. 연못 주변을 맴돌던 용은 마을로 내려와 다시 서너 번 맴돌더니 눈물 한 방울을 흘리고 하늘로 올라가버렸다. 마을사람들은 그 용은 필시 현선일 것이라 말하며 연못 주변으로 하나 둘씩 모여들기 시작하였다. 그리고 누가 먼저라 말할 것도 없이 마을사람들은 현선의 넋을 달래며 눈물을 흘리기 시작하였다. 마을사람들의 눈물 한 방울 한 방울이 연못에 모이게 되자 연못의 물은 삽시간에 가득 차게 되었으며 퍼내고 또 퍼내도 물은 계속해서 차올랐다. 이로써 마을뿐만 아니라 온 나라가 가뭄에서 벗어날 수 있게 되었다.

이 소식은 온 나라에 빠르게 퍼지게 되었고, 임금에게도 전해지게 되었다. 임금은 자신의 어리석음을 깨닫고 지관에게 명예와 부를 하사하였다. 그리고 현선은 의인으로 추앙하고 안동 김씨 가문이 대대손손 영화를 누릴 수 있게 명하였다.

이것이 장산의 연못에 얽힌 전설이며, 지금도 가현부락 양촌말 장산 아래에는 안동 김씨의 후손들이 살고 있다고 한다.

참고자료 ───────────

김포군(1995). 『김포군지명유래집』. 김포군.

박한준(2009). 『검단의 역사와 문화』. 인천서구문화원향토문화연구소.

2009년 4월 17일 김현옥(남, 64세, 마전1동 주민), 윤오식(남, 54세, 마전1동 통장), 이준용(남, 48
　　세, 마전2동 통장) 씨 인터뷰 내용 참조.

관련 이미지 ───────────

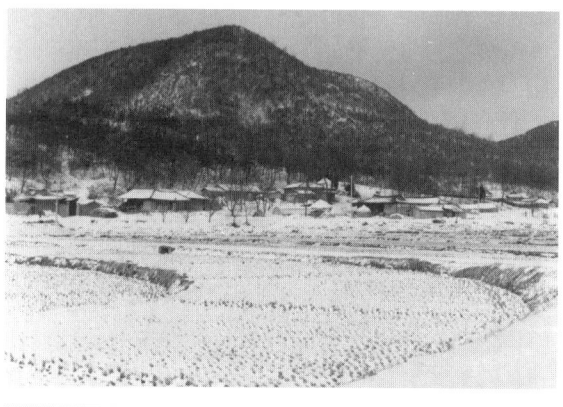

〈그림 3.3〉 마전동 가현마을 옛 모습

검단은 현재 신도시로 개발 중인 공간이지만 불과 10년 전만 하더라도 고층 건물을 찾아보기 힘든 곳이었다. 이 사진에서 가현산을 배경으로 눈이 소복이 쌓인 가현마을의 풍경을 감상할 수 있다.

(2009년 4월 18일 신광균 씨 제공)

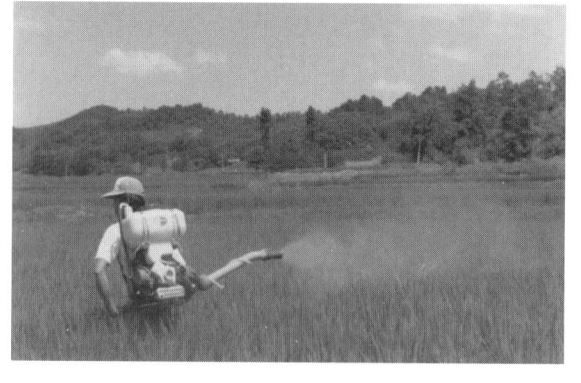

〈그림 3.4〉 마전동 가현마을의 농사

사진에서 신광균 씨는 농약작업을 하고 있다. 옛날 우리네 부모님들이 농사일을 하실 때를 떠오르게 한다. 사진에서 푸른 논과 저 멀리 우거진 나무숲, 드높은 하늘이 그대로 정지된 듯 아름다운 검단의 자연환경을 엿볼 수 있다.

(2009년 4월 18일 신광균 씨 제공)

좌동호수의 전설

　오류동의 봉화촌과 금곡동의 좌동, 양촌면의 대포동 황포마을과 향동 일대는 광대한 무논지대가 펼쳐져 있다. 예전에는 이곳이 황포방죽을 쌓기 전까지는 담수호였다고 하며, 이에 얽힌 전설이 전해 내려오고 있다.

　옛날 좌동마을에 한 농부가 살고 있었다. 농부는 소를 한 마리 키우고 있었는데, 소와 밭일과 논일을 함께하고 일이 끝나면 산으로 들로 다녔다. 여느 때와 다름없이 농부는 소와 밭으로 일을 하러 나갔다. 일을 하던 농부는 때마침 점심 때가 되어 바람을 쏘일 겸 호숫가에 소를 매어 놓고 점심을 먹었다. 그런데 가만히 매어 놓았던 소가 눈 깜짝할 사이에 사라져 버렸다. 일도 하고 잠도 자고 기쁘나 슬프나 언제나 함께 있던 소가 없어지자 가슴이 미어지듯이 슬픈 농부는 밤낮으로 밥도 먹지 않고 잠도 자지 않고 호숫가 주변을 샅샅이 찾아 헤맸지만 결국 소를 찾을 수가 없었다.

　허망한 마음에 한참을 넋 놓고 서 있다가 나흘 만에 마을로 내려왔다. 마을로 돌아온 농부는 자신이 겪은 일을 마을 노인들에게 이야기하였다. 그러자 노인들은 각자 자신의 경험담을 말하기 시작했다. 옛날에도 호숫가에서 소가 없어진 적이 있었다는 노인, 호수에 소를 먹는 괴물이 살고 있다는 노인, 심지어는 소가 괴물에게 잡히지 않기 위해 풀을 잡고 버티는 것을 보았다는 노인까지 일순간 여기저기서 술렁거리기 시작하였다.

　한참 시간이 흘러 점점 이 일화가 사람들의 기억 속에서 사라질 무렵, 어느 해에 큰 가뭄이 들어 사람들이 그 호수의 물을 퍼다 쓰게 되어 호수의 물이 마르게 되었다. 호수의 바닥이 드러나자 커다란 굴이 보였다. 그 크기가 얼마나 컸던지 사람이 만들어 놓았다고 믿기 어려울 정도로 거대한 굴이었다. 마을의 노인들이 말하기를 하늘과 땅이 갈라지던 시절에 이 호수 한가운데에 이빨이 한 자나 되는 이무기가 살고 있다고 하였다. 어떤 노인은 이는 필시 이무기가 살던

굴이 맞을 것이라고 하였다. 다른 노인은 이 굴이 바다 가운데 박혀 있는 복숭아 섬까지 이어졌을 것이라 말했다. 이렇게 호수 바닥에 있는 굴의 정체는 점점 미궁 속으로 빠져들었다.

이런 전설이 전해진 후로 동네사람들은 호숫가 인근에 소나 노를 매지 않았고 가까이 가지도 않았다고 한다.

참고자료 ────────────

김포군(1995). 『김포군지명유래집』. 김포군.
박한준(2009). 『검단의 역사와 문화』. 인천서구문화원향토문화연구소.
2009년 11월 12일 장상진(남, 74세, 마전동 주민; 전 오류동 주민) 씨 인터뷰 내용 참조.

관련 이미지 ────────────

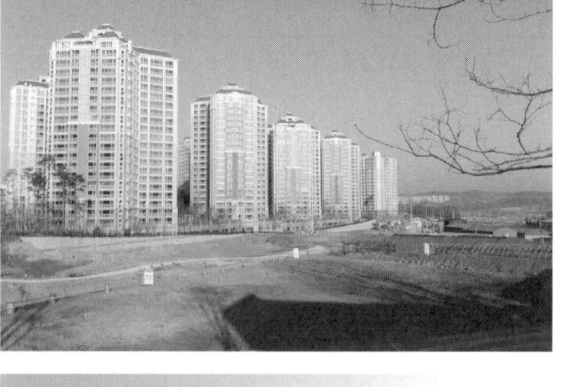

〈그림 3.5〉 오류동의 현재 모습(오류동 765번지)
오류동은 예전에 오동나무 숲이 많았으며, 그 옆에 버드나무 한 그루가 서있어 이 나무이름을 따라서 '오류리'(梧柳里)라 하였다고 한다. 또 마을 북쪽 넓은 갯벌에 오리가 많이 앉으므로 '오리골'(오리울)이라고 했다는 설도 있다. 현재 이곳은 백석산 동남쪽 마을로 도시구획정리사업이 진행 중이다.
(2011년 2월 21일 직접 촬영)

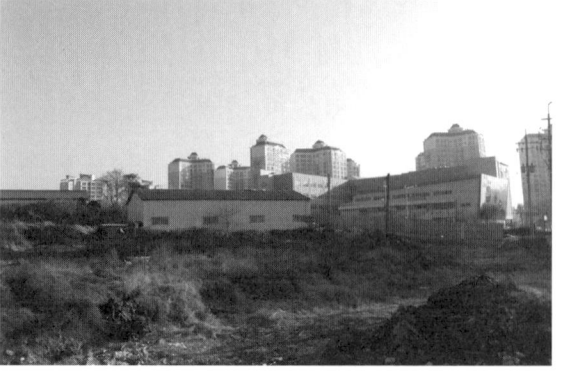

〈그림 3.6〉 개발 중인 오류동 대촌 일대(단봉초등학교)
다른 부락보다 큰 집들이 많아 큰 마을을 이루었다고 하여 '대촌'(大村)이라고 불렸다. 사진의 학교는 1955년 개교한 '단봉초등학교'로 현재 증축공사가 완료된 상태이다. 전설에 의하면 이곳은 명당자리라고 하는데 낮은 언덕을 뒤로 하고 좌우로 낮은 능선이 뻗어 있는 아늑한 지형을 가지고 있었기 때문인 것으로 추정된다.
(2011년 2월 11일 직접 촬영)

두밀 분틀메의 전설

검단에는 재미있고 특이한 지명이 많이 있다. 그중에 하나가 두밀부락 중앙에 위치하고 있는 '분틀메'라는 산이다. 『김포군지명유래집』에 의하면 '분틀메'는 까마득한 옛날 천지가 창조될 때 이 산이 지금의 인천광역시 계양구 계산동에 위치해 있는 명산 안암산(계양산) 자리를 차지하려 했다. 그런데 자리를 빼앗겨 현재의 자리에 눌러앉게 되었고, 그것이 분하다하여 '분통메'라 부르던 것이 현재 '분틀메'로 변했다고 전해온다. 이에 대한 이야기를 자세히 들어보고자 한다.

아주 오랜 옛날 지금의 두밀지역에 큰 가뭄이 들게 되었다. 가뭄을 벗어날 수 없었던 마을사람들은 비가 내리기만을 날마다 빌었다. 한편 같은 시각 두밀부락 중앙에 위치한 산에는 두 명의 선인(仙人)이 바둑을 두고 있었다. 그 둘은 바둑에 어찌나 푹 빠져 있었는지, 세상이 어떻게 돌아가는지도 모르고 있었다. 한참이 지나 화국(和局)으로 마무리한 두 선인이 주변을 둘러보고 나서야 심각한 상황을 알아차리게 되었다. 가뭄으로 인해 마을의 땅은 메마르고 갈라지게 되었고, 마을사람들이 비가 내리도록 하늘에 비는 모습을 보았다. 두 선인은 두밀부락 사람들을 구해야겠다고 결정하게 되었다.

오래도록 비가 내리지 않은 것을 이상하게 여긴 두 선인은 그 연유가 무엇인지 찾아보기 시작하였다. 시간이 조금 흐른 뒤 그 이유를 알아낸 선인은 깜짝 놀라고 말았는데, 바로 두 선인 때문에 가뭄이 들게 되었던 것이다. 사실인즉슨 이러했다. 두 선인이 신선놀음인 바둑을 두고 있을 때, 한 선인이 연달아 몇 번을 지게 되었다. 지고 있던 선인은 겉으로는 괜찮다며 바둑을 두자고 했지만, 은근히 마음이 좋지 않았다. 한 판, 두 판…… 계속해서 바둑을 지게 된 선인은 화가 나게 되었는데, 그 화가 선인이 살고 있던 산에 쌓이게 되었던 것이다. 그런데 공교롭게도 그 산이 두밀부락 중앙에 위치하고 있었던 것으로, 산에 화(火)가 쌓이게 되면서 기후가 건조해지고, 비도 내리지 않게 되었던 것이다. 선인

들은 자신들의 행동이 마을에 큰 화를 입히게 될 줄은 전혀 생각지 못했던 터라 당황을 했으며, 마을사람들에게 너무 미안한 마음이 들었다. 두 선인은 이 문제에 대해 해결방법을 찾기 위해 고심했다.

그 산의 화를 식히기 위해서는 영기(靈氣)가 필요했다. 신령스런 기운만이 산의 열을 잠재울 수 있었는데, 다행스럽게도 그곳에서 얼마 떨어지지 않은 곳에 영기가 서려 있는 분틀메가 위치해 있었다. 천년만년 천지의 영기를 흡수하던 분틀메는 보통산이 아니었으며, 이 산만이 활화산의 불을 끌 수 있었다. 그래서 두 선인은 분틀메를 두밀부락 중앙으로 옮기고 분틀메가 있던 그 자리에 안암산을 앉히게 되었다. 그 후 산의 화는 가라앉았고, 마을도 조금씩 안정을 되찾게 되었다. 그러나 처음부터 분틀메는 안암산의 자리가 탐이 났기 때문에 현재의 자리에 눌러앉게 된 것이 분하다 하여 '분통메'라 부르게 되었고, 그것이 '분틀메'로 변한 것이라는 이야기가 전해 내려온다.

산의 자리가 바뀐 후에 마을사람들은 분틀메에 기도를 하면 이루어진다고 하여 많은 사람들이 이 산을 찾아와 빌기도 했다. 그래서 분틀메는 빌터뫼로 보아 '빌다'의 어간 '빌'(축: 祝)과 '터'(기: 基), '뫼'(산: 山)의 복합어로, 하늘에 제사지내는 단(壇)이 있는 산이란 의미를 갖고 있기도 하다.

참고자료 ───────

김포군(1995). 『김포군지명유래집』. 김포군.
박한준(2009). 『검단의 역사와 문화』. 인천서구문화원향토문화연구소.
2009년 7월 6일 박봉서(남, 63세, 대곡동 두밀마을 주민) 씨 인터뷰 내용 참조.
2009년 11월 12일 박한준(남, 53세, 서구문화원 원장) 씨 인터뷰 내용 참조.

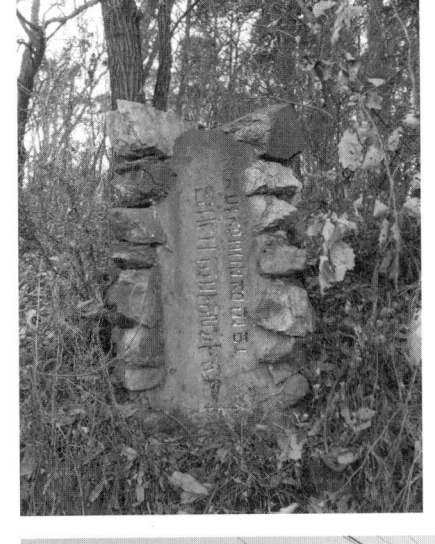

〈그림 3.7〉 대곡동 두밀부락 지표석
대곡동 황곡마을에서 두밀마을로 넘어가는 길 가장자리에 "경기도김포군검단면 대곡二리두밀부락"이라고 새겨져 있는 지표석을 발견할 수 있다. 특이하게도 지표석의 테두리에는 돌덩어리들이 박혀 있는데 나쁜 기운을 물리치는 상징적인 의미가 있다고 한다.
(2009년 12월 29일 직접 촬영)

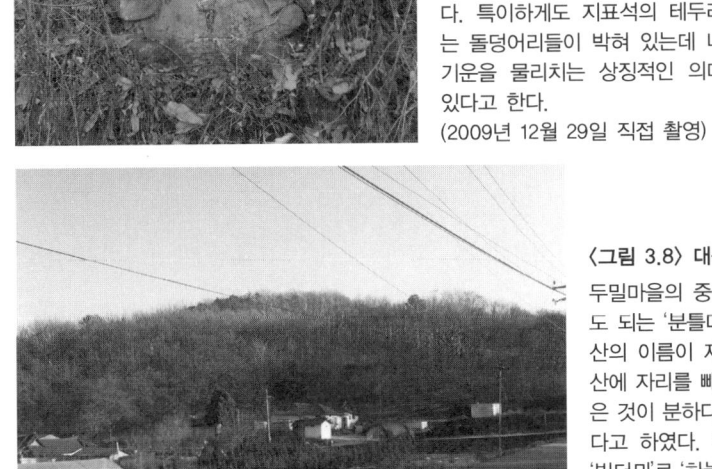

〈그림 3.8〉 대곡동 분틀메
두밀마을의 중앙에는 해발 75m 정도 되는 '분틀메'라는 산이 있다. 그 산의 이름이 재미있어 혹자는 안암산에 자리를 빼앗겨 이곳에 터를 잡은 것이 분하다고 하여 분틀메라 한다고 하였다. 전문가들은 분틀메를 '빌터뫼'로 '하늘에 제사하는 단이 있는 산'의 의미로 해석하고 있다.
(2009년 12월 29일 직접 촬영)

김포지역은 옛날부터 산세가 높고 숲이 울창해 소문난 산들이 많이 있는 곳으로 유명 하다. 특히 가현산(歌絃山), 봉성산(鳳城山), 문수산(文殊山), 계양산(桂陽山)은 김포를 대표하는 산들이다. 김포지역을 대표하는 이 산들은 그 오랜 시간만큼이나 많은 전설에 둘러싸여 있다. 다음은 이 산들을 껴안은 전설 중 하나이다.

하늘에는 하느님이 있고 인간 세상에는 왕이 있듯이 바다에도 바다를 다스리는 신이 있었다. 바다 깊숙한 곳에서 살며 바다를 통치하던 바다 신의 아들 가현(歌絃)은 언제나 바다 밖의 다른 세계를 동경하며 살았다. 가현은 많은 세계 중에서도 특히 인간 세상에 대한 호기심이 컸다. 바다와 하늘은 똑같은 신계(神界)인 것에 비해, 인계(人界)는 그 신계의 신들이 창조해낸 미숙한 존재들이었기 때문이다. 하지만 가현은 오히려 인간들의 그런 미숙함에 더 흥미를 가지고 있었기 때문에 그들이 사는 세상을 경험해보고 싶었다. 결국 그는 인간 세상을 돌아보기로 결심하였다. 가현의 아버지이자 바다의 신이었던 가류는 그런 아들을 염려하여 만류하였지만, 가현이 단호하게 자신의 뜻을 굽히지 않자 마지못해 허락하였다. 하지만 아들이 걱정되었던 그는 조건을 달고 승낙해주었다. 그 조건이란 자신이 뽑은 세 명과 무조건 동행해야 한다는 것이었다. 그 세 명의 이름은 봉성, 문수 그리고 계양이었다. 가현은 처음에는 귀찮은 혹을 세 명이나 달고 가는 것이 마음에 들지 않았지만, 아버지가 한 발 물러섰기 때문에 자신도 양보해야만 했다. 무엇보다 그는 한시바삐 인간 세상에 나가기를 원했기 때문에 더 이상 아버지와 논쟁으로 인한 시간낭비는 하지 않기로 하였다.

드디어 인간의 몸으로 변장해서 인계로 나오게 된 가현과 봉성, 문수, 계양은 전국 방방곡곡을 둘러보며 돌아다녔다. 그러던 중 그들은 금포(金浦), 즉 오늘날 김포라고 불리는 지역에 이르게 되었다. 하지만 하필이면 그때, 금포에는 무서

운 전염병이 돌고 있었다. 얼마나 사상자가 많았던지 마을사람들을 묻을 땅조차 부족한 터였다. 비록 신이지만, 인간의 몸을 갖게 된 가현과 그의 동행들도 이 전염병을 피할 수가 없었다. 전국을 돌아다니면서 전염병 환자들이 마을에서 어떤 대우를 받았는지 몸소 경험했던 그들이다. 전염병은 평범한 병이 아니라, 자신의 가족, 이웃, 그리고 나아가 한 마을을 몰살시킬 수 있는 것이기 때문에 그것을 방지하기 위해 전염병 판정을 받은 환자는 마을 십리 밖에서 불태워지는 것을 그들은 알고 있었다. 자신들도 그런 최후를 맞게 될 것이라고 한탄을 하던 중, 마을의 한 여인이 그들을 불쌍히 여겨 자신의 집에서 그들을 정성스럽게 치료해주었다. 그녀는 자신의 가족 모두가 전염병 때문에 마을 밖에서 불 태워지는 것을 지켜보아야만 했던 가련한 여인이었다. 또다시 그런 광경을 보고 싶지 않았던 그녀는 동네사람들의 눈을 피해 자신의 집 헛간에서 그들을 보살펴주었다.

약초에 해박한 지식을 가지고 있었던 그녀 덕분에 목숨을 건지게 된 가현, 봉성, 문수 그리고 계양은 이 여인의 정성과 보살핌에 크게 감동하여 소원 한 가지를 들어주겠다는 약조를 하였다. 이 말과 느껴지는 분위기로 이들이 범상한 사람들이 아니라는 것을 알게 된 여인은 황송해하며 그들 앞에 엎드려 이렇게 말하였다.

"제게 소원이 있다면 그것은 단 한 가지, 저희 마을에 앞으로 제 가족들과 같이 병 때문에 고생하거나 죽는 사람이 없었으면 좋겠다는 것이옵니다."

여인의 무욕(無慾)에 다시 한 번 감동한 그들은 흔쾌히 그 소원을 들어줌과 동시에 마을사람들의 장수 또한 보장해주었다. 그들은 각자가 가진 재능으로 신력이 담긴 큰 봉우리를 하나씩 세워 금포를 빙 둘러싸도록 하였다. 그리고 자신들의 이름을 따서 각각의 봉우리들의 이름을 붙였다. 네 명의 신력이 이 봉우리들에게 들어가 마을사람들이 무병장수(無病長壽)할 수 있도록 해주었다. 그리고 가현은 자신을 살려준 여인과 사랑에 빠져 백년가약(百年佳約)을 맺은 후 금포에서 남은 평생을 살았다고 한다.

김포지역에서 전해 내려오는 이야기로는 그들이 인계에서의 삶을 마친 후 부인은 남편을 따라 바다의 신이 되어 지금까지 함께 바다를 다스리고 있다고 한다.

참고자료 ————————

김포군(1995). 『김포군지명유래집』. 김포군.
박한준(2009). 『검단의 역사와 문화』. 인천서구문화원향토문화연구소.
2009년 4월 11일 김현옥(남, 64세, 마전1동 주민), 윤오식(남, 54세, 마전1동 통장) 씨 인터뷰 내용
　　참조.

관련 이미지 ————————

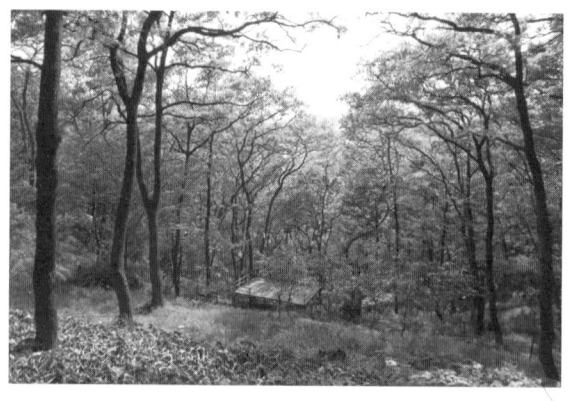

〈그림 3.9〉 마전동 가현산
가현산은 예로부터 검단 사람들에게는 마을을 보호해주는 신성한 산이었다. 검단동과 김포시 양계면의 경계에 위치해 있는데, 워낙 산세가 아름답고 좋아서 김포의 『금릉군지』(金陵郡誌)에도 '가현산 낙조'(歌絃山落照)를 노래한 시가 전해진다. (2009년 1월 14일 직접 촬영)

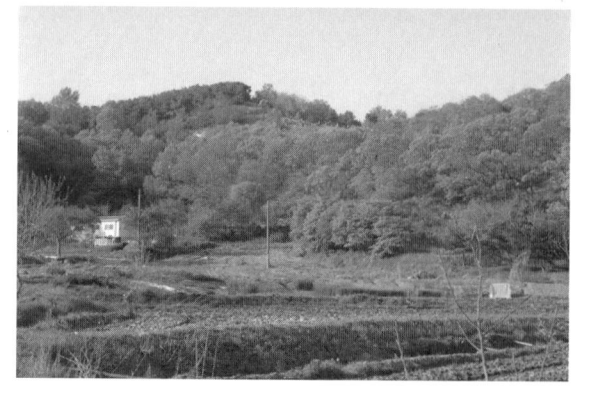

〈그림 3.10〉 마전동 가현산 어귀
가현산 어귀의 가을 풍경이다. 단풍이 무르익은 가현산에는 낙엽 밑에 살포시 숨어 있는 도토리와 단단해 보이는 가시 껍질을 비집고 나온 밤 알갱이들이 가득하다. 검단 주민들은 특히 가현산의 가을을 사랑한다고. (2009년 12월 29일 직접 촬영)

여우재고개에 얽힌 슬픈 사랑이야기

　김포 감정동에서 인천 검단 방면으로 가려면 우리는 고개를 하나 넘어야 한다. 사람들은 그 고개를 '여우재고개'라 부르고 있다. 일단 일감(一感)으로는 이곳에 여우가 많이 나타났을 것이라 생각할 수 있지만, 실제로는 슬픈 사랑이야기가 서려 있는 곳이다.

　지금의 김포읍 감정리에 조씨 성을 가진 헌이란 젊은이가 살고 있었다. 그 젊은이는 어찌나 열심히 학문을 익혔던지 밤낮을 가리지 않고 글공부하는 데 여념이 없었다. 헌은 글공부 외의 다른 것에는 관심이 없었으며 하루 일과는 서당에 나가는 것이 전부였다. 여느 때와 마찬가지로 젊은이는 서당으로 가기 위해 길을 나섰다. 서당은 집에서 멀지 않은 곳에 있었지만, 그곳에 당도하려면 조그마한 고개를 하나 넘어야 했다. 고개 중턱에 다다를 무렵, 갑자기 젊은이의 앞에 아주 고운 처녀가 나타나더니 입맞춤을 하고 사라졌다. 젊은이는 너무나 갑작스런 일이라 한동안 어리둥절한 채로 그 자리에 서있었다. 이내 정신을 차리고는 서당으로 갔지만 글공부에 집중을 할 수가 없었다. 집으로 돌아온 후에도 마찬가지였다. 글을 읽으려 노력했지만 그녀의 얼굴이 아른거려 집중을 할 수가 없었다.

　다음 날 한참을 고민하던 젊은이는 서당을 가기 위해 길을 나섰다. 고개 중턱에 다다르자 심장이 콩닥콩닥 뛰기 시작하였다. 젊은이는 마음을 진정시키기 위해 안간 힘을 다하였지만 긴장이 고조되면서 가빠지는 숨을 막을 수가 없었다. 그 순간 어제 만났던 처녀가 또 다시 나타났다. 그리고는 어제와 마찬가지로 입맞춤을 하고는 사라져버렸다. 그 후로도 매일같이 이런 일이 반복되었고, 언제부턴가 젊은이와 처녀는 서로에게 마음이 끌리게 되었다. 어느 날 용기를 낸 젊은이는 처녀에게 자신의 마음을 고백하고 결혼하기를 청하였다. 그러자 당황한 처녀는 대답 없이 사라지게 되었고, 몇 날 며칠 동안 젊은이 앞에 나타나지

않았다. 그러던 어느 날, 자신의 행동이 너무 경솔했다며 후회하고 있던 젊은이 앞에 처녀가 나타나 함께 살겠다고 말하였다. 그리하여 둘은 결혼을 하게 되었고 행복한 나날을 보내게 되었다.

그런데 언제부터인가 고왔던 부인의 얼굴에 수심이 가득 차기 시작했다. 남편이 그 이유를 물어보았지만 부인은 말해주지 않았다. 사실 그 처녀는 인간이 아니었던 것이다. 그녀는 하늘나라에서 꽃을 다스리던 선녀로 옥황상제가 가장 애지중지하며 아끼던 딸이었다. 호기심이 많았던 선녀는 금기되어 있던 지상세계에 대한 궁금증을 참지 못하고 가끔씩 아무도 모르게 지상세계를 바라보았는데, 결국 일이 벌어지게 된 것이다. 꽃에 물을 주다가 지상세계의 일이 궁금해진 선녀는 잠깐만 바라본다는 것이 그만 화원에 물이 넘쳐흐른 후에야 정신을 차리게 되었다. 화원에 물이 넘치게 되면 그것은 지상세계의 거대한 홍수로 변해버린다. 선녀는 아주 큰 잘못을 했다는 것을 깨달았지만 이미 돌이킬 수 없는 일이 되어버렸다. 이에 크게 노한 옥황상제는 선녀를 지상세계로 내쫓아버린 것이다.

여우로 변한 선녀는 슬피 울며 다시 하늘나라로 돌아가기 위해 잘못을 뉘우치고 용서를 빌었다. 얼마나 용서를 빌어야 할지 알 수 없었지만 다시 돌아가기 위해 부단히 기도하고 끊임없이 노력했다. 이를 안타깝게 지켜보던 선녀의 언니는 방법을 하나 가르쳐 주었다. 술책이긴 하지만 젊은 남자의 정기를 백번 빼앗게 되면 하늘의 문이 열리는 날 숨어서 들어오라는 것이었다. 하늘나라로 돌아가고 싶은 마음에 여우로 변한 선녀는 예쁜 처녀로 변신을 하여 고개를 지나가는 젊은 남자와 입맞춤을 통해 정기를 빼앗기 시작했다. 지금의 남편 역시 처음에는 정기를 빼앗기 위해 선녀가 접근했던 것이다. 그런데 자신도 모르는 사이에 사랑을 하게 되어버린 것이다. 잘못을 뉘우치라고 지상세계로 보냈던 선녀가 젊은이와 결혼하여 살고 있는 모습을 지켜보던 옥황상제는 참을 수 없을 만큼 화가 나 다시 하늘나라로 올라오라는 명령을 내렸지만, 선녀는 남편을 너무나 사랑했기 때문에 헤어지고 싶지 않았다.

그러던 중 선녀는 아이를 갖게 되었고 지상에 남기로 결심하였다. 얼마 후

선녀는 아들을 낳았고 아이를 키우는 재미에 하늘나라로 돌아가야 된다는 생각을 까맣게 잊고 지내게 되었다. 노여움으로 가득 찬 옥황상제는 선녀에게 하늘나라로 반드시 돌아와야 하며, 이를 어기게 될 시 남편과 아들의 목숨은 잃게 될 것이라고 경고했다. 또한 선녀는 영원히 지상에서 여우로 살아가게 될 것이라고 하였다. 선녀는 여우로 살아가는 것은 두렵지 않았지만, 세상에서 가장 사랑하는 남편과 아들이 자신 때문에 다치는 것을 원치 않았다. 며칠 밤을 눈물로 지새우던 선녀는 하늘나라로 돌아가기로 결심하였다. 하늘로 돌아가기로 한 날, 선녀는 남편을 향하여 큰절을 하였다. "이제 저는 제 갈 데로 가야 합니다. 저는 원래 하늘나라의 선녀였답니다. 그런데 그만 잘못을 하여 인간세상으로 내려오게 되었습니다. 당신 곁에서 영원히 함께하고 싶지만, 저는 이곳을 떠나야 합니다. 제가 이곳에 남아 있게 된다면 당신과 나의 아들이 위험에 처하게 됩니다."

꿈에도 생각지 못했던 일에 남편은 할 말을 잃었다. 갑작스러운 상황에 정신을 차리지 못하던 헌은 정신을 차리고 선녀를 붙잡았다. 선녀는 품에 고이 간직하고 있던 구슬을 꺼내어 남편에게 건네며, 구슬을 삼키면서 하늘을 보라고 말하였다. 그리고는 구름을 타고 하늘로 올라가버렸다. 남편은 그저 아내가 사라진 먼 하늘을 오랫동안 바라만 보다가 한참 후 구슬을 삼키었다. 그러나 슬픔에 목이 메여 하늘을 바라보지 못하고 땅을 쳐다보게 되었다. 땅을 바라보던 남편 조헌은 지상에서 일어나는 모든 일들을 환히 알 수 있는 능력을 갖게 되었다. 그 후 부인인 선녀는 하늘에서, 남편인 조헌은 땅에서 만나지 못하고 서로를 하염없이 그리워하며 평생을 살았다고 한다.

만약 구슬을 삼킨 순간 하늘을 보았다면 남편은 하늘의 기운을 읽어내는, 혹은 선녀와 함께 천계의 세계로 들어갈 수 있었을까? 훗날 어떤 이는 부인이 선녀였을 것이라 말하기도 하고, 어떤 이는 백년 묵은 여우라고 말하기도 한다. 어찌되었건 여우재고개에 얽힌 슬픈 사랑이야기는 지금까지도 전해 내려와 고개를 지나는 사람들에게 아련한 슬픔을 안겨주고 있다.

참고자료 ———————

김포군(1995). 『김포군지명유래집』. 김포군.

박한준(2009). 『검단의 역사와 문화』. 인천서구문화원향토문화연구소.

김포군지편찬위원회(1993). "조헌과 괴호(怪狐)(여우재고개 전설)". 『김포군지 제4편』. 김포군,
　　1205쪽.

2009년 3월 28일 김현옥(남, 64세, 마전1동 주민) 씨 인터뷰 내용 참조.

2009년 4월 11일 김현옥(남, 64세, 마전1동 주민), 윤오식(남, 54세, 마전1동 통장) 씨 인터뷰 내용
　　참조.

관련 이미지 ———————

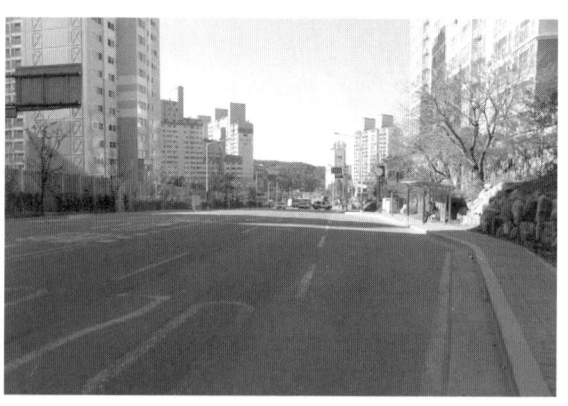

〈그림 3.11〉 검단과 김포의 경계, 여
우재고개

현재 여우재고개는 김포시와 (인천
시)검단 불로동의 경계에 위치한다.
옛날 여우재고개는 한낮에도 으스스
할 만큼 울창한 숲으로 뒤덮여 있었
다고 한다. 그래서 고개를 넘는 많은
사람들에 의해 여러 전설이 남겨진
곳이기도 한다.
(2009년 11월 17일 직접 촬영)

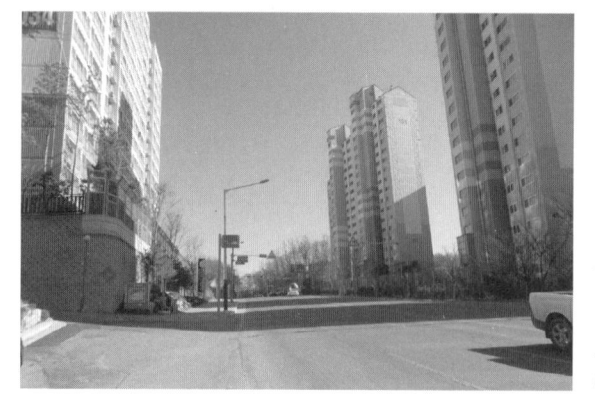

〈그림 3.12〉 불로동 여우재고개

과거에 나무가 우거지고 푸르던 산
이었던 이곳은 이제 높은 아파트와
빌딩이 옛날의 그 울창함을 대신하
고 있다. 현재 여우재고개의 전설은
버스정류장의 이름으로 남아 있지
만, 그 아름답고 슬픈 사랑이야기는
후세에 오랫동안 기억될 것이다.
(2009년 11월 17일 직접 촬영)

하누재고개

옛날 어느 한 고을에는 허풍이 센 한 선비가 살고 있었다. 그는 언제나 있는 그대로 전달하지 않고 두 배, 세 배 과장되게 설명하는 것을 더 좋아하였다. 마을사람들은 처음에는 선비의 이야기가 흥미로워 재미있게 경청하였지만, 시간이 지날수록 선비의 허풍에 자신들이 피해를 입을 지경까지 이르자, 하나 둘씩 선비의 말을 믿지 않았다. 결국 선비의 말을 재미있게 들어주고 믿는 이는 어린아이들밖에 없었다.

그러던 어느 날, 마을에 선비의 허풍으로 인해 대혼란이 일어났다. 사건의 발단은 그 해 유난히 비가 많이 와 이웃마을들이 차례차례 홍수 피해를 입으면서부터 시작되었다. 선비가 살고 있는 마을은 사방이 산으로 둘러싸여 있어서 바깥소식을 전혀 접하지 못하는 그런 지역이었다. 선비는 이웃마을에 볼일이 있어서 다른 마을들의 사정을 알고 있는 유일한 사람이었다. 여느 때와 달리 너무 많이 내리는 비로 인해 밤낮으로 걱정하던 마을사람들은 하는 수 없이 선비에게 가서 이웃마을의 피해가 어느 정도인지 묻기로 결심하였다. 선비의 집을 찾아간 마을사람들을 대표해서 촌장이 선비에게 물었다.

"여보게, 자네도 알고 있겠지? 지금 우리 마을이 위기상황이라는 것을. 이 비가 계속 내리게 되면 우리의 1년 농사는 물론이고 마을 전체가 홍수로 인해 다 죽게 생겼어. 그러니 이번만은 허풍떨지 말고 이웃마을의 상황이 어떤지 자세히 좀 말해보게나."

물론 선비도 알고 있었다. 지금 마을사람들이 얼마나 절박한 상황에 놓여 있으며, 현재 믿을 것은 자신밖에 없다는 것을. 하지만 그런 마을사람들의 기대를 한 몸에 받고 있어서일까. 사실대로 말하려 했던 선비는 자신도 모르는 사이에 흥분하여 점점 더 과장되게 설명하기 시작하였다. 마을이 물에 잠겨 사람들이 배를 타고 이동하고, 물에 떠내려가는 가축들이 수십 수백에 이르고, 사람들이

모두 지붕 위에서 생활하고 있다는 등등 사실과는 전혀 다른 진술을 하였다. 마을사람들은 한편으로는 못 미더워했지만, 다른 한편으로는 걱정도 되었다. 그만큼 그들은 겁에 질려 있었고 선비의 절박해 보이는 표정과 몸짓 또한 선비의 말을 믿지 않을 수가 없었다. 그래서 한참을 고민한 후 마을사람들은 근처에 가장 큰 산으로 올라가기로 결정하였다. 하지만 마을을 둘러싸고 있는 산 중에는 그리 큰 산이 없었기 때문에 그들은 또 다른 난관에 부딪히게 되었다. 이때 또다시 선비가 나섰다. 그는 이미 자신에게로 쏠리는 지대한 관심과 기대를 즐기고 있었다.

"제가 기가 막힌 장소를 알고 있습니다. 제가 언제 한 번 여행길에 올랐을 때 들른 적 있는 산이 있습니다. 그 산이 얼마나 크고 웅대했던지, 제가 사방을 살펴보니 구름이 제 발 아래에 있고 위를 올려다보니 하늘과 맞닿을 정도였습니다. 그게 신기해서 제가 하산한 뒤 마을사람들에게 물었습니다. 저 산이 대체 무슨 산이냐고 말입니다. 그랬더니 글쎄, 하누재고개라고 부르더랍니다. 이름만 들어도 알 수 있지 않습니까? 하늘과 땅이 맞닿는 곳! 그 정도 크기의 고개라면 홍수고 뭐고 다 피할 수 있지 않겠습니까? 모든 지역의 사람들, 특히 전라도 사람이나 경상도 사람들은 하누재고개의 장관을 보기 위해 죽기 전에 꼭 한번 저곳을 보고 싶어 한답니다."

선비의 말은 반은 사실이고 반은 거짓이었다. 선비가 발 아래로 봤다고 한 구름은 그날따라 짙게 껴 있는 안개였다. 그리고 고개를 드니 하늘이 보이는 것은 어느 산이든 마찬가지 아닌가? 사실이라는 것은 단 한 가지 그곳의 이름이 하누재고개라는 것밖에 없었다. 이 사실을 물론 알지 못했던 마을사람들은 크게 기뻐하며 당장에 그곳으로 거처를 옮기기로 결심하였고 곧바로 실행에 옮겼다. 선비는 이들을 따라가지 않았다. 그는 원체 방랑을 좋아하는 성격이고 또 자신의 허풍이 탄로 나서 마을사람들의 질타를 받지 않을까 두려워서 마을사람들과 같이 가지 않기로 하였다. 선비의 속마음을 알지 못했던 마을사람들은 하누재고개를 찾기 위해 필요한 물건만 들고 떠났다. 그리하여 이틀 만에 선비가 말한

하누재고개의 산자락에 도착하였다. 그들이 산자락에 도착한 그날 밤, 갑자기 폭우가 쏟아져 점점 더 물이 불어나기 시작하였다. 하지만 이미 마을사람들은 높은 곳에 있는 상태기 때문에 무사히 목숨을 건질 수가 있었다. 마을사람들은 선비의 말이 사실이었다는 것을 기뻐하며, 물이 빠져 나가자 그 고개에 마을을 만들어 정착하였다.

지금도 마을사람들은 그 선비가 알려준 고개를 하늘과 땅이 맞닿아 있는 곳이라고 생각하며, '하누재고개'라고 이름 붙였다.

이 이야기는 검단지역에서 구전되어 내려오는 하누재고개에 얽힌 사연이다. 우리 조상들의 이야기는 각박한 현대생활에서 약속을 신발짝 버리듯 신뢰를 땅바닥에 내던져버리며 살고 있는 우리들에게 시사하는 바가 크다.

참고자료 ————————

김포군(1995). 『김포군지명유래집』. 김포군.
박한준(2009). 『검단의 역사와 문화』. 인천서구문화원향토문화연구소.
2009년 4월 11일 김현옥(남, 64세, 마전1동 주민), 윤오식(남, 54세, 마전1동 통장) 씨 인터뷰 내용 참조.
2009년 5월 9일 김귀분(여, 87세, 마전1동 주민) 씨 인터뷰 내용 참조.

관련 이미지 ————————————

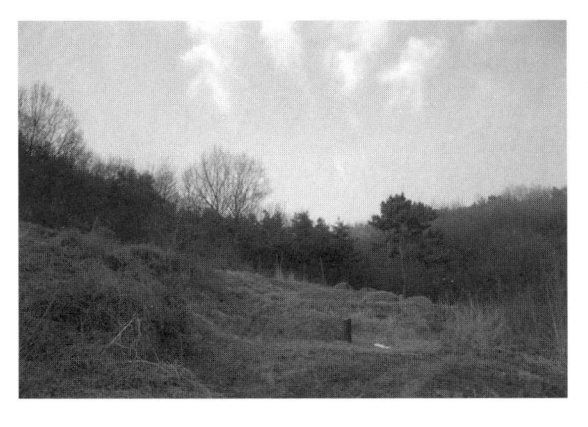

〈그림 3.13〉 마전동 여래 하누재고개
하누재고개의 전설을 듣고 궁금한 마음에 한달음에 가본 그곳은 나지막한 언덕이었다. 향토민의 말에 의하면 현재 고층빌딩이 즐비하여 상대적으로 낮게 보이는 것이라고. 아무리 살펴보아도 이곳 하늘만 낮아 보이지는 않는다. 하지만 하늘과 맞닿은 땅이라는 의미가 하누재고개를 특별하게 만드는 듯하다.
(2009년 4월 11일 직접 촬영)

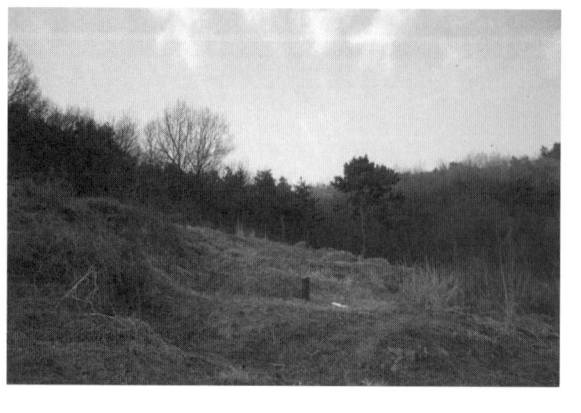

〈그림 3.14〉 마전동 여래 하누재고개(양지)

자세히 살펴본 하누재고개는 양지바른 곳이었다. 아마도 하늘과 맞닿은 땅이란 의미는 좋은 풍수를 가지고 있다는 뜻으로 해석해도 될 듯하다. 또한 하누재고개는 여래마을 사람들이 어릴 적 뛰어놀던 좋은 놀이터로도 기억되고 있었다.
(2009년 4월 11일 직접 촬영)

　　두밀부락은 분틀메, 한메, 안산메, 다머리산, 감두리산, 버들고개산 등 높고 낮은 산으로 둘러싸인 마을이다. 이곳 아랫말에는 수령이 600여 년이나 된 은행나무 한그루가 우뚝 서 있는데, 마을사람들은 이 은행나무를 소중히 여기고 있다. 두밀의 은행나무 전설에 얽힌 이야기는 다음과 같이 전해 내려온다.

　　예전부터 두밀부락은 아늑하고 조용한 마을로 자급자족을 이루며 살아가고 있었다. 그런데 언제부터인가 비옥했던 땅의 물이 마르기 시작하면서 척박해지게 되었다. 더 이상 밭농사와 논농사를 지을 수 없게 된 마을사람들은 심각한 걱정에 빠지게 되었지만 해결책을 찾을 방법이 없었다. 그러던 어느 날 이 마을에 노승 한 분이 지나가게 되었다. 마을사람들은 살아가기가 매우 힘들었음에도 불구하고 노승을 극진히 대접하고 설법을 청하여 들었다. 노승은 이 마을을 둘러싸고 있는 산을 한번 크게 살펴보고 난 뒤, 짚고 있던 지팡이를 아랫말 가운데에 꽂고는 유유히 사라져버렸다. 이러한 상황을 지켜보고 있던 마을사람들은 이상한 일이라 여기면서, 이 지팡이는 필시 보통의 지팡이와는 다를 것이라 생각하고는 아주 귀하게 여기며 보호하였다. 며칠이 지나자 신기하게도 지팡이에서 싹이 트기 시작하더니 땅에 깊이 뿌리를 내리고 자라기 시작하였다.

　　원래 그 노승의 지팡이는 하늘나라에 있는 나무신의 아들이었다. 아들인 은행나무는 하늘 아래 온 세상의 나무를 다스리며 나무 씨앗을 뿌리는 일을 담당하고 있었다. 아들 은행나무는 어느 날 친구들과 노는 것에 빠진 나머지 마음이 급해서 산과 들에 정신없이 나무 씨앗을 뿌리게 되었다. 그러나 씨앗을 지나치게 많이 뿌린 것이 문제가 되었다. 시간이 흐른 뒤 산과 들의 땅은 영양과 영기(靈氣)가 부족하게 되면서 토지가 점점 척박하게 되었다. 은행나무는 자신의 어리석었던 행동 때문에 지상의 사람들이 어려움을 겪게 된 것에 미안한 마음이 들었다. 그는 아버지 나무신에게 찾아가 자신이 직접 이 일을 해결할 수 있도록

허락해달라고 하였다. 그래서 결국 아버지 나무신은 스님으로, 아들 은행나무는 지팡이로 변하여 지상으로 내려왔다. 그러고는 두밀부락의 마을사람들을 찾아와 설법을 전하고 지팡이를 아랫말 가운데에 꽂았던 것이다.

그 후 풍수학의 대가로 알려진 유명한 풍수가가 이 마을을 방문하게 되었는데, 이 나무를 보자마자 큰 절을 올리더니 나무 주위를 조심스레 둘러보았다. 마을사람들에게 전하기를 이 나무의 뿌리가 먼 곳의 물길을 당겨 마을의 물은 마르지 않을 것이며, 곡식도 잘되어 마을사람들은 풍족하게 살아갈 수 있을 것이라고 말하였다. 그래서인지 지금까지도 이 마을은 풍족하게 살았으며, 마을사람들은 이 은행나무를 소중히 여기고 당제를 지내왔다고 전해지고 있다.

현재까지도 두밀부락의 아랫말에는 은행나무가 있으며, 수령이 600여 년이나 되었지만 여전히 마을의 수호수로 위엄을 지키고 있다.

참고자료 ————————

김포군(1995). 『김포군지명유래집』. 김포군.
박한준(2009). 『검단의 역사와 문화』. 인천서구문화원향토문화연구소.
2009년 7월 6일 박봉서(남, 63세, 대곡동 두밀마을 주민) 씨 인터뷰 내용 참조.
2009년 10월 19일 신상철(남, 55세, 대곡동 황곡마을 주민) 씨 인터뷰 내용 참조.

관련 이미지 ————————

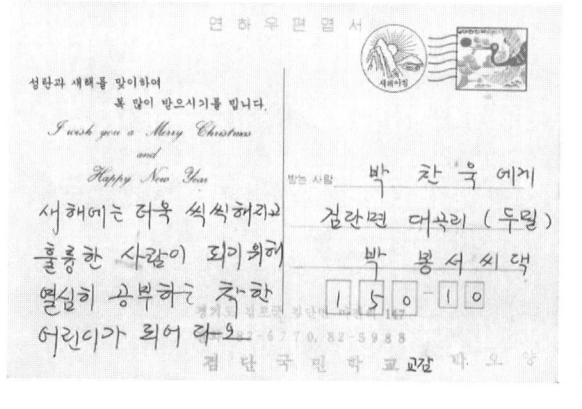

〈그림 3.15〉 대곡동 두밀마을에 온 엽서

두밀마을에서 오랫동안 살아온 사람들은 모두 검단에 유년의 추억을 가지고 있다. 박찬욱 씨도 어린 시절 검단초등학교 교감선생님 도장이 찍힌 담임선생님으로부터 받은 엽서를 고이 간직하고 있었다.
(2009년 7월 7일 박봉서 씨 제공)

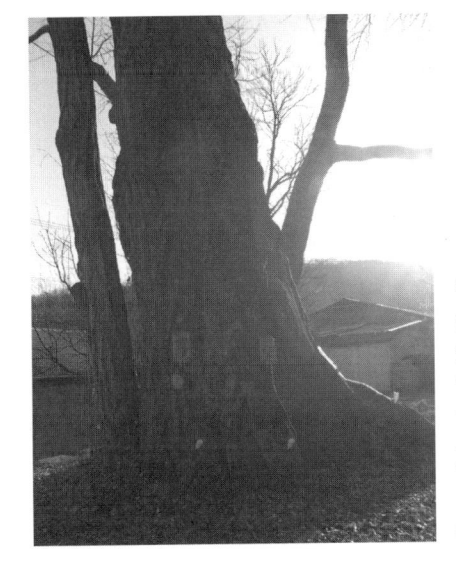

〈그림 3.16〉 대곡동 두밀 은행나무

해질녘에야 두밀마을 은행나무를 찾았다. 겨울이라 나뭇잎 하나 달리지 않은 앙상한 나뭇가지들뿐이었지만 두밀마을을 지키는 신성함과 위상은 그대로였다. 두밀마을 주민들은 은행나무가 겨울바람에 다칠까 걱정해 나무줄기에 링거(영양제)를 놓았다. (2009년 12월 29일 직접 촬영)

옛날부터 여래(如來)마을에는 '마누라 팔아서 장화를 사 신어야 된다'는 속담이 전해 내려오고 있다. 아주 오래전 가난했던 시절의 옛 이야기로 거슬러 올라가 보자.

예전 여래마을의 땅은 비옥하지 않아 많은 사람들이 가난하게 살았다. 마을사람들은 마을 주변의 갯벌에서 조개를 캐어 살아가고 있었지만 언제부턴가 갯벌은 시뻘건 색으로 변하여 더 이상 수산물을 채취하는 것을 허락하지 않았다. 그리고 갯벌의 색이 그렇게 변하던 그때쯤부터 마을사람들은 원인 모를 병에 걸려 시름시름 앓기 시작했다. 어떤 이는 두통에 시달리고, 어떤 이는 전신통증에 시달리고, 마을사람들은 마을에 재앙이 온 것이 틀림없다며 모두들 걱정하기 시작하였다.

이 마을에는 착하기로 소문난 젊은 부부가 살고 있었다. 어찌나 마음이 고왔던지, 가난한 살림에도 먹을 것이 있으면 이웃과 나누어 먹고, 주변의 병이든 이웃을 돌보느라 하루도 편히 쉴 날이 없었다. 붉은색의 갯벌로 인해 일을 하지도 못하고 병으로 누워 있는 마을사람들을 보며 마음 아파하던 젊은 부부는 해결책을 찾기 위해 매일을 고심하였다. 오랜 궁리 끝에 그들은 붉은 갯벌을 지나 더 먼 갯벌로 나가면 먹을 것이 있을 것이라고 생각하고 그곳까지 붉은 갯벌을 몸에 묻히지 않고 나갈 방법을 모색하기에 이르렀다. 부부는 옆 마을의 갖바치를 찾아갔다.

"갯벌 흙을 몸에 묻히지 않고 멀리 나갈 수 있는 신을 만들어주시오."

"좋은 가죽을 쓰고 그 높이를 무릎까지 올리면 가능할지도 모르겠으나 돈이 많이 들 텐데요."

"돈은 내 곧 구해오겠으니 일단 만들어주오."

부부는 갖바치에게 오늘날 장화와 같은 신을 만들어달라 부탁하고 마을의 유

지 중 가장 부자인 최 대감 댁을 찾아갔다.

최 대감을 만나 마을의 상황을 설명하고 돈을 빌려주길 간곡히 청하였지만 최 대감의 마음은 움직이지 않았다. 최 대감은 장화를 살 수 있을 만큼의 돈은 빌려줄 수 있지만, 다시 그 돈을 돌려받을 수 있다는 확신이 없기 때문에 빌려줄 수 없다고 말했다. 그렇지만 사정이 워낙 딱하니 돈을 갚을 때까지만 부인이 자신의 집에 와서 노비로 지내며 모자란 일손을 돕는다는 조건이라면 돈을 빌려줄 수도 있다며 크게 인심 쓰듯 말하는 것이었다. 너무 황당하고 말이 안 되는 상황에 더 이상 말을 잇지 못하고 젊은 부부는 집으로 돌아왔다. 다음날부터 젊은 부부는 돈을 빌리기 위해 마을의 유지들을 찾아다녔다. 그런데 어찌된 일인지 유지들은 대문조차 열어주지 않았고 들어보려 하지도 않았다. 사실은, 마을에서 가장 영향력 있는 유지 최 대감이 젊은 부부가 찾아오기 전에 마을의 유지들을 모아놓고 돈을 빌려주지 말라고 당부를 하였던 것이다.

이유도 모르고 거절당한 젊은 부부는 모든 것을 포기하고 다른 방법을 찾아보기로 하고 집으로 돌아왔다. 그러나 힘들어하는 마을사람들을 보면서 도울 수 없다는 것에 더 큰 괴로움을 느꼈다. 그러던 어느 날 모시고 살던 시부모님 역시 병에 걸리게 되었는데, 날이 갈수록 악화되어 사경을 헤매게 되었다. 부모님까지 병에 걸리게 되자 더 이상 참을 수 없음을 느낀 젊은 부부는 장화를 사고 약을 구하기 위해서 잠깐 동안 헤어져 있기로 결심하였다. 가슴 아픈 현실 속에서 마을사람들은 젊은 부부에게 고마웠지만 너무나 미안한 마음이 들어 미안하다는 말조차 할 수가 없었다. 결국 젊은 남편은 부인을 판 대가로 돈을 빌릴 수 있었고, 장화를 사서 마을사람들에게 나누어 주고 부모님께 약을 지어드렸다. 이 일이 있은 후부터 마을에는 "마누라 팔아서 장화 사 신다"는 슬픈 이야기가 돌게 되었다.

그러나 더 슬픈 일은 사랑하는 부인까지 팔았지만 마을의 근본적인 문제까지는 해결할 수가 없다는 것이었다. 장화를 신고 다닌다는 것은 임시방편에 불과했기에, 원인을 알아내지 않는 한 이 마을은 병에서 자유로울 수가 없었다.

그래서 젊은 남편은 땅의 원인을 찾기 위해 매일같이 나갔다. 아침부터 저녁까지, 숨이 턱턱 막힐 더위가 찾아오는 한여름에도, 혹독한 추위에 매서운 바람이 몰아치는 한겨울에도 젊은 남편은 원인을 찾아내기 위해 나갔다. 그의 부인 또한 매일같이 남편과 마을사람들을 위해 하늘을 위해 온 마음을 다해 기도를 올렸다.

시간이 얼마나 흘렀을까? 젊은 부부의 정성에도 아랑곳하지 않고 더 큰 시련이 그들 앞에 찾아오게 되었다. 매일같이 일을 하던 남편도 원인 모를 병에 걸려 다리가 점점 마비되기 시작하였다. 그 소식을 들은 부인 또한 기가 막히고 가슴이 메어 하염없이 눈물만 흘리다 쓰러지게 되었는데, 충격으로 눈을 멀게 되었다. 남편은 아픈 몸을 이끌고 계속해서 원인을 찾기 위해 집을 나섰고, 부인 또한 남편을 생각하며 매일 하늘에 기도를 올렸다.

이러한 상황에 하늘도 어찌 감동을 않을 수 있겠는가? 젊은 부부의 착한 심성에 감동한 하늘은 눈물을 흘리게 되었다. 흐르던 눈물은 비가 되어 여래마을에 내리게 되었다. 그 눈물의 빗방울이 땅에 닿자 마을사람들을 두려움에 떨게 했던 갯벌의 붉은색은 사라져버리게 되었다. 밖으로 나와 비를 맞은 남편의 다리는 언제 그랬냐는 듯이 다시 움직일 수 있게 되었고, 아내 역시 눈을 뜰 수 있게 되었다. 병들어 있던 마을사람들도 씻은 듯이 병이 낫게 되었고, 마을에는 다시 평화가 찾아오게 되었다. 마을사람들은 이 모든 것이 젊은 부부의 공덕 때문이라며 이제는 그들이 젊은 부부를 도와주겠다고 하였다. 모든 사람들이 한마음 한뜻이 되어 열심히 일을 하였고, 이듬해 장화를 사기 위해 빌린 돈보다 더 많은 돈을 모을 수 있게 되었다. 마을사람들은 그 돈으로 젊은 부인을 남편 곁으로 다시 돌아올 수 있게 하였으며 남은 돈으로 땅을 사서 부부에게 주었다. 젊은 부부와 마을의 모든 사람들은 서로 돕고 화합하면서 행복하게 살았다고 한다.

이처럼 가슴 아프지만 아름다운 젊은 부부의 이야기는 지금까지도 여래마을에 '마누라 팔아서 장화를 사 신어야 된다'는 속담으로 전해 내려오면서 우리네 삶과 주변을 다시 한 번 돌아볼 수 있게 해주고 있다.

참고자료 ─────────

김포군(1995). 『김포군지명유래집』. 김포군.
박한준(2009). 『검단의 역사와 문화』. 인천서구문화원향토문화연구소.
2009년 4월 11일 김현옥(남, 64세, 마전1동 주민), 윤오식(남, 54세, 마전1동 통장) 씨 인터뷰 내용
　　참조.
2009년 4월 17일 김현옥(남, 64세, 마전1동 주민) 씨 인터뷰 내용 참조.
2009년 5월 9일 임성택(남, 58세, 마전1동 주민), 박선녀(여, 93세, 마전1동 주민) 씨 인터뷰 내용
　　참조.

관련 이미지 ─────────

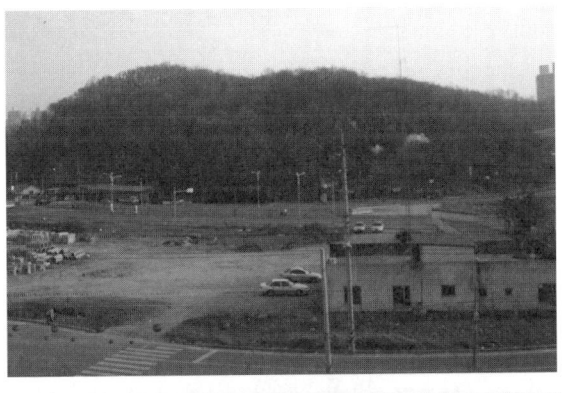

〈그림 3.17〉 마전동 여래마을 안산
여래마을에서 사거리로 향하는 길 오른편에 있는 산등성이를 '안산'이라고 부른다. 예전에 당제(堂祭)를 지내던 곳이어서 '당산'이라고 부르기도 한다. 위치상으로 명당의 요소에 부합하다고 하는데, 마을사람들은 해마다 터주가리를 만들어 당제를 지내고 있다.
(2009년 4월 11일 직접 촬영)

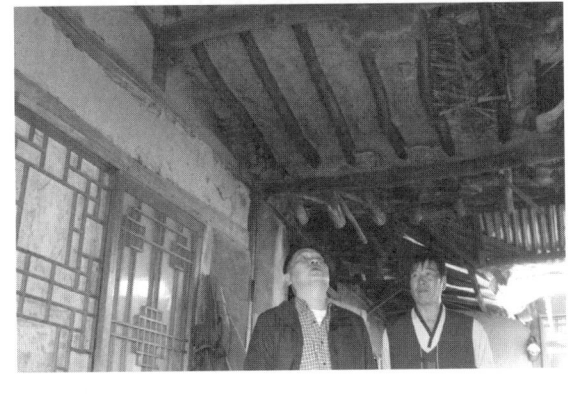

〈그림 3.18〉 마전동 여래마을 옛집
여래마을에도 오래된 가옥들이 많이 있었다. 그런데 현재 신도시 개발로 많은 마을사람들이 다른 지역으로 떠나면서 역사를 품은 가옥들이 점점 사라지고 있다. 사진속의 가옥은 얼마 전까지만 해도 사람이 살았던 여래마을에서 손꼽히는 오래된 가옥이라고 했다.
(2009년 4월 11일 직접 촬영)

지금의 인천광역시 마전동 부지의 옛 지명은 완정마을, 능내마을이라 불리어 왔다. 완정마을 아랫말의 형상이 용의 발 모양과 같았는데 이에 얽혀 전해 내려오는 전설은 다음과 같다.

아주 오랜 옛날 완정마을에 한 부부가 살고 있었다. 결혼한 지 10년이 지났지만 그들은 아이를 낳지 못하였다. 하루하루 마음을 다해 진심으로 기도를 한 끝에 결국 하늘을 감동시키게 되었다. 어느 늦은 밤 부인은 눈부신 광채를 발하는 커다란 옥구슬이 몸속으로 들어온 꿈을 꾸게 되었다. 다음날 부인은 잉태를 하게 되었고, 10개월이 지나 아기를 출산하게 되었다. 그런데 이게 어찌된 일인지, 태어난 아기의 모습이 예사롭지 않았다. 아기의 얼굴은 사람과 같았지만, 머리위에 뿔이 하나 있었다. 그뿐만이 아니었다. 몸은 뱀과 같았으며 손인지 발인지 분간하기 힘든 것이 10개가 있었다. 사람도 아니요, 용도 아니요, 뱀도 아닌 이 아기를 본 마을사람들은 괴물을 낳았다며 아우성거리며 무서워하기 시작하였다. 마을사람들은 아기를 두려워했지만, 부부에게는 너무나도 사랑스럽고 귀여울 뿐이었다.

하지만 마을의 촌장은 이 아기로 인해 마을의 전체 분위기가 흉흉해지게 되었으며 불길한 기운이 느껴진다고 말하였다. 아기를 없애야만 마을은 다시 평안을 되찾을 수 있다며 부부를 압박하기 시작하였다. 이에 동조한 마을사람들이 아기를 없애기 위해 계속해서 찾아오자 더 이상 버틸 수 없었던 부부는 아기를 마을 아래에 있는 연못가에 몰래 버리고 오게 되었다.

버려진 아기가 그립고 걱정되어 매일 밤을 눈물로 지새우던 아내의 몸은 하루가 다르게 수척해갔고, 그런 모습을 보고 있을 수밖에 없던 남편은 안타까운 마음뿐이었다. 더 이상 병상에 누워만 있을 수 없었던 아내는 물을 긷기 위해 원정마을의 아래로 흐르고 있는 계곡으로 갔다. 물을 긷고 일어나려던 순간 커

다란 바위 뒤쪽에서 아기 울음소리가 났다. 이상하게 여겨 바위 쪽으로 다가가자 버려졌던 아기가 그곳에 있었다. 아기의 어머니는 너무 기쁘면서도 아기가 불쌍하여 눈물이 쏟아졌지만, 마을사람들에게 이 사실이 알려질 것이 두려워 몸을 피하고 조용히 흐느끼며 아기를 감싸안아주었다.

또다시 아기를 버릴 수 없었던 어머니는 산 속 깊숙이 안전한 곳에 아기를 숨겨놓고 마을로 내려왔다. 그 날 이후 어머니의 아기에게 젖을 물리기 위해서 산으로 올라갔으며, 얼굴의 평안을 되찾고 몸도 좋아지기 시작하였다. 그러나 언제부터인가 매일 산에 오르는 부인의 모습이 마을의 촌장은 이상하다고 생각하였다. 무언가 의심쩍은 부분이 생긴 촌장은 부인 몰래 뒤를 따라가기 시작하였다. 산 속 굽이굽이 한참을 계속 올라가자 촌장의 의심은 극에 달하게 되었다.

한참 후 부인은 커다란 바위 앞에서 걸음을 멈추고 주변을 한 번 돌아보더니, 그 뒤에서 무엇인가를 들어올렸다. 그 관경을 지켜본 촌장은 깜짝 놀라며 자신의 눈을 의심하지 않을 수 없었다. 바로 그곳에 버려졌던 아기가 있었던 것이다. 자신과 마을사람들이 속았다는 사실에 너무 화가 난 촌장은 허리에 차고 있던 칼을 아기에게 던졌다. 그 칼은 아기의 발을 스치게 되었고, 아기의 발은 용의 발 모양처럼 갈라지기 시작하였다. 촌장은 다시 칼을 던졌지만, 이번에는 아기의 어머니가 아기를 보호하기 위해 대신 맞게 되었다. 어머니의 몸에서는 피가 흐르게 되었는데, 그때 아기의 발에서 흐른 피와 섞이게 되었다. 그 순간 아기의 몸은 엄청나게 커다란 용으로 변하면서 하늘 위를 빠르게 돌기 시작하였다.

용으로 변한 아기는 자신을 헤치려던 마을사람들에게 화가나 마을로 내려가 불을 내뿜었다. 그러나 어머니에게 은혜를 갚아야 된다는 생각에 젖을 먹었던 열흘 동안 만큼의 가옥만을 남겨두고는 눈물을 흘리고 하늘로 올라가버렸다.

그 후로 이 마을의 호 수가 십여 호를 넘으면 마을에 재앙이 일어난다고 하였으며, 완정마을에서는 항상 십여 가구를 유지해오고 있다는 전설이 전해 내려오고 있다.

참고자료 _____

김포군(1995). 『김포군지명유래집』. 김포군.

박한준(2009). 『검단의 역사와 문화』. 인천서구문화원향토문화연구소.

2009년 4월 17일 김현옥(남, 64세, 마전1동 주민), 윤오식(남, 54세, 마전1동 통장), 이준용(남, 48세, 마전2동 통장) 씨 인터뷰 내용 참조.

2009년 11월 29일 김귀분(여, 87세, 마전동 주민), 임호택(남, 56세, 마전동 주민) 씨 인터뷰 내용 참조.

관련 이미지 _____

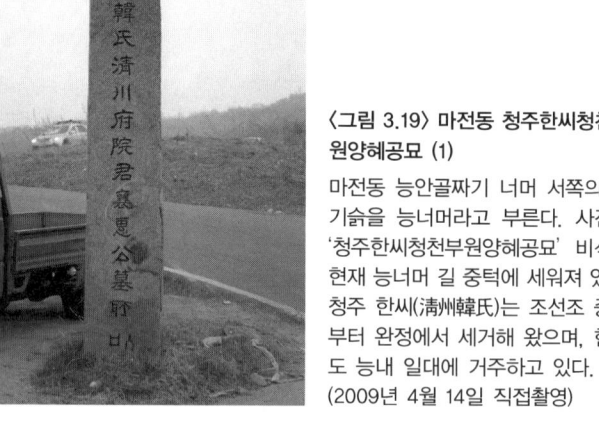

〈그림 3.19〉 마전동 청주한씨청천부원양혜공묘 (1)

마전동 능안골짜기 너머 서쪽의 산기슭을 능너머라고 부른다. 사진의 '청주한씨청천부원양혜공묘' 비석은 현재 능너머 길 중턱에 세워져 있다. 청주 한씨(淸州韓氏)는 조선조 중기부터 완정에서 세거해 왔으며, 현재도 능내 일대에 거주하고 있다. (2009년 4월 14일 직접촬영)

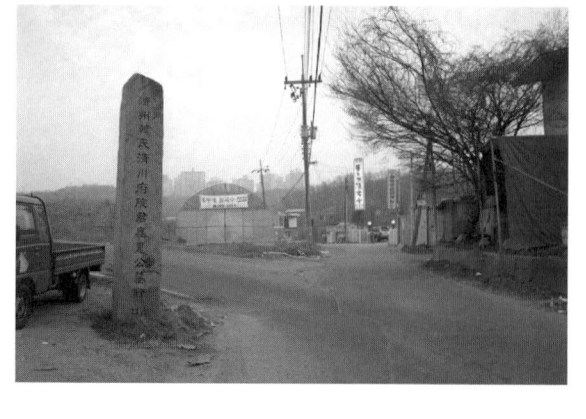

〈그림 3.20〉 마전동 청주한씨청천부원양혜공묘 (2)

청천부원군 한백륜의 묘역은 인천시 서구 마전동 능안(陵內) 산120-4 번지에 위치한다. 사진 속의 비석과 100m 정도 떨어져 있는 곳에 위치한 한백륜의 묘역은 인천광역시기념물 제54호로 지정되어 있다. (2009년 4월 14일 직접 촬영)

양반과 노비가 서로 배려하는 태정마을

집안 대대로 판서를 지내온 신씨 가문은 대곡동 태정마을에 살고 있었다. 고을에서 제일가는 부자인 신 판서 댁에는 식솔들 외에 사노비와 관노비까지 포함하여 그 수가 엄청났다. 신 판서는 덕망과 학식이 뛰어나 마을사람들은 그를 공경하고 따랐다. 이 고을에 살고 있는 양반집 자제들은 마을 중심부에 자리잡고 있는 양반서당에 다녔다. 그곳은 양반이나 유지의 자제들만 다닐 수 있는 곳으로 양반 자제들은 천자문을 읽고 소학과 대학, 논어, 맹자를 배웠다.

평화롭게 지내던 어느 날, 서당에 다니던 어느 양반 댁 자제가 수두에 걸리게 되었다. 수두는 유행처럼 번지기 시작하여 시간이 얼마 지나지 않아 서당에 다니고 있는 대부분의 아이들이 수두에 걸리게 되었다. 신 판서 댁에서도 걱정이 이만저만이 아니었다. 손이 귀했던 신 판서 댁의 5대 독자인 손자가 서당에 다니고 있었기 때문에, 그 역시 수두에 걸리게 될까봐 노심초사 하였다. 그런데 결국 걱정했던 일은 벌어지고 말았다. 신 판서의 손자가 결국 수두에 걸리게 된 것이다. 신 판서는 용하다는 의원은 모두 불러 치료를 하였지만 효험이 없었다.

큰 걱정에 빠져있던 신 판서 앞에 집안에서 일하던 관노비 한 명이 찾아와 손자를 치료할 수 있게 기회를 달라고 청하였다. 자신에게 한 달의 시간을 준다면 손자의 병을 낫게 할 수 있다는 것이었다. 신 판서에게는 뾰족한 방도도 없었지만, 그것은 말도 안 된다며 관노비의 말을 믿으려 하지 않았다. 며칠이 지나자 손자는 온몸에 붉은 반점이 퍼지고 엄청난 고열로 몸을 가누지 못하게 되었다. 다급해진 신 판서의 며느리는 신 판서를 찾아와 관노비에게 치료를 받게 해달라고 간청하였다.

방법이 없었던 신 판서도 허락을 하였고 관노비는 치료를 시작하였다. 관노비는 모든 의서와 기록들을 통해 치료방법을 찾아 처방을 하였고, 의술과 함께 식치(食治)를 사용하여 치료하였다. 하지만 치료를 시작한 지 3주째 되었을 때,

손자의 병은 낫기는커녕 더욱 악화되면서 오히려 더 큰 고통에 시달리게 되었다. 이에 화가 난 신 판서는 관노비를 가두고 더 이상 치료를 하지 못하도록 하였다. 그러자 관노비는 모든 사실을 토로하면서 기회를 달라고 청하였다. 원래 그의 아버지는 과거 임금의 명의였고, 어머니는 수라간의 상궁이었다. 그러나 치료를 하던 도중 역적으로 몰리는 누명을 쓰고 관노비로 전락하게 되었다는 것이다. 관노비는 어린 시절부터 아버지에게 의술을 어머니에게 식치를 배우면서 자랐기 때문에 치료할 수 있는 것이며, 이 병은 온몸에 열꽃이 피어난 후에야 사라지게 된다고 말하였다. 신 판서는 마지막으로 딱 일주일만 시간을 더 줄 것이며, 그때까지도 손자의 병이 낫지 않게 된다면 관노비는 살아남기 힘들 것이라고 명하였다.

일주일 후 기적 같은 일이 일어났다. 신 판서의 손자는 언제 그랬냐는 듯이 병상에서 일어나게 되었다. 이에 크게 감동한 신 판서는 고을의 모든 양반들에게 이 일을 알리고 공생하며 살아가도록 명하였다. 그 후 이 고을에는 1년에 한번 노비들의 수고를 위로해주기 위해서 노비일(奴婢日)을 정해 음식을 대접하고 즐기도록 하는 풍속이 만들어졌다. 노비일에는 나이떡을 만들어 노비들의 나이만큼 먹이기도 했고, 많은 음식을 차려놓고 노래하며 춤추고 놀게 하였다. 이날에는 탈춤판도 벌어졌는데, 가면을 쓴 광대들은 노비의 삶과 양반의 삶을 풍자하기도 하고, 때로는 허를 찌를 듯한 날카로운 비판도 회화화하여 그들의 애환을 풀기도 하였다. 세월이 흘러도 이러한 풍속은 끊이지 않고 이어졌으며, 양반과 노비의 갈등이 심하지 않았던 이 고을은 다른 고을보다 더욱 풍족하고 행복하게 살았다고 한다.

이처럼 대곡동 태정마을에는 '양반과 노비 간에 갈등이 별로 심하지 않았다'는 이야기가 전해져 내려오고 있다. 아주 어려웠던 시절 비록 먹고살기는 힘들었지만, 우리네 조상들은 이웃에게 따스한 손길을 내밀고 배려할 줄 아는 넉넉하고 여유로운 마음을 갖고 있었다. 생활은 풍족해졌지만 마음은 오히려 더 각박해져 버린 지금 이 시대를 살아가는 우리는 조상들의 마음을 잊지 말아야 할 것이다.

참고자료 ─────────

김포군(1995), 『김포군지명유래집』, 김포군.
박한준(2009), 『검단의 역사와 문화』, 인천서구문화원향토문화연구소.
2009년 6월 6일 신장균(남, 57세, 대곡동 태정마을 주민) 씨 인터뷰 내용 참조.
2009년 10월 19일 신상철(남, 55세, 대곡동 황곡마을 주민) 씨 인터뷰 내용 참조.

관련 이미지 ─────────

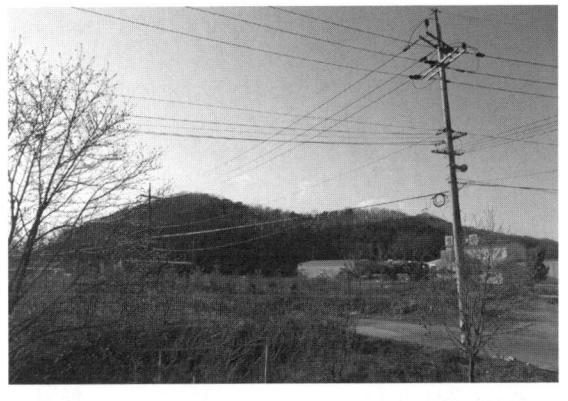

〈그림 3.21〉 대곡동 태정마을 장구산

대곡동은 가현산 남쪽 큰 골에 자리 잡고 있기 때문에 '대곡'(大谷)이란 명칭을 썼다고 한다. 사진은 대곡동 태정마을 동남쪽에 자리한 산으로, 멀리 보면 산 모양이 장구처럼 생겼다고 해서 '장구산'이라고 부른다. (2009년 12월 29일 직접 촬영)

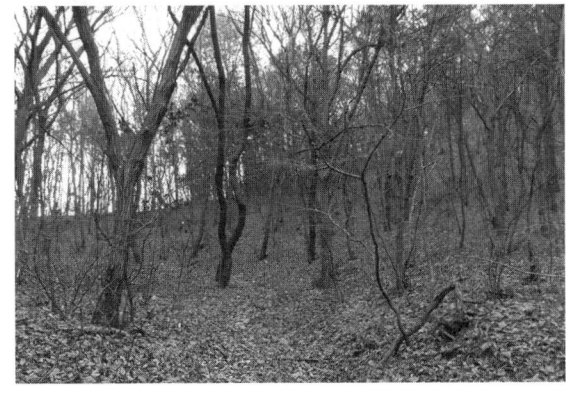

〈그림 3.22〉 대곡동 태정마을 도라지골고개

태정과 황곡을 왕래하던 고개로, 예전에는 서낭당이 있었다고 한다. 골이 깊어 도둑떼가 숨어 있어 여든 사람이 모여 넘어갔다고 할 정도로 숲이 우거진 골짜기였던 것으로 보인다. 현재는 군부대 때문에 길을 이용할 수 없다. (2009년 12월 15일 직접 촬영)

오류동에 형제 장사가 살았다. 형은 백산(白山)이고 동생은 복산(福山)인데, 검단지역에는 이들에 대한 일화가 많이 전해지고 있다.

형 백산은 힘이 세어서 집채만 한 바윗돌을 단번에 들어서 온 동네에 장사라고 소문이 났다. 그는 겉보기와는 다르게 온순하고 흥부같이 착한 마음씨를 가지고 있는 사내로 매일 논도 갈고 밭도 갈고 김도 매고 나무도 하는 등 아주 부지런하였다.

그는 매일 품삯도 받지 않고 동네일을 도왔고 남들과 똑같은 품삯을 받더라도 다른 일꾼들보다 다섯 배나 일을 많이 하였다. 바윗돌을 한 손으로 들 정도였으니 밭을 맬 소가 없는 집에서는 자신이 직접 쟁기를 소처럼 끌며 일을 해주었다. 또한 마당에 있는 바위도 힘 한번 쓰면 쉽게 깨뜨리고 나무 열 짐도 한나절이면 후딱 해내었다. 길을 가다가 도적이나 불한당을 만나도 마음이 착해 순순히 돈을 내놓거나 몰매를 맞아도 대항하지 않았다. 다만 주먹으로 길바닥을 한번 내리치기만 했는데, 하늘이 울리고 땅이 쩍 갈라져 온 동네 사람들이 모두 놀라 대문 밖으로 나와 구경을 했고 발끝까지 새파랗게 겁에 질린 불한당들이 게눈 감추듯이 도망치곤 했을 뿐이었다. 그는 죽는 날까지 평생 봉화촌에서 농사를 지으며 살았다고 한다.

오류골에 사는 동생 또한 힘이 세어 거첨도(巨瞻島)에서 많은 구들돌을 캐어 인근 서곶의 범머리포구, 검단의 안동포구, 좌동의 상무지포구, 양곡의 대명리포구 등 근방 포구로 실어 날랐다. 동생은 가져온 바위를 시장에서 단 한 번에 열 개의 구들돌로 만들어 팔았는데, 어찌나 단단했는지 인근 주민들에게까지 소문이 나고 인기가 좋아 늘 없어서 팔지도 못할 정도였다. 하지만 그는 형과 같이 돈에 욕심이 없었기 때문에, 자신이 먹고 입고 살 수 있을 정도로만 벌기 위해 장사를 하며 평생을 살았다.

그런데 언제부터인가 마을의 욕심 많은 황 대감이 동생이 파는 구들돌을 매점 매석하기 시작하였다. 그는 그 구들돌을 자신의 마당에다가 하나씩 하나씩 쌓아서 결국 그 높이가 하늘에 닿을 정도까지 쌓았다. 그리고는 다른 사람들에게 다섯 배의 값을 받고 팔기 시작하였다. 사람들의 언성이 높아지는 찰나에 동생은 무거운 구들돌을 나르다가 그만 손을 다치고 말았다. 보름동안 장사를 할 수가 없었는데, 구들돌이 필요한 사람들은 욕심쟁이 황 대감에게 비싼 값을 주고 살 수밖에 없었다. 그러나 비싼 돈을 지불할 수 없어서 구들돌을 사지 못했던 사람들은 한겨울에 추위에 덜덜 떨면서 지낼 수밖에 없게 되었다. 보름 후, 욕심쟁이의 횡포에 대해 알게 된 동생은 그의 집에 찾아가서 하늘에 닿아 있는 구들돌 탑을 단 한 번에 반으로 또 반으로 갈라버렸다. 황 대감의 집은 구들돌 조각에 묻혀버렸고 이에 놀란 황 대감은 줄행랑치듯 그 마을을 떠나버렸다.

참고자료 _____

김포군(1995). 『김포군지명유래집』. 김포군.
박한준(2009). 『검단의 역사와 문화』. 인천서구문화원향토문화연구소.
2009년 1월 19일, 11월 4일 장상진(남, 74세, 마전동; 전 오류동 주민) 씨 인터뷰 내용 참조.

관련 이미지 _____

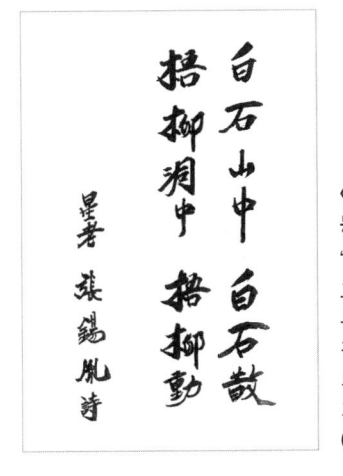

〈그림 3.23〉 백석산 중 백석산 오류동 중 오류동
"백석산에는 흰 바위들이 흩어져 있고, 오류동에는 오동나무와 버드나무가 흔들린다." 장상진 씨의 증조부 장석윤(張錫胤) 분의 시이다. 오류동의 아름다운 자연환경이 눈에 선하게 보이는 듯하다.
(2010년 2월 11일 장상진 씨 제공)

효의 의미를 깨우쳐 준 가현산 호랑이

설화에서 호랑이는 영웅, 특히 건국 시조의 수호자로 등장한다. 그 예로 후백제를 건국한 견훤이 아직 포대기 속에 싸여 있을 때의 이야기를 살펴보자. 견훤의 아버지는 들에서 밭을 갈고 어머니는 아버지에게 밥을 갖다 주려고 어린아이를 나무 밑에 놓아두었더니 호랑이가 와서 젖을 먹였다. 호랑이는 견훤의 인물됨을 미리 알아보는 신령스러운 동물로 묘사되고 있다. 왕건과 이성계 등 다른 건국 시조들의 성화에서도 호랑이의 적극적인 보호는 어김없이 나타난다.

호랑이는 효의 수호신 겸 후원자로도 자주 등장한다. 한성에 사는 박 씨는 효성이 지극한 사람이었다. 그는 선친을 잃은 뒤부터 하루도 빠짐없이 선친 묘에 참배하였다. 선친 묘로 가는 어느 날 박 씨가 재를 넘는데, 호랑이가 나타났다. 박 씨가 자신은 선친 묘에 가야 한다고 호통을 치자 호랑이가 등에 타라는 시늉을 하였다. 박 씨를 태운 호랑이는 선친 묘까지 와서 안전하게 박 씨를 내려주었다. 집으로 올 때도 이와 같이 하여 3년 동안 계속되었다. 세월이 흘러 박 씨가 죽게 되었는데, 그의 묘 앞에 호랑이가 한 마리 죽어 있어 집안사람들이 그 옆에 묻어 주었다(한겨레, 2010. 1. 1).

지금 한국에서 자연생태 속의 호랑이를 실제 볼 수는 없지만 오랜 시간에 걸쳐 역사적으로, 문화적으로 형성된 호랑이에 대한 관념은 지금도 우리 생활 속에 자리 잡고 있다. 이러한 호랑이 이야기는 김포 검단지역에서도 다양한 방식으로 지금까지 전해져 내려오고 있다.

김포에는 옛날부터 가현산(歌絃山), 봉성산(鳳城山), 문수산(文殊山) 그리고 계양산(桂陽山)의 네 개 산이 유명하다. 그중에서도 특히 가현산은 김포 검단지역에서 산세가 깊고, 숲이 울창하여 호랑이들이 많이 출몰한 지역이었다. 호랑이들은 마을까지 내려와 마을사람들이 기르고 있는 가축들을 물어가곤 하였다. 그래서 지금도 가현산 밑자락에 있는 가현이라는 마을에서는 다음과 같은 호랑이 이야

기가 전해 내려오고 있다.

옛날 가현산 밑 가현이라는 마을에 나무를 해서 연명하는 나무꾼이 살았다. 그는 노모와 처자식을 거느리고 어렵게 살아왔는데 어느 날 나무꾼이 가현산에 나무를 하러갔다가 호랑이를 만났다. 호랑이가 나무꾼을 잡아먹으려고 달려들자 나무꾼은 재빨리 머리를 굴려 호랑이 앞에 납작하게 엎드리며, "아이고 형님!! 어찌 이 아우를 잡아먹으려 드십니까!" 하며 통곡하기 시작하는 것이었다. 호랑이가 의아해하자 나무꾼은 어머니에게서 들은 형님 이야기를 호랑이에게 들려주었다.

"어머니께서는 항상 저에게 형님 이야기를 들려주셨습니다. 형님은 어릴 적에 자주 나무를 하러 가셨다고 말입니다. 하루는 여느 때와 같이 나무를 하러 가셨는데 하루가 지나도, 이틀이 지나도 그리고 여러 날이 지나도 형님이 돌아올 기미가 보이지 않았다는 겁니다. 눈물로 날밤을 새던 중 어느 날 어머님 꿈에 형님이 호랑이가 되어 나타났다고 말하셨습니다."

어느덧 나무꾼의 눈에서는 눈물이 흘러내리고 있었다. 그는 훌쩍거리며 말을 이었다.

"어렸을 적부터 그 얘기를 들어온 저는 형님을 찾기 위해 나무하는 일을 시작했습니다. 그래서 오늘 드디어 형님을 뵙게 되었는데 어찌 저를 잡아먹으려 하십니까! 어머님도 기억 못하시는 것입니까 형님!"

호랑이는 나무꾼의 이야기를 듣고 의심스러우면서도 자신이 죽은 나무꾼의 형님이 아닐까 생각해서 살려주었다고 한다. 그 후로 호랑이는 한 달에 두 번 초하루와 보름날에 울타리 안에 돼지를 한 마리씩 잡아다 주었다고 한다. 그것은 어머님께 정성을 다하려는 호랑이의 마음과 더불어 동생에게 먼저 간 못난 자신을 대신하여 어머니께 온 마음을 다해 효도하라는 뜻에서 잡아다 준 것이었다. 사실 나무꾼의 이야기는 반은 사실이고 반은 거짓이었다. 어머니가 나무꾼에게 해준 형님에 대한 이야기는 사실이었지만 나무꾼은 자신이 위기에 처하자 그 이야기를 이용한 것뿐이었다. 호랑이는 나무꾼의 형님이 아니라 그냥 평범한

호랑이였던 것이다. 하지만 나무꾼이 어찌나 절절하게 말을 하던지 호랑이마저 감동시킨 것이다. 그 해가 지나고 겨울이 되어 어머니가 돌아가셨는데 그 후로는 호랑이도, 호랑이가 매일 잡아다 주던 돼지도 볼 수가 없게 되었다. 나무꾼은 매일 집 앞에 놓여 있던 돼지가 안 보이자 한편으로는 아쉬워하면서도 한편으로는 다행으로 여겼다. 그동안 식용으로 쓰던 돼지를 더 이상 공급받지 못해 아쉬웠지만, 더 이상 자신의 거짓말이 언제 들킬지 몰라 조마조마하게 살 필요가 없어졌기 때문에 다행으로 여긴 것이다.

그렇게 호랑이가 더 이상 나타나지 않은지 한참의 시간이 지난 어느 날, 나무꾼이 땔감을 마련하기 위하여 깊은 산에 들어갔는데 날이 어두워 길을 헤매던 중 호랑이굴을 발견하게 되었다. 가까이 가보니 호랑이굴 주위에 귀여운 새끼 호랑이 세 마리가 꼬리에 베 헝겊을 매달고 있었다. 나무꾼이 새끼호랑이에게 그 연유를 물으니, "저희 아버지께서는 할머니가 돌아가셨다는 말을 듣고 그날부터 굴 밖으로 나가지 않고 음식도 먹지 않고 울다가 돌아가셨습니다."라고 말하는 것이었다. 이 말을 들은 나무꾼은 자신이 죽을까 봐 거짓으로 호랑이를 보고 형님이라고 한 것인데 정말로 호랑이가 의리를 지키고 어머님께 효성을 다한 것에 감탄하여 눈물을 흘렸다는 전설이 전해 내려오고 있다. 한편 가현산에는 '광인원'(廣因院) 혹은 '과일원'(過逸院)이라는 역원(驛院)이 있어 가야금을 틀고 노래를 불러 손님을 끌었다고 전해져 가현산(歌絃山)이라는 지명이 유래되었다고 한다.

부모에 대한 패륜범죄가 점점 더 늘어나고 있는 오늘날 부모에 효도를 다하고자 하는 가현산 호랑이 이야기는 한낱 미물보다 못한 행동을 저지르는 가련한 중생들에게 적지 않은 깨우침을 주고 있다.

참고자료

김포군(1995). 『김포군지명유래집』. 김포군.
박한준(2009). 『검단의 역사와 문화』. 인천서구문화원향토문화연구소.

김포군지편찬위원회(1993).『김포군지: 김포군지(추록)』. 김포군, 1215쪽.

박한준(2005).『인천 서구이 민속신앙 동제편』. 인천서구향토문화연구소.

『한겨레』. 2010년 1월 1일자 기사 참조.

2009년 4월 17일 김현옥(남, 64세, 마전1동 주민), 윤오식(남, 54세, 마전1동 통장), 이준용(남, 48
세, 마전2동 통장) 씨 인터뷰 내용 참조.

2009년 10월 14일 이종백(남, 68세, 마전동 주민) 씨 인터뷰 내용 참조.

2009년 12월 23일 이재호(남, 73세, 마전동 주민) 씨 인터뷰 내용 참조.

관련 이미지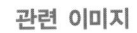

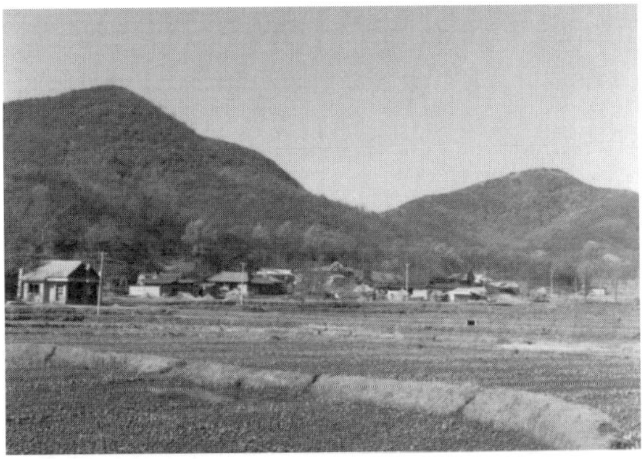

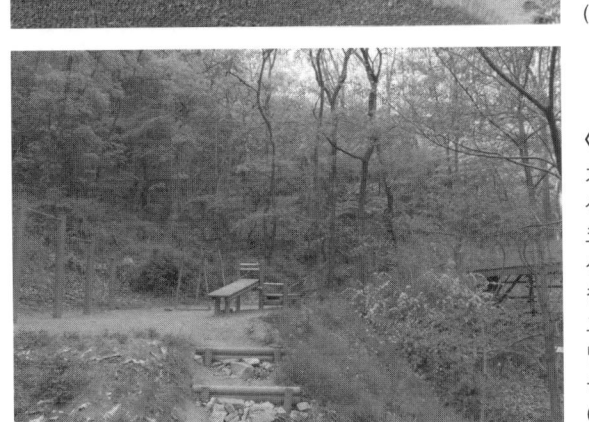

〈그림 3.24〉 30여 년 전의 가현산

오랫동안 가현마을에서 살아온 신광균 씨가 과거에 가현산과 가현마을의 풍경을 찍은 사진이다. 한창 추수를 끝내고 가을해가 넘어가는 석양에 가현산을 배경으로 한 마을이 매우 평화롭게 보인다.
(2009년 4월 18일 신광균 씨 제공)

〈그림 3.25〉 가현산 풍경

가현산은 검단동 내에서 제일 높은 산으로, 고려시대부터 산의 형세가 코끼리 머리 모양 같다고 하여 '상두산'(象頭山)이라 불렸다고 한다. 또한 칡이 번성하여 '갈현산'(葛峴山)이라고 불리기도 했다. 가현산은 현재 검단지역 주민들은 물론 인근시의 주민들까지도 자주 찾는 휴식공간이다.
(2009년 6월 24일 직접 촬영)

　우리가 흔히 알고 있는 동물들의 왕은 사자이다. 사자는 모든 동물들의 위에 군림하는 우두머리 역할을 하였다. 하지만 그런 동물의 왕조차 영향을 미치지 못하는 곳이 있었으니 그것은 바로 하늘의 영역이었다. 그랬기 때문에 하늘이 주로 근거지인 새들은 그런 하늘까지 통솔할 수 있는 자신들만의 왕이 필요하다는 생각을 하게 되었다. 결국 그들은 한자리에 모여 회의를 열게 되었다.

　"우리 왕은 우리 모두를 지켜줄 수 있는 강력한 힘이 있어야 해."

　꾀꼬리가 가장 먼저 의견을 내었다.

　"우리 왕은 모든 동물들의 왕인 사자님도 무시하지 못할 만큼의 힘과 통솔력을 지니고 있어야 해요."

　이어서 딱따구리가 자신의 생각을 말하였다.

　그래서 고민한 끝에 그들은 만장일치로 이 모든 조건을 지닌 독수리가 자신들의 왕으로 적합할 것이라는 결론에 도달하였다. 더군다나 늠름한 독수리는 하늘신의 총애를 한몸에 받고 있었기 때문에 자신들의 왕으로 그만한 동물이 없다는 생각을 하게 된 것이다. 그들은 모두 만족한 채 집으로 돌아갔지만 딱 한 마리, 이를 갈며 밤잠을 못 이루는 동물이 있었으니 그것은 바로 새들의 최고 연장자인 부엉이였다. 그는 새들의 왕이 생기기 전, 지혜롭고 현명하여 새들의 장로 역할, 즉 우두머리와 같은 역할을 해 왔으나 독수리가 자신의 자리를 빼앗는 꼴이 되자 분하고 원통한 마음을 감출 길이 없었다.

　"괘씸한 놈들······. 내가 지금껏 저들에게 해준 것이 얼마나 많은데, 단지 하늘신의 보호를 받고 힘이 세다는 이유만으로 독수리를 덥석 우두머리 자리에 앉혀? 이놈들, 두고 보자."

　하지만 그는 지금으로서는 자신이 독수리를 이길 방법이 전혀 없다는 것을 알고 있었기 때문에 훗날을 기약하며 자신의 일족을 모두 이끌고 숲속에서 빠져

나왔다. 한참동안 새 보금자리를 찾기 위해 전전긍긍하던 그들은 커다란 부엉이 형상을 한 바위를 발견하게 되었다. 그들은 기뻐하며 그곳을 자신들의 근거지로 삼게 되었다. 이것이 바로 봉바위*, 즉 부엉바위인 것이다.

그들을 이끌고 나온 장로 부엉이는 자신의 대에서는 독수리와 그를 왕으로 세운 새들에 대한 복수를 실행하지 못할 것이라는 것을 알고 있었다. 그래서 그는 자신의 아들과 딸들, 또 손자 손녀들에게 복수를 다짐시켰다. 그들은 반드시 장로 부엉이의 원한을 풀어주겠다며 독수리에 대항하여 자신들의 자리를 되찾겠다는 맹세를 하였다. 오랜 시간이 지나 장로 부엉이는 세상을 떴지만, 부엉이 일족은 봉바위에서 더욱 자신들의 세력을 넓혀갔고 드디어 자신들의 원한을 풀기로 결심하였다. 그들은 무리를 지어 자신들의 옛터이자 이 모든 일의 근원이었던 숲에 있는 독수리 일족의 본거지로 날아가서 그들을 쫓아내기 시작했다. 아무리 힘이 세고 날렵한 그들이라도 원한과 증오로 가득 찬 부엉이 일족을 이길 리 만무했다. 결국 원한을 풀게 된 부엉이 일족은 자신들 중 가장 지혜롭고 용기 있던 부엉이를 새들의 왕으로 정하고 나머지 부엉이들은 자신들의 본거지가 되어버린 봉바위로 돌아가기로 결정하였다.

부엉이가 새들의 새로운 우두머리가 되었을 당시에만 해도 다른 새들은 크게 불만을 가지지 않았다. 그들도 자신들이 장로로 우대했던 부엉이를 제쳐놓고 용감하고 늠름한 독수리의 성품에 반해 그를 왕으로 세운 것을 마음에 걸려했기 때문이었다. 게다가 그들은 어려운 상황에 처했을 때 지혜를 빌릴 수 있는 조언자가 없었기 때문에 부엉이의 귀환을 오히려 환영하는 분위기였다. 그러나 새들의 왕이 된 부엉이는 독수리뿐만 아니라 자

*봉바위
원래는 부엉이나 올빼미를 일컫는 복(鵩)이라는 명칭으로 사용되었으나, 복이 봉으로 변화되어 현재는 봉바위라고 부른다.

신의 일족이 숲을 떠날 때 외면했던 다른 새들에 대해서도 앙심을 품고 있었다. 그래서 그는 왕이 된 그 날로부터 폭압정치를 시행하였다. 육식을 하는 부엉이를 위해서 새들은 날마다 쥐와 다람쥐를 잡아서 바쳐야 했다. 뿐만 아니라 그는 새들을 모두 동원하여 가장 화려하고 멋진 집을 짓게 하였다. 자신의 명을 따르지 않는 새는 그 누가 되었든 간에 잔인한 형벌을 내렸다. 또한 이전 우두머리였던 독수리가 섬겼던 하늘신에 대한 모든 의식(儀式)과 행사(行事)를 금지하였다. 부엉이로서는 이런 관습(慣習)들이 반란의 소지가 될 수 있었기 때문이었다. 이렇듯 날이 갈수록 부엉이의 횡포는 계속되었고 처음에는 부엉이의 귀환을 환영했던 새들도 차츰차츰 불만과 원망을 쌓기 시작하였다.

한편, 부엉이들에 의해 졸지에 갈 곳 없는 신세가 되어버린 독수리들은 수호신인 하늘신에게 자신들의 억울함을 호소하였다. 그러나 하늘신은 처음에는 아무런 반응도 보이지 않았다. 그는 독수리가 새들의 왕이 된 이후로 나태해져가는 모습을 봐왔기 때문이었다. 하늘신은 독수리들의 늠름함과 용기와 절제에 감동하였던 것인데 날이 갈수록 그것을 잃어가는 그들에게 크게 실망했었기 때문이었다. 결국 독수리들은 어쩔 수 없이 숲으로 귀환하기로 결정하였다. 그해가 극심한 가뭄에 시달리던 시기였기 때문에 그들로서는 어딘가를 몇 달 동안이나 돌아다닐 용기와 여유가 없었다. 힘없이 숲으로 귀환하던 중 그들은 지나가던 새들의 말을 듣게 되었다.

"어휴, 야! 나 저기서는 못 살겠다. 아니 샘터에 한번 쉬어갔다고 해서 공물을 바치라니, 그게 대체 말이나 되는 소리야?"

"그러게……. 독수리가 우두머리였을 때는 전혀 그런 것이 없었잖아. 듣기로는 숲에 사는 새들은 이보다 심한 대우를 받는다고 하더군. 부엉이의 보복인 셈이지."

이 말을 들은 독수리들은 정신이 번쩍 들었다. 특히 왕이었던 독수리가 분노했다. 자신의 백성들이, 자신이 아끼던 왕이 고통을 받고 있었던 것이다. 더욱이 그들이 들은 바로는 자신들이 섬기는 하늘신이 크게 업신여김을 받고 있다는

것이었다. 독수리들은 하늘을 향해 울부짖었다.

"하늘신님, 우리의 아버지 수호신이여. 저희가 잘못했나이다. 지난날 우리들은 우두머리 일족이 되었다는 사실 때문에 앞을 제대로 보지 못했나이다. 하오나 지금 저 부엉이 일족을 보소서. 우두머리가 된 그들은 기고만장하여 모든 새들의 위에서 군림하려고 합니다. 또한 아버지 수호신에 대한 경외가 티끌만큼도 보이지 않습니다. 우리는 또다시 권력을 잡으려는 것이 아니옵니다. 다만, 저 오만한 부엉이 일족에게 벌을 내려 새 일족에 평화를 가져다주소서."

그렇지 않아도 하늘신은 크게 노한 상태였다. 자신에 대한 모든 의식을 금지시킨 부엉이 왕 때문이었다. 자신이 수호하는 독수리 일족의 반성과 함께 부엉이 일족에 대한 처벌의 요청까지 들었으니 마음이 움직이지 않을 수 없었다. 그러나 하늘신은 이미 새들의 왕이 되어버린 부엉이를 끌어내리거나 죽일 수는 없었다. 아무리 하늘신이어도 운명을 함부로 바꿀 수 없었기 때문이다. 그래서 그는 대신 부엉이들의 본거지인 높게 솟은 봉바위에 벼락을 떨어뜨려 윗부분부터 중간까지 바위를 작게 만들어버렸다. 다시는 경거망동하지 말라는 일종의 경고였던 셈이다. 이리하여 부엉이는 다시 숲 속에서 쫓겨나 봉바위에서 기거하게 되었고 숲 속의 새들은 만세를 부르며 독수리를 다시 자신들의 우두머리로 만들었다. 그리하여 숲 속은 자신의 지난날을 반성하는 현명함과 더불어 용기 또한 갖춘 독수리 왕 덕분에 평화를 되찾았다. 그리고 부엉이는 새 일족이 어려움에 처했을 때마다 지혜를 사용하여 새 일족에게 도움을 주면서 살아가고 있다고 한다.

이 이야기는 아무리 힘과 지혜 및 권력이 있다하더라도 자만감에 빠지고, 민심에 반하는 행동을 하는 현대의 정치가들에게 따끔한 교훈을 주고 있다.

참고자료 _____

김포군(1995). 『김포군지명유래집』. 김포군.
박한준(2009). 『검단의 역사와 문화』. 인천서구문화원향토문화연구소.

2009년 4월 11일 김현옥(남, 64세, 마전1동 주민), 윤오식(남, 54세, 마전1동 통장) 씨 인터뷰 내용 참조.

관련 이미지 ————————————

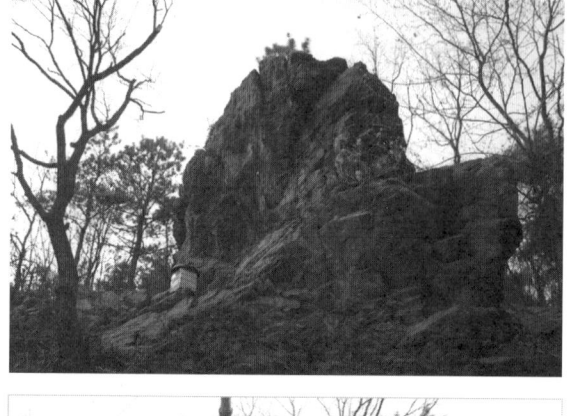

〈그림 3.26〉 마전동 여래마을 봉바위 전경

여래마을의 진산(범바위산) 남쪽 능선에 있는 흰색의 큰 바위를 범바위라고 부른다. 과거 벼락을 맞아 부서진 것인지, 바람에 깎여 부서진 것인지 모르겠지만 그 큰 바위는 여러 조각으로 쪼개져 파여 있다. (2009년 4월 11일 직접 촬영)

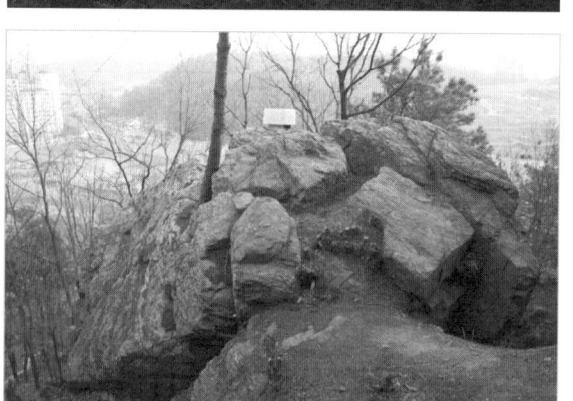

〈그림 3.27〉 마전동 여래마을 봉바위 후경

봉바위는 흰색 계통에 제법 크기도 커서 멀리서도 잘 보이는데, 부엉이가 잘 앉는 곳이라 해서 부엉바위라고도 부른다. 가끔 주변 절의 승려들이 봉바위에 앉아 명상을 하는 모습을 볼 수 있다. (2009년 4월 11일 직접 촬영)

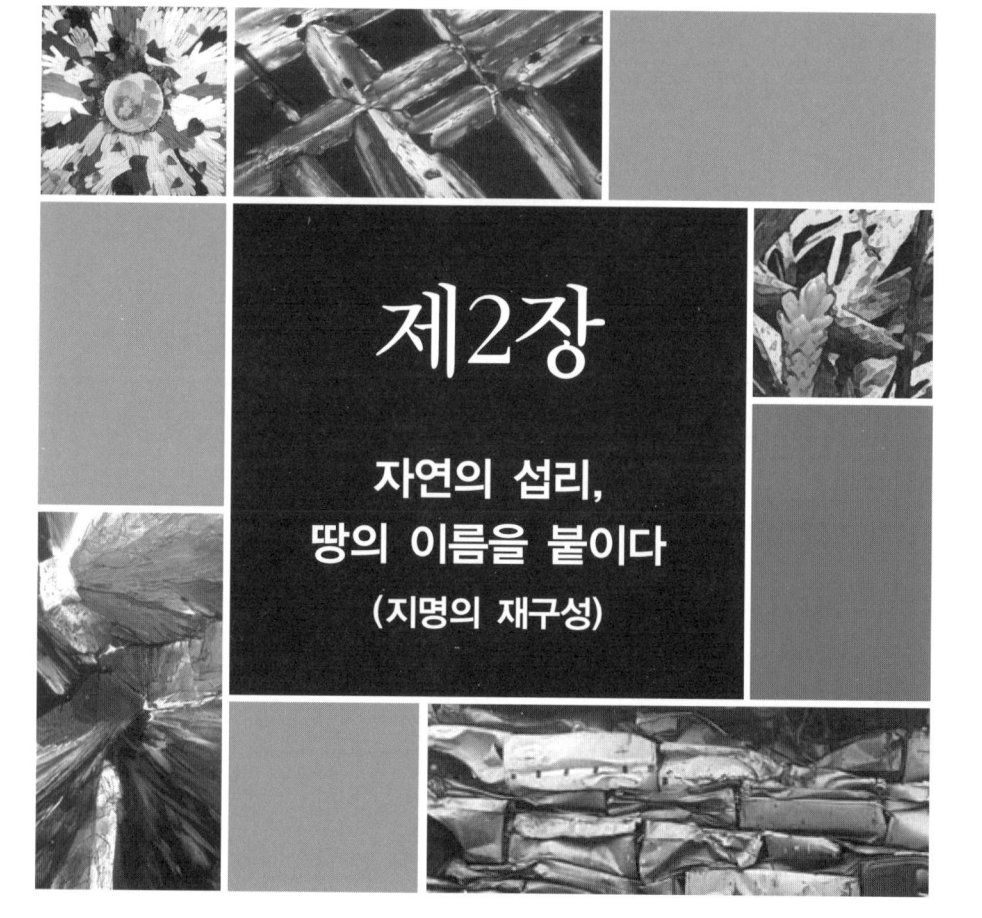

제2장

자연의 섭리,
땅의 이름을 붙이다
(지명의 재구성)

수목이 풍부한 원당동 이야기

어느 마을에 서로를 아끼고 배려하며 지내는 금실 좋은 부부가 살고 있었다. 그 부부는 남부러울 것 없는 행복한 나날을 보내고 있었지만, 마음속 한편에는 근심걱정을 담고 있었다. 결혼한 지 몇 해가 지났지만, 아직까지 아이가 없어 걱정을 하고 있었다. 아이를 잉태하기에 좋다는 한약과 약초를 찾아 여기저기 다리품을 팔아가며 노력해보았지만 아무 소용이 없었다.

그 부부가 살고 있는 마을에는 당이 하나 있었는데, 오래전부터 버려진 채 방치되어 있어 아무에게도 관심을 끌지 못했고 그 당을 찾아가는 이도 없었다. 유일하게 그 부부만이 당을 찾았다. 매일매일 하루도 빠짐없이 당을 찾아 아이를 낳을 수 있도록 제를 올리고 삼신할머니께 빌고 또 빌었다. 당을 청소하기도 했고 돌보기도 하였다. 몸과 마음의 정성을 가득 담아 절을 하던 부인은 어느 날 쓰러지게 되었다. 쓰러져 있던 부인을 발견한 남편은 부인을 엎고 빠르게 집으로 향했다. 몇날 며칠을 밤새워 가며 지극정성으로 부인을 돌보았지만, 부인은 계속해서 의식을 잃고 누워만 있었다.

의식을 잃고 있던 부인은 꿈을 꾸게 되었다. 깊은 산속, 안개가 자욱하여 앞이 잘 보이지 않는 숲속을 부인이 걸어가고 있었다. 한참을 걸어가고 있는데 어딘가에서 부인을 부르는 할머니의 목소리가 희미하게 들렸다. 어찌된 영문인지도 모른 채 부인은 할머니의 목소리가 들리는 곳으로 향하기 시작했다. 처음 가보는 희미한 숲속 길에서 목소리를 따라 하염없이 쫓아가던 부인은 넘어지고, 나뭇가지에 긁히기도 하고, 이마 위에는 땀까지 흘러내리기 시작하였다. 얼마나 걸었을까? 숨이 헉헉 차오르던 그때, 할머니의 목소리가 멈추었다. 그 순간 부인의 발걸음도 함께 멈추었다. 부인의 바로 눈앞에는 울창한 나무들이 빼곡히 들어서 있었으며, 온화한 표정의 할머니가 한 아이를 안고 있었다. 그 할머니가 부인에게 아이를 안겨주며 행복한 미소를 지어주었다. 그러고는 잠에서 깨어버렸다.

부인이 눈을 뜨자 남편은 안도의 마음과 함께, 그토록 간절히 아이를 원했던 부인이 안쓰러워 눈물을 흘리며 아내를 꼭 안아주었다. 부인은 남편에게 꿈 이야기를 해주면서 하늘이 감동하면 아이를 내려줄지도 모른다며 조금 더 정성을 다해야겠다고 말하였다. 다음날부터 부부는 더욱 지극정성을 다해 제를 올리기 시작하였다. 정말 하늘도 감동한 것일까? 얼마 지나지 않아 부인은 아이를 잉태하게 되었고, 어느덧 열 달이 지나 건강한 사내아이가 태어나게 되었다.

하늘도 감동한 부부의 이야기는 전국 방방곡곡에 널리 퍼지게 되었으며, 삼신께 점지받아 자식을 갖기를 원하는 부부의 발길이 끊어지지 않았다고 한다. 그리하여 으뜸이 되는 당과 수목이 존재하였다는 유래로 이 마을을 원당동이라고 부르게 되었다.

참고자료

김포군(1995). 『김포군지명유래집』. 김포군.
박한준(2009). 『검단의 역사와 문화』. 인천서구문화원향토문화연구소.
인하대학교박물관(2007). 『文化遺蹟分布地圖: 仁川廣域市』. 인하대학교박물관.
2009년 5월 25일 김병학(남, 81세, 원동동 주민) 씨 인터뷰 내용 참조.
2009년 10월 21일 김상종(남, 54세, 검단선사박물관 관장) 씨 인터뷰 내용 참조.
2009년 11월 4일 김낙유(남, 70세, 원당동 주민) 씨 인터뷰 내용 참조.

관련 이미지

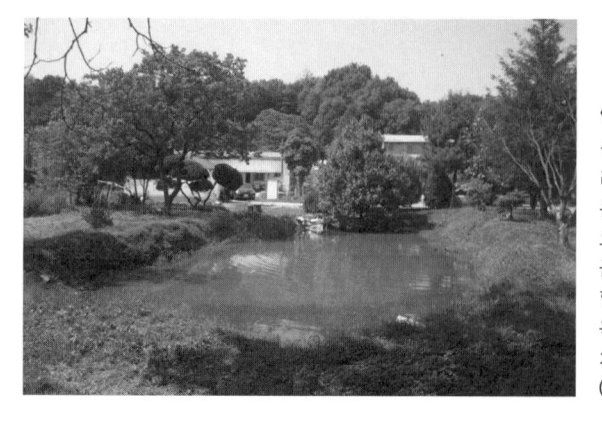

〈그림 3.28〉 원당동 고산과 옥계봉
원당마을 고산 아래(고산하)에서 바라본 옥계봉의 모습이다. 옥계(玉階)는 그 의미를 풀이하면 '대궐의 계단'으로 신이 하늘에서 하강하는 계단, 곧 '당'(堂)을 의미하는 것으로 해석할 수 있다. 연못에 비치는 고산과 옥계봉의 그림자가 한 폭의 수채화처럼 보인다.
(2009년 5월 25일 직접 촬영)

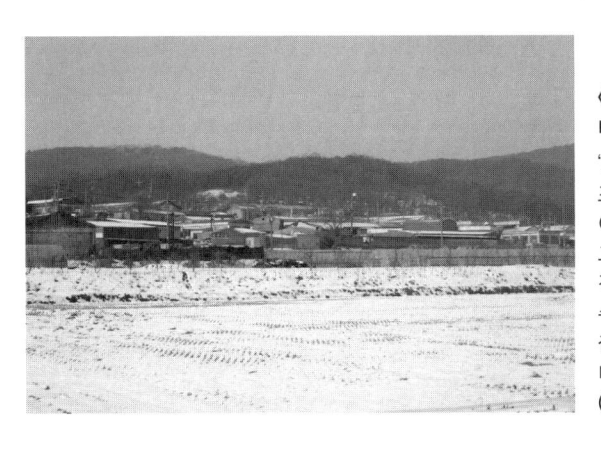

〈그림 3.29〉 원당동 원낭마을과 고미논틀

'고미논틀'은 원당의 동쪽 건너편 김포시와 경계를 이루는 논을 부르는 이름이다. 한겨울 눈이 소복이 쌓인 고미논틀과 원당마을의 모습이 인상적이다. 원당마을의 논들은 예부터 수원(水原)이 풍부한 '생수답'(生水沓)으로 불리며 해마다 풍년이 들었다고 한다.
(2010년 1월 19일 직접 촬영)

해가 저물자 천야만야(千耶萬耶)한 낭떠러지 아래로 금수(禽獸)들이 모여든다. 달빛과 하나 된 금수들의 눈빛은 그 어느 때보다 사납고 맹렬하지만 그들의 움직임은 느리다 못해 정적이다. 소중한 무언가를 보호하듯이 조심스러운 서로 다른 종들의 어울림은 신기하다 못해 신비롭다.

"어르신! 어르신!"

"할아버지! 어디 계세요! 할아버지!"

사람들의 목소리가 점점 가깝게 들려오자 한군데 어울려있던 동물들은 하나 둘 자리를 떠나기 시작했다. 동물들은 떠나기가 못내 아쉬운 듯 그러나 다행인 듯 소리 죽여 자리를 떠났고, 그들이 떠난 자리에서는 쓰러져 누운 한 노인만이 남아 있었다. 언제부터 그 자리에 있었는지는 모르지만 죽은 듯 움직이지 않는 노인은 여전히 따뜻한 온기를 지니고 있었다. 산 여기저기에서 횃불을 밝히며 산을 삼킬 듯한 목소리는 점차 노인의 주변으로 모여들었다. 그리고 노인은 곧 마을사람들에 의해 발견되었다. 사람들은 노인의 숨이 붙어 있는 것을 확인했다. 그들은 빠른 발걸음으로 노인을 마을로 옮기기 시작했다. 노인의 몸은 마을 청년의 빠른 속도만큼이나 크게 흔들렸으나 손에 쥔 무언가만큼은 끝내 놓지 않았다. 노인의 손에는 붉게 빛나는 약초 한 움큼이 쥐어져 있었다.

만수산 줄기가 이어진 마산마을은 만수산 아래로 펼쳐진 논과 밭을 경작하며 살아가는 소박한 사람들의 마을이다. 이 마을에는 크게 이름난 부자도 없었지만 입에 거미줄을 칠 만큼 가난한 자도 없었다. 마을 입구에 위치한 커다란 은행나무 아래에서 마을 어르신들은 바둑을 두며 하루를 보냈고 좀 더 안쪽에 위치한 우물가에서는 마을 아낙들이 재잘거리는 소리가 끊이질 않았다. 땀 흘려 열심히 일하는 마을 앞 논들을 지나 좁고 구불구불한 마을길을 따라 들어가면

그 끝에 담장 너머 어린아이들의 글 읽는 소리가 들리는 초가집이 있었다. 이 집이 바로 마을에서 가장 나이가 많은 문원식이 살고 있는 집이다. 진갑(進甲)을 넘기기가 힘든 시절이지만 3년 뒤면 망백(望百)이 되는 문원식은 세월만큼이나 학식이 뛰어나고 인품이 넉넉한 사람으로 마을사람들의 존경을 받고 있었다. 시간이 날 때마다 마을의 아이들에게 글을 가르쳐온 그에게 마을사람들은 제자이자 삶을 함께 하는 이웃인 셈이었다. 그는 동이 트고 질 때면 의복을 정갈히 하고 마을 주변을 돌며 모두의 안녕을 확인하는 것으로 하루를 시작하고 마감했다. 철이 든 이후부터 80년이 넘도록 비슷한 시간에 비슷한 길을 걷고 있는 그의 모습을 볼 때마다 마을사람들은 그가 건강을 유지하며 오래오래 살기를 바랐다.

그러던 어느 날 아침. 해가 만수산 자락으로 올라올 때쯤 마을사람들은 문원식을 마을에서 조금 떨어진 장 씨네 논에서 볼 수 있었다. 그들은 오늘따라 신나게 소리를 하며 장 씨네 논으로 향했고 장 씨네 논에서 정신을 잃고 고꾸라져 있던 그의 모습을 발견한 것이다. 놀란 사람들은 문원식을 그의 집으로 급히 모셔갔지만 그는 오히려 시름시름 앓기 시작했다. 그날 이후 그는 계속되는 병마를 이기지 못하고 자리를 보전했고, 사람들은 그를 대문 밖에서 만난 지 어느덧 1년이 다 되어가고 있었다.

마을사람들은 평소 아버지처럼, 스승으로, 마을의 최고 어른으로 모시던 그가 쓰러지자 자신들이 할 수 있는 범위 내에서 최선을 다해 약을 구하기 시작하였다. 몸에 좋다는 약초를 캐서 정성스레 달이기도 하고 한양의 유명한 의원을 찾아가보기도 하였다. 하지만 마을사람들은 그의 약을 구하러 다니면 다닐수록 그들의 가산(家産)은 점차 기울어져갔고 사람들의 근심 역시 커져갔다. 그리고 시간이 지나자 사람들은 더 이상 그의 병환에 관심이 없는 듯 평소의 생활로 되돌아갔다.

하지만 단 한 사람, 문원식의 아들 문병찬만큼은 아버지를 포기할 수 없었다. 그 역시 고희(古稀)가 지난 백발의 노인이었으나 그는 아버지의 병을 고치기 위

해 전국을 떠돌기 시작하였다. 나라에서 가장 뛰어난 의원을 찾아 대궐 문 밖에서 몇 달을 기다리기도 하였고 당시 천하게 여겨지던 의서(醫書)를 직접 찾아 읽고 험한 산으로 약초를 캐러 다니기도 하였다. 또한 신통력이 뛰어난 스님이 계신 절을 찾아 저 멀리 전라도 광양까지 내려가는 것을 불편타 생각하지 않았고, 유명한 무당을 찾아 경상도 경산까지 찾아가는 것을 힘들다 하지 않았다. 그는 약 3년 동안 아버지의 병환을 낫게 해줄 약을 찾기 위해 이처럼 전국을 떠돌았으나 아버지의 병세는 차도가 없었다. 그러던 어느 날 그는 인편에 전해 온 서신을 보고 황망히 마산 마을로 다시 돌아왔다.

집으로 돌아온 그를 본 그의 가솔들은 눈물을 지었다. 3년 사이 무척이나 수척해진 그의 모습이 안쓰럽기도 하였으나 문원식의 병여(病餘)가 갑자기 나빠진 것에 대한 슬픔과 죄스러움 때문이었다. 검게 변한 얼굴과 가죽만 붙어 있는 모습도 모자라 숨을 제대로 쉬지 못하게 되자 가족들은 깜짝 놀라 그를 급히 부른 것이다. 그는 그래도 아직 아버지가 살아 계시다는 것에 감사하며 오랜만에 아버지께 문안인사를 올렸다.

"저의 덕이 부족하여 아버님을 살릴 방도를 아직 찾지 못했습니다."

하염없는 죄책감으로 아버지의 손을 잡고 눈물을 흘리던 문병찬은 서신에 놀라 급히 뛰어온 탓인지 자신도 모르게 잠이 들어버렸다. 그리고 꿈속에서 평소처럼 정갈한 의복을 갖춘 아버지를 만났다.

'아니, 아버지! 괜찮으십니까!'

'병찬아, 나는 산나물이 먹고 싶구나. 만수산 깊은 골에 가면 있다던데……'

꿈에서 깬 문병찬은 급히 집을 떠났다. 오랜만에 그를 본 마을사람들이 어디를 가냐 물어도 그는 만수산으로 간다고 할 뿐 더 이상 아무 말도 하지 않았다. 그의 가족들 역시 방금까지 방에 계시던 양반이 망태기를 둘러매고 만수산으로 떠났다는 말을 마을사람들에게 전해 들었을 뿐이었다. 그는 만수산으로 발걸음을 옮기며 만수산 깊은 골이 어디를 뜻하는지를 생각했다. 그리 높지 않은 만수산에서 깊은 골짜기를 떠올리기란 쉽지 않았다. 만수산에 도착한 그는 산 이곳

저곳을 누비며 깊은 골을 찾기 시작하였다.

　그로부터 3일이 지났다. 바위에 기대어 잠시 숨을 고르던 그는 아버지가 선상했다면 아버지의 망백연(望百宴) 준비에 여력이 없었을 것이라는 생각이 들었다. 그러자 100세를 바라본다는, 만수무강(萬壽無疆) 뜻을 담은 망백을 앞에 두고 아버지는 생을 마감할지도 모른다는 생각이 그의 머리를 스쳤다. 그는 삼일 간 이 잡듯이 뒤진 산을 다시 타기 시작했다. 이젠 산의 지세를 모두 꿰뚫어 더 이상 깊은 골이 없다는 것을 머릿속으로는 알고 있었지만 이 길만이 아버지에게 효를 다하는 길이라는 가슴의 울림이 그의 발을 이끌었다. 정신없이 산을 타기를 몇 시간. 문득 정신을 차린 그는 그가 서 있는 그 길이 왠지 낯설게 느껴졌다. 이미 수십 번, 수백 번도 더 오른 만수산이었지만 처음 가는 듯한 그 길이 두렵게 느껴지기 시작했다. 대낮인데도 어둑어둑하고 맹수들의 울음소리가 들리는 길을 걸으며 그는 자신이 살아서는 마을로 내려가지 못할 것 같다는 생각도 들었지만 이 길의 끝에는 아버지가 말씀하신 산나물이 있을 것 같다는 생각도 함께 들었다. 가슴이 그의 발소리보다 더 크게 뛰기 시작했다. 키가 큰 나무들이 빽빽이 들어찬 산길을 걷다 넘어지고 일어나기가 몇 차례 반복되었고 그는 더 이상 걸을 힘이 없었다. 하지만 멈출 수도 없었다. 터벅터벅 간신히 다리를 움직였지만 며칠 동안 산을 헤매며 굶은 그는 결국 오래 버티지 못하고 주저앉고 말았다. 그러던 그때.

　주저앉은 그의 발 앞에 낭떠러지가 펼쳐져 있음을 알게 되었다. 한 발짝이라도 더 내딛었다간 천길이나 될 것 같은 까마득한 낭떠러지 아래도 떨어졌을 판이었다. 골이 어찌나 높고 깊은지 골 아래가 보이지 않을 정도였다. 주저앉은 것이 오히려 잘되었다고 생각하던 찰나. 그의 눈에 낭떠러지 중간에 위치한 붉은빛 풀이 눈에 들어왔다. 잘 보이지는 않지만 의서에서나 다른 산에서는 볼 수 없었던 신기한 모양의 풀이었다. 그는 저 붉은색의 풀이 아버지가 드시고 싶어 하던 산나물일 것이라고 확신했다. 그리고 조심스레 낭떠러지를 내려가기 시작했다. 그는 백발의 노인이었지만, 그것도 3년 동안이나 집을 떠나있던 사람

이었지만, 3일 동안 먹지도 못하고 산을 타 너무나 힘든 상황이었지만 온 주의를 집중하여 한 발 한 발을 내딛었다. 손과 머리에서 비 오는 듯 흐르는 땀 때문에 눈을 제대로 뜰 수 없고 손은 미끄러지기 일쑤였으나 그는 차분했다. 그리고 마침내 붉은 약초 가까이에 다가갔고 손을 뻗었다.

"아아 아아악……."

한탄과 슬픔을 담은 비명 소리가 만수산을 뒤덮었다. 낭떠러지 아래로 떨어진 그는 몸은 더 이상 움직일 수 없어 보였다. 정신조차 잃어버린 그의 몸 위로 해가 지고 달이 차올랐다.

밤이 되자 산 속의 온도는 급격히 내려가기 시작했지만 그는 정신을 차릴 수 없었다. 낭떠러지 아래에 마산 마을의 문병찬이 쓰러져 있다는 소문이 나무에서 나무로, 동물에게, 새들에게 전해졌다. 이윽고 문병찬의 효심을 들어 알고 있던 만수산의 금수들은 그의 주위로 몰려들기 시작했다. 금수들은 그가 다른 사람에게 발견될 때까지 그를 도울 생각이었다. 그의 체온이 떨어지지 않게 자신들의 털로 그의 몸을 감쌌고 약수를 그의 입으로 흘려 넣기도 하였다. 그러면서도 그들은 더 이상 자신들을 제자이자 자식으로 여기던 문원식을 돕지 않는 마을사람들과는 달리 아버지의 병환을 위해 떠돌다 쓰러져 사경을 헤매는 문병찬의 이야기를 하며 눈물지었다.

때마침 마산마을에서는 만수산에 오른다고 한 지 3일이 지나도록 돌아오지 않는 문병찬을 찾아 나섰다. 마을사람들은 어린아이조차 하루 정도면 둘러 올 수 있는 만수산에서 3일이나 보이지 않는 문병찬에게 무슨 일이 생긴 것이라 믿었다. 그동안 그들 가문에서 도움을 받은 마을사람 모두가 그를 찾기 위해 산에 올랐다. 사람들이 산의 입구에 도착하자 조그마한 새가 그들 앞에 나타났다. 새는 마을사람들 머리 위를 한 바퀴 돌더니 산 정상을 향해 날개를 퍼드득거렸다. 사람들은 그 새가 자신들을 인도해줄 것이라는 믿음을 갖게 되었고 그들은 새를 따라 산을 오르기 시작했다.

문병찬이 눈을 뜬 것은 그로부터 사흘이 지난 후였다. 익숙한 풍경에 눈을

깜빡이던 그는 그의 며느리에게 어찌된 일인지 물었다.

"아버님이 산에서 쓰러신 것을 마을사람들이 모셔왔습니다. 그리고 아버님 손에 들려 있던 붉은 약초를 달여 아버님과 할아버님께 드렸습니다. 아버님은 쓰러지신 지 사흘 만에 일어나신 것이고 할아버님은 점차 혈색이 돌아오고 있습니다. 아버님이 일어나셨으니 할아버님도 곧 일어나시겠지요."

그는 며느리의 말이 끝나기가 무섭게 아버지의 방으로 뛰어 들어갔다. 과연 며느리의 말대로였다. 아버지의 혈색은 3년 전의 그때보다 더 좋아지다 못해 마을 청년들의 그것과 비교해도 손색이 없었다. 문원식의 하얗던 머리는 검은색으로 변해 있었고 뼈만 앙상하게 남아 있던 그의 몸은 보기 좋게 변해 있었다. 깜짝 놀란 그는 자신의 몸을 살펴보기 시작하였다. 이런 변화는 비단 문원식에게만 일어난 것은 아니었다.

일주일이 지난 후, 마을사람들은 동이 틀 때쯤 마을 어귀에서 문원식을 만날 수 있었다. 3년 전과 같이 의복을 정제하고 마을 주변을 둘러보는 그의 모습에 그들은 문병찬의 손에 들려 있었던 붉은 약초를 떠올렸다. 그리고는 그 붉은 약초가 문원식과 문병찬을 젊은이의 모습으로 돌려놓았다고 믿으며 그 이름을 '불로초'(不老草)라 부르기로 하였다. 그리고 문원식의 망백연(望百宴)에 참석하여 그의 무병장수를 기원함과 동시에 문병찬의 지극한 효심을 칭송하였다. 이 이야기는 곧 이웃마을로 전해졌고 전국으로 빠르게 퍼지게 되었다.

이 이야기는 인천광역시 서구 불로동(不老洞) 마산마을에 전해 내려오는 이야기이다. 불로초에 관한 전설이 퍼지기 시작하면서 만수산 역시 불로산이라 불리기 시작하였고 많은 사람들은 불로초를 캐기 위해 오늘도 산을 오르고 있다. 마을에서 존경받는 삶을 산 문원식과 깊은 효심을 지닌 문병찬이 만들어낸 기적 같은 이야기 불로초 전설. 각박해져 가는 현대시대와 그 시대를 살아가는 우리에게 던져준 그 의미를 깊이 간직해야 할 것이다.

참고자료

김포군(1995). 『김포군지명유래집』. 김포군.
박한준(2009). 『검단의 역사와 문화』. 인천서구문화원향토문화연구소.
인하대학교박물관(2007). 『文化遺蹟分布地圖: 仁川廣域市』. 인하대학교박물관.
2009년 10월 21일 유삼종(남, 68세, 불로동 주민) 씨 인터뷰 내용 참조.
2009년 10월 21일 임무연(남, 72세, 불로동 주민) 씨 인터뷰 내용 참조.
2009년 11월 18일 임무연(남, 72세, 불로동 주민) 씨 인터뷰 내용 참조.

관련 이미지

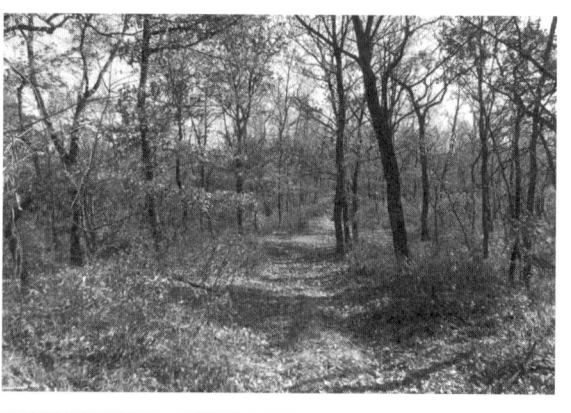

〈그림 3.30〉 불로동 만수산

만수산에는 예로부터 칡이 많아 '칡 갈'(葛) 자를 써서 '갈산'(葛山)이라고 도 불렀다. 갈산에는 약 400여 년 전 평택 임씨(平澤林氏)들이 입향하여 세거를 이루어왔는데, 중턱 양지바 른 곳에 조상들의 묏자리가 있다. 사 진 속 만수산에서 가을의 정취가 느 껴진다.
(2009년 11월 17일 직접 촬영)

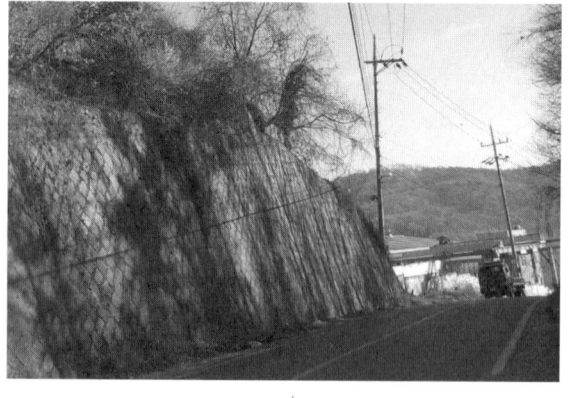

〈그림 3.31〉 불로동 서낭당터와 고 산뒤고개

고산뒤고개는 불로나 갈산지역에서 고산후를 왕래하던 고개이다. 예전 에 서낭당이 참나무 밑에 있었다고 했지만 참나무가 고사한 후로는 서 낭당도 존재했던 터로만 남아 있 다. 현재 고산뒤고개는 2차선의 자동 차 도로와 연결되어 있다.
(2009년 11월 20일 직접 촬영)

당목이 있는 불로동 목지

현 인천 불로동 목지부락은 『김포군읍지』 등에 계속 마산면 소속으로 목지리는 법정리로 기술되어 있었으나 1914년 일제 행정구역 개편 시 갈매리와 함께 불로리로 변경되었다. 1995년 3월 1일부터 검단동 16통, 2002년 1월 1일부터는 검단2동의 6통이다.

남원 윤씨가 최초의 선거인으로 볼 수 있으며, 남원 윤씨 거주 초기에 심었다고 하는 600여 년 된 향나무가 있던 것을 감안할 때 상당히 오래전부터 마을이 형성됨을 알 수 있다고 전해온다. 그리고 약 150여 년 전 원당동에서 불로동 목지부락으로 풍산 김씨가 입향하여 세거해오고 있다.

예로부터 이 지역은 쌀농사가 잘되는 곳으로 유명한 지역이었다. 타 지역 사람들도 누구나 이 지역의 쌀이 좋다는 것을 알고 있었다. 그러나 어느 날 청천벽력 같은 일이 벌어졌다. 이 지역뿐만 아니라 전국적으로 가뭄이 계속되어 올해 농사를 포기해야 하는 지경에 이르렀다. 마을사람들은 비를 염원하는 산신제와 신령에게 제를 드리기도 하였다. 다양한 노력을 기울였지만 지독한 가뭄이 지속되면서 풍작을 기대할 수 없었다. 가뭄을 해결할 수 있는 비를 염원하는 기도가 몇 날 며칠 계속 이루어졌지만 하늘은 구름 한 점 없는 화창한 날씨가 마을사람들의 마음을 서글프게 만들었다. 마을사람들은 어찌할 바를 모르며, 모두들 둘러 앉아 신세한탄만 하고 있을 뿐 아무 대안을 마련할 수 없었다.

이 마을에는 동네 어귀에 당이 하나 있었는데, 그 뒤에는 당목이 있었다. 그러나 마을사람들은 그 당을 돌보지 않았으며, 그곳은 아이들의 놀이터로 활용되고 있었다. 그러던 어느 날 마을 어귀를 지나가던 스님이 큰 당목을 보고 큰절을 하였다. 그 스님은 마을사람들에게 "이 나무는 일반 나무가 아니요. 신령이 깃든 나무랍니다. 이 지역에 커다란 변란이나 시련이 있을 경우 제를 지내면 해결될 것이오. 왜 이런 신성한 나무를 그냥 내버려 두었소."라고 말하면서 유유히 지나

갔다.

스님의 이야기가 동네에 퍼지면서 마을사람들은 이 나무에서 제를 지내기 시작하였다. 너도나도 할 것 없이 밤낮을 가리지 않고, 사람들은 이 나무를 돌보기 시작하였으며, 지속적으로 기도를 드리기 시작하였다. 그러자 당 뒤에 있던 나뭇가지가 제를 드리기 시작한 날부터 점차 당을 덮을 수 있는 길이로 자라났다. 그 모습을 본 마을사람들은 무슨 일이 일어날 것 같은 느낌을 받았다. 마을사람들은 더욱더 혼신을 다해 제를 올리고 기도를 하였다.

마을사람들의 염원이 하늘을 감동시킨 것인가! 아니면, 우연의 일치인가! 구름 한 점 보이지 않던 하늘에 갑자기 한두 방울씩 비가 내리기 시작한 것이다. 그러다가 비가 마구 쏟아지면서 전국에서 유일하게 이 지역만 비가 내려 가뭄이 해결되었다. 그리하여 전국에서 유일하게 풍작을 한 지역이 되었고 이 지역에서 생산된 쌀이 최고의 상품성을 인정받아 거래되었다고 한다. 그 후로 '당목이 있는 마을'의 뜻이라는 데서 유래하여 이 마을을 목지라고 부르게 되었다고 전해진다.

참고자료 ────────

김포군(1995). 『김포군지명유래집』. 김포군.
박한준(2009). 『검단의 역사와 문화』. 인천서구문화원향토문화연구소.
인하대학교박물관(2007). 『文化遺蹟分布地圖: 仁川廣域市』. 인하대학교박물관.
2009년 6월 1일 정호실(남, 84세, 불로동 주민), 조영애(여, 84세, 불로동 주민) 씨 인터뷰 내용 참조.
2009년 10월 21일 유삼종(남, 68세, 불로동 주민) 씨 인터뷰 내용 참조.

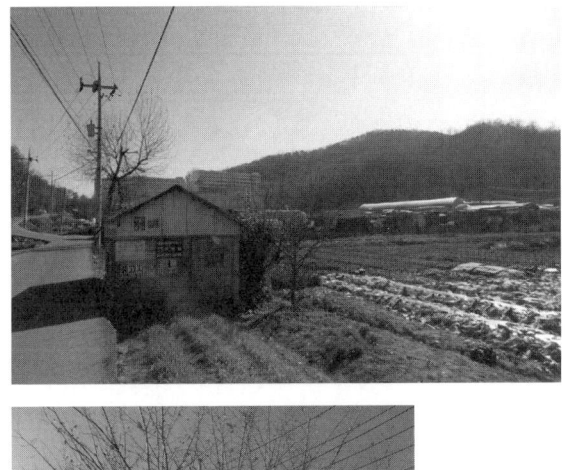

〈그림 3.32〉 불로동 능고개

능고개는 목지마을에서 김포시 장릉으로 넘어가는 고개를 말한다. 고개 너머에 금정사(金井寺)라는 절이 있어 '절고개'라는 지명으로 불리기도 한다. 사진 속 능고개를 넘어가는 언덕길에 승가대학과 금정산이 보인다. (2009년 11월 17일 직접 촬영)

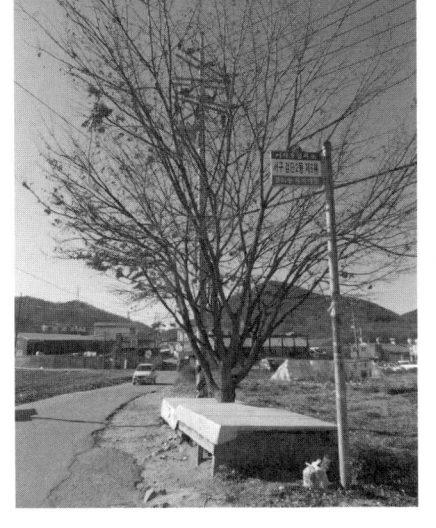

〈그림 3.33〉 불로동 목지마을

목지마을은 김포시와 여우재고개 산줄기를 맞대고 경계를 이루는 한적한 곳이다. '목지'(木枝)는 '산신제를 지내던 나무', 즉 '당목'(堂木)의 뜻으로 '당목이 있는 마을'로 해석된다. 실제로 마을 한가운데 있는 논둑에는 고사한 향나무(약 600년 추정)가 있었다고 하지만 지금은 찾아볼 수 없다. (2009년 11월 20일 직접 촬영)

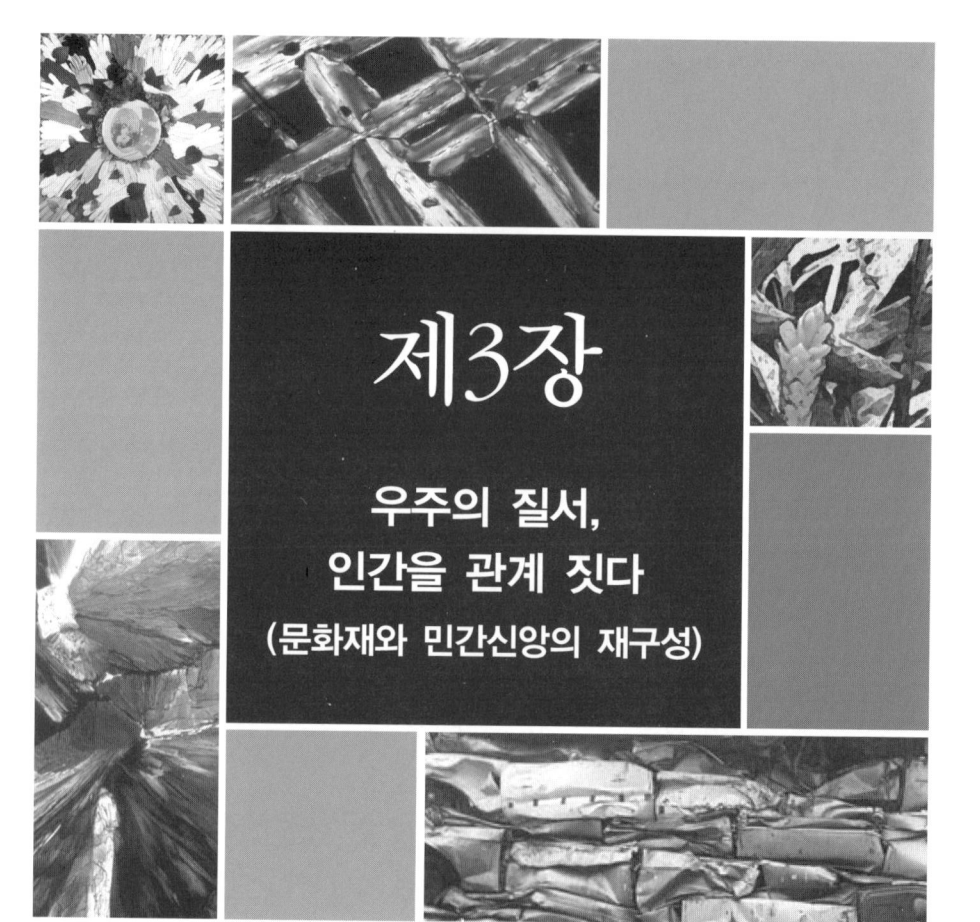

제3장

우주의 질서,
인간을 관계 짓다
(문화재와 민간신앙의 재구성)

부모님 살아계실 제 섬기기를 다하여라

부모님 살아계실 제 섬기기를 다하여라. – 심한성 효자정려

'欲靜而風不止, 子欲養而親不待'
욕 정 이 풍 부 지   자 욕 양 이 친 부 대
무릇 나무는 조용히 있고자 하나 바람 잘 날이 없고, 자식이 부모를 모시고자
하나 부모는 기다려주지 않는다.

열 손가락 깨물어 안 아픈 손가락 없다는 말이 가슴에 와 닿을 때는 어느새
내 머리 위에도 하얀 서리가 내리고 자식들이 모두 자라 슬하를 떠난 뒤다. 문득
거울에 비친 내 모습이 어린 시절의 내 부모와 닮았음을 깨달았을 때, 부모는
이미 자녀의 곁을 떠난 뒤다.

'天下父母心'
천 하 부 모 심
세상의 부모 마음은 모두 하나와 같다.

늘 무뚝뚝하고 엄한 표정을 하고 살가운 말 한마디 쉽게 건네는 법이 없어
엄하게만 보이던 넓은 아버지의 뒷모습. 아침저녁으로 아궁이 앞에서 밥을 짓고
낮이면 밭일을 돕고, 빨래를 하고 바느질을 하느라 허리를 꼿꼿하게 펴고 있던
모습이 좀체 기억나지 않는 어머니의 뒷모습.
행여 아플 새라, 다칠 새라 살뜰하게 보살피시고, 내가 잘못한 것이 있어 회초
리를 들고 엄하게 꾸짖은 뒤에는 엄한 표정을 풀지 않으시다가, 내가 잠든 밤
몰래 눈물지으며 회초리가 지나간 붉은 자리를 거친 손으로 조심스레 약을 발라
주시던 그 부모님의 마음을 왜 그때는 알지 못했을까?

약주를 거하게 하고 들어오셔서 깊은 한숨을 쉬시며 나를 앉혀 놓고 '너는 나처럼 살지 말아라. 꼭 성공해야 한다.' 마치 한탄하듯 말씀하시던 아버지나, 피곤한 눈을 비비고 꾸벅꾸벅 졸면서 늦은 밤 귀가하는 나를 기다리시던 어머니께서 '밥은 먹었니?'라고 늘상 물으시던 어머니의 그 목소리가 가슴을 저밀 때, 이미 부모는 곁에 계시지 않는다.

인천광역시 서구 당하동 광명부락에 위치하고 있는 '심한성 효자정려'에는 이러한 부모에 대한 자식의 애틋한 마음이 담겨 있다. 심한성은 조선시대 검단에 살던 인물로 자는 정숙이요, 본은 청송이며 별절교위의 관직에까지 오른 인물이었다. 그는 양친 부모에 대한 효행이 극진하여 마을에 효자로 소문이 자자하였는데, 그 소문이 임금의 귀까지 전해져 효자정려가 내려졌다고 한다. 어느 책에는 정려가 하사된 시기가 순조 27년(1827)이었다고도 하고, 또 어느 책에는 고종 24년(1887)이라고도 전해져 정확한 시기는 확실히 알 수 없다.

조석으로 부모님께 안부 인사를 여쭙고, 부모가 드시고 싶다, 보고 싶다 하는 것은 빠짐없이 구해드리고, 행여 부모님이 아파 병석에 누우시면 밤낮으로 부모 곁을 뜨지 않고 병수발을 들던 심한성의 그 마음은 어린 시절 제가 부모께 받았던 그 사랑 그대로를 행한 것이리라.

'孝子秉節校尉沈漢成之閭'
효 자 병 절 교 위 심 한 성 지 려

심한성 효자정려비에 새겨진 이 열한 글자는 자식이 부모를 섬기는 마음이요, 그 이전에 부모가 자식에게 베풀었던 사랑일 것이다.

조선시대에 효는 사람됨의 근본이었다. 눈먼 어미가 고기를 먹고 싶다고 하자, 제 허벅지를 베어내어 어머니를 봉양하였다는 이야기나, 부모가 병을 앓자 전국 팔방곡곡을 헤매며 명의와 명약을 찾아다니며 극진히 부모를 보살폈다는 이야기는 이미 우리에게 너무나 익숙한 것이 되었다.

지금도 효행은 사람의 미덕이요 우리가 행해야 할 당연한 것으로 여겨진다. 그러나 효자, 효녀, 효부라는 말이 우리에게 익숙하지 않은 말이 된 것은 우리 곁에서 이러한 효행을 행하는 사람들이 점점 사라지고 있기 때문일 것이다. 시간에 마모된 정렬비의 겉모습은 변하였을 지라도 그 안에 담긴 효의 마음은 변하지 않고 우리에게 전해지길 하는 바람이다.

참고자료

김포군(1995). 『김포군지명유래집』. 김포군.
김포군지편찬위원회(1992). 『김포군지』. 김포군.
박한준(2009). 『검단의 역사와 문화』. 인천서구문화원향토문화연구소.
2009년 11월 4일 심오섭(남, 73세, 당하동 광명마을 주민) 씨 인터뷰 내용 참조.
2009년 11월 4일 김옥자(여, 70세, 당하동 족저마을 주민) 씨 인터뷰 내용 참조.
2009년 12월 25일 민영식(남, 65세, 당하동 광명마을 주민) 씨 인터뷰 내용 참조.

관련 이미지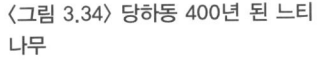

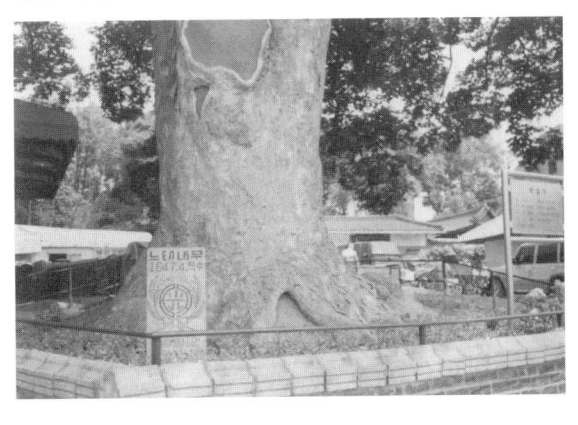

〈그림 3.34〉 당하동 400년 된 느티나무

광명마을은 이 느티나무(보호수) 밑의 마을회관 일대를 말하는데, '텃골'이라고도 하고 마을 중심부라 하여 '본동'이라고도 부른다. 또한 느티나무가 있어서 '느티나무말'이라고도 부른다고 한다. 이 나무는 심씨의 입향조가 1674년 4월에 식수했다는 푯말이 세워져 있으며, 이 나무의 수령은 300년 이상 되었다고 기록되어 있다. (2009년 11월 1일 심오섭 씨 제공)

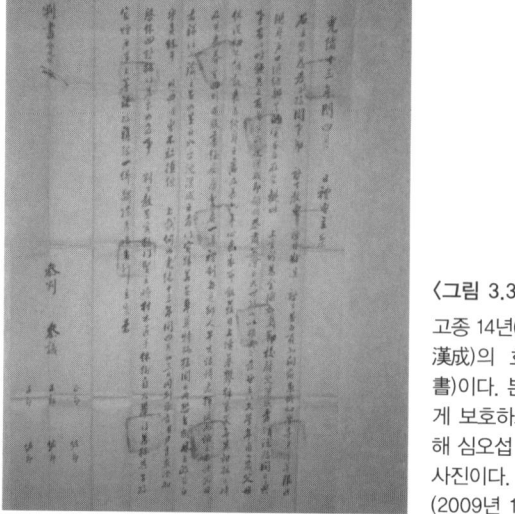

〈그림 3.35〉 당하동 효자정려 교서

고종 14년(1997)에 내려진 심한성(沈
漢成)의 효자정려(孝子旌閭)교서(教
書)이다. 본 이미지는 교서를 안전하
게 보호하고 원본의 훼손을 막기 위
해 심오섭 씨에 의해 10년 전에 찍힌
사진이다.
(2009년 11월 1일 심오섭 씨 제공)

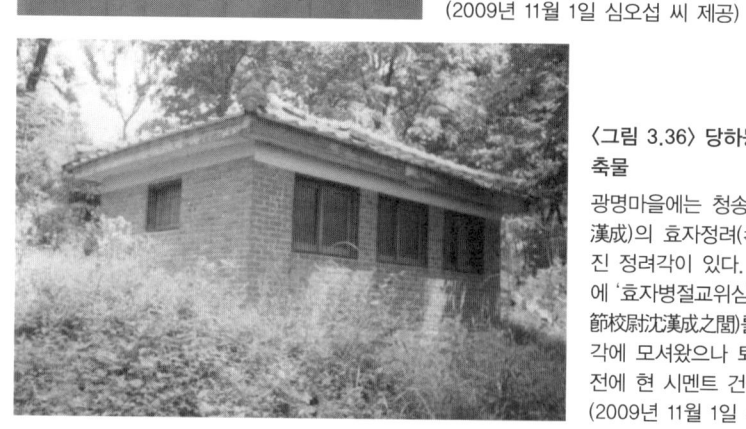

**〈그림 3.36〉 당하동 효자정려 재건
축물**

광명마을에는 청송(靑松) 심한성(沈
漢成)의 효자정려(孝子旌閭)가 내려
진 정려각이 있다. 고종 14년(1887)
에 '효자병절교위심한성지려'(孝子秉
節校尉沈漢成之閭)를 내린 것을 정려
각에 모셔왔으나 퇴락하여 30여 년
전에 현 시멘트 건물로 개축하였다.
(2009년 11월 1일 심오섭 씨 제공)

검단의 기억이 머무르는 나무

　마을의 어귀에는 커다란 나무가 있었다. 두툼한 밑동, 높게 뻗은 나무 기둥, 푸름으로 하늘을 다 덮어버릴 듯 사방에 뻗은 나뭇가지. 고개를 들어 나무를 살펴보면 나무는 어느새 세월을 담아 마을을 지키고 있었다.

　인천 서구 불로동 마산마을 안에는 커다란 은행나무가 한 그루 서 있다. 사방이 아파트로 둘러싸인 곳 한가운데에 우뚝 선 나무는 삭막한 도시의 기운에 고즈넉한 여유를 준다. 언제나 주위를 놀이터 삼아 뛰어노는 아이들, 사랑방에 모인 듯 나무 아래 평상에 자리 잡고 두런두런 이야기를 나누시는 어르신들. 나무는 불로동 사람들의 사랑을 먹고 산다.

　문경세 씨는 불로동에서 태어나 줄곧 그곳에서 살아왔다. 세월이 흘러 마을의 모습은 변했지만 그의 기억 속에 변하지 않는 것이 하나 있다면 그것은 은행나무에 대한 기억이다.

　어린 시절, 제 키가 은행나무 밑동에 채 닿지도 않았던 그 시절 그에게 은행나무는 좋은 놀이터였다. 굵은 가지는 제 한 몸을 너끈히 지탱해주고도 남았다. 두 팔을 활짝 펴더라도 저 혼자 감싸기에는 턱없이 부족한 나무 둘레는 친구 녀석들 손에 손을 잡고 그 둘레를 재어보기도 했었고, 친구들끼리 내가 크네, 네가 크네, 투닥거리며 너도나도 서로 나무에 기대어 키를 재보기도 했었다. 나무는 숨바꼭질하기에도 좋았다. 나무에 기대 하나, 두울, 숫자를 세고 있노라면 코끝을 찔러오는 나무의 향내와 온기가 마음을 평안하게 만들어주어서 더욱 좋았다. 나무 둘레는 빙빙 돌며 장난을 치고 그러다 지치면 나무 아래 평상에 누워 달콤한 낮잠을 청하기도 했었다.

　오래 산 나무에는 신령이 깃들어 있다며, 나무를 신성하게 여기던 동네 어르신들께서는 늘상 나무 밑에 모여 노는 아이들을 혼내기도 하셨다. 불로동의 당산목으로 아주 옛날에는 당제를 지내곤 하였다는데, 세월이 변하면서 나무에

신령이 깃들어 있다는 이야기도 미신으로 치부되어버렸고, 당제를 지내던 마을 행사도 사라져버렸다. 아이들은 나무에 신령이 산다는 동화 같은 이야기에 깔깔 웃으며, 어른들이 나무의 신령함을 믿고 가족의 건강을 위해 돌 하나, 자식의 성공을 위해 돌 하나를 쌓아 만든 작은 돌탑들을 장난스레 무너트리곤 했었다. 하지만 그도 나이를 먹어감에 따라 어느새 어른들 말씀처럼 그 역시 나무 아래 돌탑을 쌓고 있었다. 시험을 보러 가면서 하나, 좋아하는 사람에게 고백하는 것이 성공하길 바라는 마음에서 또 하나. 은행나무 아래에 검단 사람의 소원을 담은 돌탑은 언제나 그 자리에 쌓여 있었다. 은행나무는 그렇게 불로동 사람들의 마음을 먹고 자랐다. 그렇게 그는 나무와 함께 나이를 먹어갔다. 세월이 흘러 논밭 대신 아파트 단지가 들어서고 어린 시절 은행나무를 보고 자랐던 아이들은 성년이 되었다. 문경세 씨는 마을을 떠나지 않고 그곳에 남았다. 그에게 은행나무는 자신의 유년의 기억이자 마음의 고향과 같았다. 언제나 변하지 않는 모습으로 그 자리에 남아 제 곁을 사람들에게 내어주고 있는 커다란 고목.

오늘도 불로동 마산마을 가운데 자리 잡은 은행나무 아래에는 마을사람들이 모여 일상을 나누고, 기억을 나누고, 행복을 나누고 있다. 앞으로 시간이 흘러도 불로동 은행나무는 지금까지 그래왔던 것처럼 그 자리에 묵묵히 서서 검단의 기억을 품을 것이다.

참고자료 ————————

김포군(1995). 『김포군지명유래집』. 김포군.
박한준(2009). 『검단의 역사와 문화』. 인천서구문화원향토문화연구소.
2009년 6월 1일 정호실(남, 84세, 불로동 주민), 조영애(여, 84세, 불로동 주민) 씨 인터뷰 내용 참조.
2009년 10월 21일 유삼종(남, 68세, 불로동 주민) 씨 인터뷰 내용 참조.
2009년 11월 12일 박한준(남, 53세, 서구문화원 원장) 씨 인터뷰 내용 참조.

관련 이미지 ──────────────

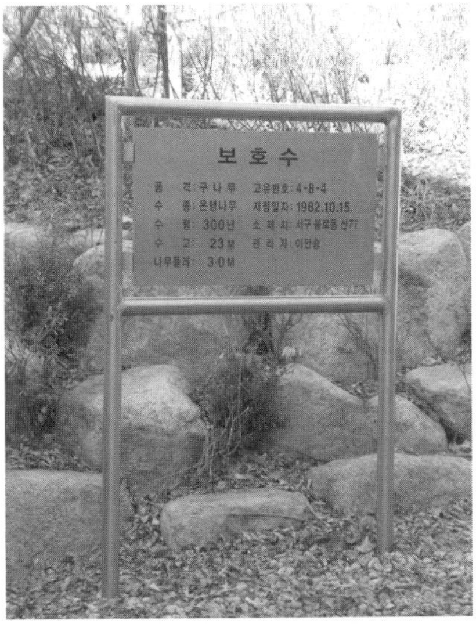

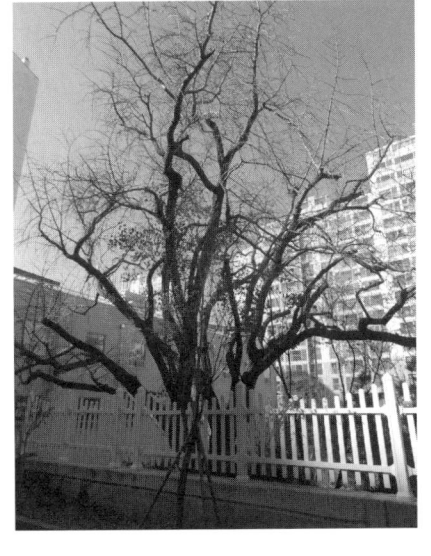

<그림 3.37> 불로동 외물 은행나무
보호수 표지판

'외물'은 불로의 서쪽에 형성된 마을
로 옛 마산리의 지명을 가리킨다. 현
재 마산지역은 신도시가 형성되어
아파트단지(삼보해피타임) 안에 위
치하는데, 수령 300년 된 큰 은행나
무가 보호수로 지정되어 아파트 단
지 안 공원 중앙에 자리 잡고 있다.
(2009년 11월 20일 직접 촬영)

<그림 3.38> 불로동 외물 은행나무
(삼보해피하임)

외물 은행나무 근처에는 우물이 있
었다고 한다. 일제 강점기 일본인들
이 그 우물을 좋아해서 '외물'이라고
불렀고, 은행나무에도 외물이라는
이름이 붙었다는 이야기가 전해지고
있다.
(2009년 11월 20일 직접 촬영)

인천광역시 서구 대곡동 148번지 두밀부락에 위치하고 있는 오래된 비석은 세월의 흐름을 그대로 담고 있어 많이 마모되고 훼손되었다. 그러나 기나긴 시간의 변화에도 불구하고 비석에 새겨진 글씨만은 여전히 육안으로 확인할 수 있을 만큼 선명하게 남아 있다.

'通政大夫潘南朴公宗柱妻淑夫人密陽唐氏貞烈碑'
통정대부반남박공종주처숙부인밀양당씨정렬비

통정대부를 지낸 반남 박씨의 손 박종주의 아내 숙부인 밀양 당씨의 정렬비

이 비석은 순조 11년(1811)에 태어나 고종 27년(1890)에 생을 마감한 밀양 당씨에게 하사된 정렬비이다. 정렬비는 유교사상이 뿌리 깊던 그 시기 위난(危難)에도 목숨으로 정절을 지켰거나, 오랜 시간 수절하여 부녀자의 도리를 다한 인물을 후세에 기리기 위해 나라에서 세운 비석을 뜻한다. 밀양 당씨의 정렬비는 단순히 유교 사상의 의미를 뛰어 넘어, 남편 박종주에 대한 밀양 당씨의 지고지순한 사랑을 담고 있는 하나의 정표(情表)로 전해지고 있다.

본관이 밀양인 당씨는 1811년, 지금의 검단지역인 김포에서 태어났다. 양반가인 밀양 당씨의 여식으로 태어난 그녀는 어질고 온유한 성격으로, 어린 시절부터 양반가의 부녀자가 갖추어야 할 부덕(婦德)에 대해 배우며 자랐다. 세월이 흘러 성인이 된 그녀는 그 시기의 아녀자가 모두 그러하였던 것처럼 집안과 부모의 뜻에 따라 출가를 하게 되었다. 그녀의 어머니가 그러하였고, 그녀의 할머니가 그러하였듯이 그녀 역시 남편이 될 사람의 얼굴 한 번 보지 못하고 연지곤지를 찍고 고운 혼례복을 입은 채 꽃가마를 타고 반남 박씨 가의 며느리가 되었으리라. 평생을 믿고 따를 남편의 얼굴도 알지 못한 채 시집을 가게 된 당씨의

마음속에는 만남에 대한 설렘보다는 미래에 대한 두려움이 컸을지도 모른다.

당씨의 부군 되는 자, 박종수는 반남 박씨 가의 손으로 어린 시절부디 총명하여 집안 어른들의 기대를 받았었다. 입신양명하여 박씨 집안을 빛내기 위해 과거 공부에 매진하던 그는 성년이 되어 밀양 당씨 집안의 여식을 아내로 맞게 되었다. 그 역시 혼례를 치루는 날까지 아내 될 자의 얼굴을 볼 수 없었다. 허나 마음속 제 평생의 반려가 될 여인에 대한 동경과 기대, 그리고 부군 되는 자로서의 책임이 함께 했을 것이다.

드디어 혼롓날, 까다로운 양반가의 결혼 절차를 마치고 당씨와 박종주가 부부가 되어 처음 한 둘만이 맞이하게 된 초야(初夜). 가녀린 불빛 아래에 마주 앉은 박종주는 아무 것도 모른 채 제게 시집을 와 평생을 함께 할 아내에 대한 책임감을 느끼며 아내에게 약속을 하였다.

"오늘 이렇게 그대를 아내로 맞이하게 되었으니, 내 평생 그대를 아끼고 사랑하여 조강지처로 삼으려 하오. 비록 나 지금은 부족하지만 노력하여 입신양명하여 집안을 빛낼 것이니, 그대 역시 이런 나를 내조하여 어른을 모시고 우리 자식을 키우며 내 평생을 함께 합시다."

당씨는 믿음직한 박종주의 말에 감명하며 평생 부군을 내조하고 시집을 섬기며 자식을 키우는 현모양처로 제 남편 박종주에게 제 일생을 바쳐 일부종사할 것을 다짐했다.

"부족한 저를 이리 아껴 받아주시니 그저 감사할 따름입니다. 서방님의 뜻대로 제 평생을 서방님 곁에서 서방님을 모시며 살 것입니다."

박종주와 당씨는 그렇게 초야에 평생을 서로 아끼며 사랑할 것을 무명지를 걸고 맹세하였다. 부부가 된 박종주와 당씨는 금실이 무척이나 좋았다. 당씨는 어질고 고운 심성으로 과거를 준비하는 남편을 보필하며 집안 어른을 섬겼고, 박종주는 그런 아내를 마음으로 아꼈다. 그런 두 사람의 모습은 집안 어른들께는 물론 마음 어른들에게 절로 흐뭇한 미소를 짓게 만들었더란다. 후에 박종주는 과거에 급제하여 벼슬길에 오르게 되자 제 뒷바라지를 해준 아내에게 고마움

을 전했고, 아내 당씨는 마음으로 기뻐하며 행복한 나날을 보내게 되었다.

그러나 슬프게도 박종주와 당씨의 행복은 그리 오래 가지 못했다. 어느 날 박종주가 갑자기 쓰러지고 말았기 때문이다. 소식을 들은 아내 당씨는 황망히 의원을 불러 남편의 병세를 살피게 하였으나, 애석하게도 의원은 고개만 가로 저을 뿐이었다. 하지만 당씨는 의원의 이야기에 절망하지 않고 부군인 박종주가 병을 털고 자리에서 일어날 것을 굳게 믿었다. 그날로부터 당씨의 병수발의 나날이 계속되었다. 그녀는 용하다는 의원들을 모셔다가 남편의 병세를 살피게 하였고, 몸에 좋다는 약재란 약재는 모두 모아 남편에게 달여 먹였다. 낮이면 낮마다 서낭당 나무 밑 돌탑에 돌을 쌓았고, 밤이면 밤마다 정안수를 떠 놓고 남편의 쾌차를 빌며 지극 정성을 다하였다.

'하늘이시여, 미천한 이 년의 목숨을 거두어 가시고, 부디 우리 서방님의 목숨 은 살려주시옵소서.'

당씨는 날마다 하늘에 자신이 남편 대신 죽기를 기원하였으나 그런 극진함이 무색하게도 남편 박종주의 병세는 나날이 깊어만 갔다. 그러던 어느 날, 여느 때처럼 남편 박종주의 병세를 살피던 당씨는 갑자기 부군의 안색에 하얗게 변하 며 입술이 파랗게 질리는 것을 보며 식겁하였다. 놀란 마음에 남편의 이름을 불렀으나 그의 체온은 차갑게 식어가기만 했다. 당씨는 이대로라면 부군을 영영 잃을 지도 모른다는 마음에 제 무명지를 입으로 물어뜯어 뜨겁게 흐르는 피를 남편의 입으로 흘려 넣었다. 산 사람의 피가 죽은 사람도 살리는 명약이라는 이야기를 마을 어른들께 들었던 기억이 떠올리며 당씨는 부군의 이름을 애타게 불렀다. 그 정성이 하늘에 닿았던 것일까. 차갑던 남편의 몸에 온기가 돌아오며 파랗던 얼굴과 입술에도 불그스레 혈색이 돌아오기 시작하였다. 하지만 당씨의 정성어린 보살핌에도 불구하고 며칠 뒤 박종주는 끝내 명을 다하고 말았다. 당 씨는 평생을 함께 하기로 무명지를 걸고 약속한 부군을 먼저 떠나보내고 하늘이 무너지는 것 같았으나, 초야에 약속했던 남편의 뜻에 따라 시댁어른을 모시고 자식을 키우며 반남 박씨의 며느리로 평생을 수절하였다.

이러한 밀양 당씨의 박종주에 대한 지고지순한 사랑과 수절은 마을에 회자되어 여녀사의 본보기가 되었고, 이 이야기를 들은 향교의 유생들은 이는 후세에 알려 가히 본보기로 삼아야 할 일이라며 이병봉, 심양지, 이병조 등 62명이 당시 김포군수였던 조군주에게 글을 올려 포상을 청하였다. 그리하여 1924년 박종주와 밀양 당씨의 손자 박제준이 글을 짓고, 박제정이 글을 써서 정렬비를 세우게 되었다. 밀양 당씨가 생을 마감한지 30년이 훨씬 지난 후의 일이었다.

오늘날 열녀문이나 정렬비를 보는 우리의 시각이 곱기만 한 것은 아니다. 유교의 사상을 중시하여 여성들에게 수절과 정절을 강요하고 이로 인해 평생 한 맺힌 삶을 살거나, 억울하게 죽임을 당한 조선시대 여인들의 이야기는 전설의 고향의 단골 소재가 될 정도이다. 그래서 열녀문과 정렬비는 때때로 조선시대 여인의 한과 희생을 담고 있는 상징물이 되기도 한다.

그러나 남편에 대한 사랑으로 그 마음을 다해 섬기던 밀양 당씨의 지고지순한 사랑을 담고 있는 밀양당씨정렬비는, 오늘날 쉽게 결혼하고 그보다 더 쉽게 이혼을 일삼는 우리의 세태 속에서 '사랑'이라는 말과 '부부'라는 인연의 의미를 다시금 생각해보게 한다.

참고자료 ━━━━━━━━

김포군(1995). 『김포군지명유래집』. 김포군.
박한준(2009). 『검단의 역사와 문화』. 인천서구문화원향토문화연구소.
인하대학교박물관(2007). 『文化遺蹟分布地圖: 仁川廣域市』. 인하대학교박물관.
전국문화유적총람 〈http://all.nricp.go.kr/chong_ram/search/search3.jsp?mcidx=1387〉.
2009년 7월 6일 박봉서(남, 63세, 대곡동 두밀마을 주민) 씨 인터뷰 내용 참조.

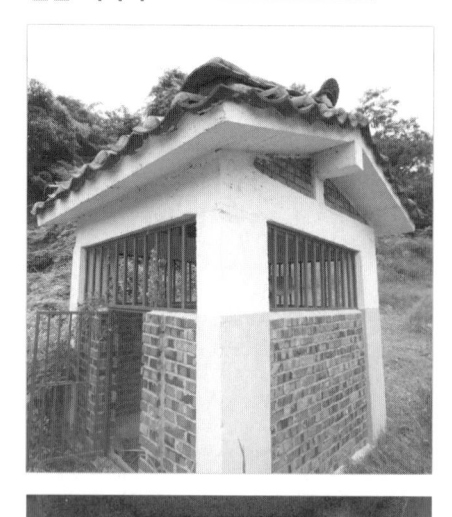

〈그림 3.39〉 대곡동 밀양당씨정열비 (비각)

당씨(唐氏) 정렬비(貞烈碑)는 현재 인천 서구 대곡동 두밀부락에 있다. 당씨는 순조 11년(1811)에서 고종 27년(1890)대의 열녀로, 본관은 밀양(密陽)이다. 박종주(朴宗柱)의 처였는데 부군이 갑자기 병으로 자리에 눕자 사랑과 정성을 다하여 보살폈고, 이를 향교의 유생 62명이 김포군수이던 조준구(趙駿九)에게 글을 올려 포상을 청했다. 현재 이곳에는 비각과 비가 현존하며 박남 박씨 25대손 박봉서 씨가 관리자로 되어 있다. (2009년 7월 6일 직접 촬영)

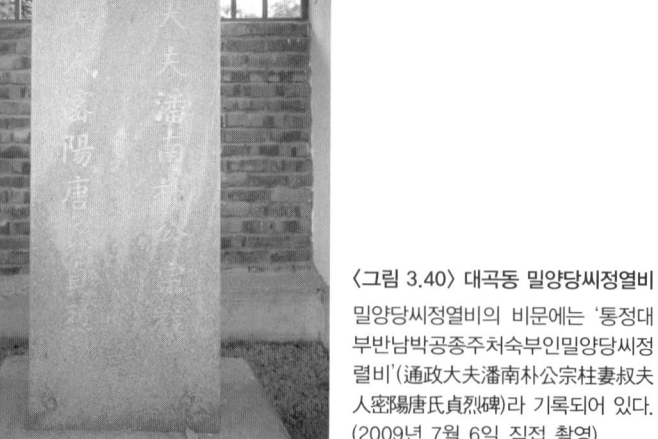

〈그림 3.40〉 대곡동 밀양당씨정열비

밀양당씨정열비의 비문에는 '통정대부반남박공종주처숙부인밀양당씨정렬비'(通政大夫潘南朴公宗柱妻叔夫人密陽唐氏貞烈碑)라 기록되어 있다. (2009년 7월 6일 직접 촬영)

한해의 마무리, 새해의 시작

마전동 여래마을의 대동회가 열렸다.

매년 날씨가 제법 추워지고 눈발이 흩날리기 시작하는 12월이 되면 한해를 정리하고 새해를 맞이하는 마음으로 온 마을사람들이 한곳에 모인다. 그동안 농사를 짓고 수확을 거두느라 눈코 뜰새없이 바빴던 윗말 형님, 직장 생활을 하느라 제대로 얼굴을 내비치지 못했던 아랫말 동생도 검게 그은 얼굴에 함박웃음을 띠고 서로를 반갑게 맞이한다.

이 날이 되면 피치 못할 사정으로 고향을 떠나야만 했던 출향민들도 정겨운 옛 고향을 찾아온다. 며칠 전 동네 지인의 전화를 통해 대동회가 열리는 날짜를 전해들은 출향민들은 기꺼운 마음으로 고향마을을 찾아 그동안 함께 못한 시간들을 나눈다.

원래 대동회는 마을사람들이 모여 진행되는 큰 회의와 같은 행사이다. 가장들이 가족의 대표로 참석하는 것이 보통인데, 회의 말고도 서로 오랜만에 정겨운 자리를 함께할 수 있기 때문에 많은 마을사람들이 모여든다. 당산제가 끝나고 음식을 나눠 먹으면서 하는 회의도 대동회라고 하고 오늘처럼 이렇게 12월에 모여 한 해의 안건을 마무리하고 새해의 새로운 안건을 의논하는 것도 대동회라고 하는데, 어떤 날을 대동회라고 부르는 지는 마을마다 정하기 나름이라고 한다. 어쨌든 여래마을에서는 마을사람들과 마을을 떠난 분들까지 모시고 한해를 마무리하는 뜻 깊은 행사로 매해 12월마다 날을 정해 대동회를 열고 있다.

마을사람들이 모두 모이게 되면 마을회관에서는 이장님의 주관하에 회의가 시작된다. 이번 해의 안건 중 가장 큰 문제는 뭐니뭐니해도 마을회관 신축에 관한 문제였다. 매번 중요한 마을회의가 있을 때마다 모이는 마을회관은 낡기도 무척이나 낡았을 뿐더러 공간도 협소하기 짝이 없다. 다닥다닥 붙어 앉은 동네 사람들의 모습이 정겨워 보이기도 하지만, 요즘 마을회관은 주민의 문화공간이

자 편의시설이자 만남의 장소가 되어야 한다고 하지 않는가? 그렇지만 생각만으로 되지 않는 게 세상일이라고 우선 예산부터 마련하는 것이 가장 큰 문제가 아닐 수 없다. 어디서 예산을 타오고, 누구에게 건축을 맡기고, 누가 관리며 유지보수를 해야 하며, 어떤 시설을 들여와야 할지 의논해야 할 것이 한두 가지가 아니다.

다른 마을들의 이야기를 듣자면, 옹진군 북도면 장봉3리 마을회관은 3억 원이 들었다고 하고, 남양주시 진건읍 용정4리 마을회관은 2억 1,500만 원이 들었다고 한다. 그럼 여래마을회관은 한 4억쯤 들여 멋들어지게 지어야 하지 않을까? 회관에 모인 마을사람들의 의견이 분분했다. 어쨌든 건립 예산은 우선 구청장을 만나 설득하는 것부터 해야 할 것 같다는 선에서 논의가 마무리되어 가고 있었다. 이런저런 의견들이 오고간 끝에 회의는 우선 일단락이 되었다. 마을회관 신축이 워낙 중요한 사안이니만큼 아마도 내년 초에 또다시 대동회를 열어야 할지도 모르겠다고 마을사람들 모두 생각했다.

"자자! 이제 골치 아픈 이야기는 그만하고 다들 편안하게 식사도 하시고 약주도 한 잔 하시고 놀다 가십시다, 그려."

"옳소!!"

나이 지긋한 어르신의 말씀에 마을사람들이 너나 할 것 없이 동조하며 웃음꽃을 피웠다. 마을회관 건립 이야기로 진중했던 분위기는 화기애애하게 바뀌었다. 한바탕 웃음소리 후에 모두들 둘러앉아 부녀회에서 장만한 음식을 들며 이야기가 오고 가기 시작한다. 그동안 바쁘다는 핑계로 그냥저냥 지나쳤던 소식들을 두런두런 주고받는다. 올해 고 3인 최 씨네 딸내미는 어느 대학에 간다더라, 김 씨네 노총각 아들은 장가를 못가 전전긍긍하더니 베트남 아가씨를 소개받았다더라……. 몇몇 참석하지 못한 사람들의 소식은 건너 전해들은 귀동냥으로 궁금증을 달래기도 한다. 그렇게 대동회의 밤은 깊어갔다. 내년에는 동네 사람 모두들 편안하고 복이 깃들기를, 그리고 마을회관 멋지게 지어서 새로운 마을회관에서 오순도순 대동회를 할 수 있게 되기를 기대해본다.

참고자료 ─────────────

박헌준(2009). 『검단의 역사와 문화』. 인천시구문화원항도문화연구소.
2009년 11월 17일 김현옥(남, 64세, 마전1동 주민) 씨 외 인터뷰 내용 참조.

관련 이미지 ─────────────

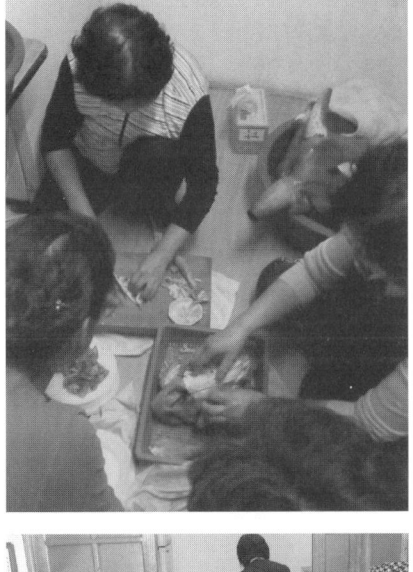

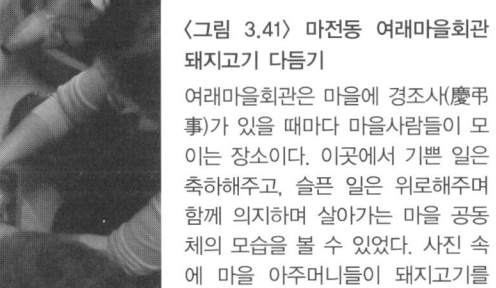

〈그림 3.41〉 마전동 여래마을회관 돼지고기 다듬기

여래마을회관은 마을에 경조사(慶弔事)가 있을 때마다 마을사람들이 모이는 장소이다. 이곳에서 기쁜 일은 축하해주고, 슬픈 일은 위로해주며 함께 의지하며 살아가는 마을 공동체의 모습을 볼 수 있었다. 사진 속에 마을 아주머니들이 돼지고기를 다듬는 모습이 보인다.
(2009년 11월 16일 직접 촬영)

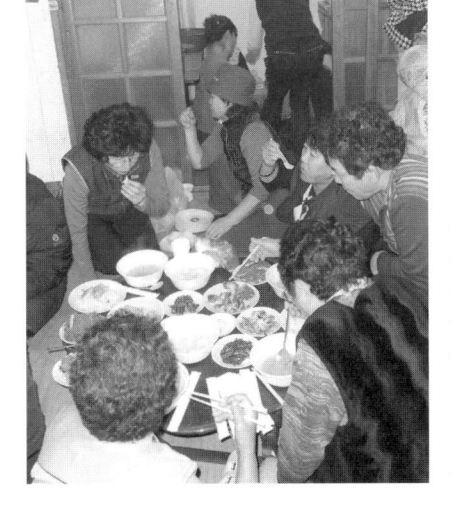

〈그림 3.42〉 마전동 여래마을회관 주민들

마을에 일이 있을 때마다 마을사람들은 마을회관에 모여 회의를 하고 음식을 나누어 먹는다. 서로 바쁜 생활이지만 마을회관에 모일 때만큼은 이런 저런 이야기들로 마을 공동체의 끈끈한 정을 확인할 수 있다.
(2009년 11월 16일 직접 촬영)

신령님께 비나이다.

올해도 내년에도 아무 병 없이, 아무 탈 없이 지내게 해주십시오.

그리고 모두모두 대대손손 부자 되게 해주십시오.

동네 사람들의 간절한 소원을 모아 마을의 수호신께 복을 빌었던 도당제(都堂祭). 이는 마전동 여래마을에도 예외는 아니었다. 아직까지 10월 초열흘날에 날을 잡아 정성껏 새 곡식으로 음식을 만들어 제를 올리고 있다는 여래마을은 삶 가까이서 마음을 다해 신을 모시고 순수한 마음으로 이웃 간에 복을 나누는 공동체의 모습을 아직도 간직하고 있다.

본래 도당제는 중부지방에서 행해지는 마을굿으로서 마을의 안녕함과 태평, 풍요를 목적으로 매년 또는 2년이나 그 이상의 해를 걸러 정초, 봄, 가을에 정기적으로 치러지는 마을의 중요한 행사였다. 이는 주민들의 화합을 다지고 자기 마을에의 긍지를 높이며 동질감을 회복시키는 점에서 중요한 의의를 가진다. 남부지방에는 당산굿, 별신굿이 있고 중부 이북지방에는 당굿, 대동굿, 부군당굿 등 비슷한 성격과 기능의 굿들이 전국 곳곳에 존재하는데, 이는 이러한 마을굿들이 어느 한 지역에만 국한된 것이 아닌 온 우리 민족의 오랜 문화 중 하나임을 말해주는 것이다. 특히 이중에서도 도당제는 남성 중심의 유교식 제례에 비하여 여성의 참여가 활발한 편이었다고 전해진다. 남성으로 이루어진 대표 몇 명만이 제관이 되어 엄숙하게 진행되는 유교식 제례와 달리 남녀노소 모두가 참여하여 함께 먹고 마시고 가무를 행하였다는 점에서 도당제는 일종의 축제였다.

여래마을의 도당제도 예외는 아니었다. 윗말, 간뎃말, 아랫말이 모두 함께 모여 하나가 되던 축제, 바로 그 모습이었다. 당제날을 준비하기 위한 여러 가지

준비도 하나된 마음으로 이루어졌다. 우선 대동회의를 하여 제일 연장되신 분이 보통 당수가 되고 또는 직접 당수를 지정하였다. 당수는 한분이 될 때도 있고 상황에 따라 여러 분이 될 때도 있었다. 그리고 여성도 당주를 할 수 있었다. 마을에서 존경받고 덕을 갖춘 어르신이면 누구든 당주가 되어 마을의 대표가 될 수 있었던 것이다.

여래마을의 당제가 치러지던 산은 안산이었다. 산 위에는 큰 참나무가 있고 산 밑에는 당우물이 있다. 참나무는 제를 올리는 신성한 나무신이며 우물은 제를 지내기 위해 사용되는 신성한 물로 술을 담그고 당주님의 목욕제계에 사용되었다. 당제를 지낼 날짜가 정해지면 당주님은 물론이고 동네 사람들도 모두 타지에 나가지 않았고 돈을 쓰지도 않았다. 소위 '부정타는 짓'을 하지 않도록 모든 사람들이 조심, 또 조심하였다. 몸과 마음을 정갈히 하고 정성껏 그날을 기다리는 것이다. 동네 사람들이 모두 한 됫박씩 쌀을 내놓고 그것으로 정성껏 떡도 만들었다. 골고루 모든 동네에 복이 가기를 기원하면서.

드디어 당제날. 윗말, 간뎃말, 아랫말이 모두 모였다. 당주님과 함께 돼지머리, 과일, 떡, 마을 아낙들의 정성이 담긴 음식들을 지게에 가득 진 마을의 장정들을 앞세우고 마을사람들이 삼삼오오 산으로 향한다. 시간은 이미 늦은 10시. 캄캄한 산길에 길을 밝혀주고 있는 전등들도 마을사람들이 합심하여 전기를 끌어와 달아 놓은 것이다. 하얀 소복을 차려입은 당주님은 마을사람들의 마음에 담긴 간절한 소원을 하나둘씩 꺼내기 시작한다.

"비나이다. 비나이다. 신령님께 비나이다. 우리 여래마을 모두들 건강하고 부자 되게 해주십시오……."

당주님의 정성어린 기원을 따라 마을사람들도 모두 하나 되어 서로의 복을 기원하고 마음을 나누면서 그렇게 당제날의 밤은 흘러간다.

예전에는 무당을 불러 큰 굿을 하며 며칠동안 흥에 겨운 축제 분위기를 내었지만 점점 토박이들이 사라지고 개발이 진행되는 도시화되고 있는 지금은 겨우 제사를 지내는 것이 고작이 되어버렸다. 그렇지만 이것도 마을의 옛 전통을 지

키고 정성을 다해 서로의 복을 기원하는 따뜻한 마음에서 면면히 이어져오는 작지만 소중한 축제가 아닌가. 지금은 점점 사라져가고 있는 마을의 도당제. 아파트가 들어서고 새로운 이주민이 검단을 채워나가게 되면 이제 마을의 뿌리가 되었던 참나무도 당우물도 사라져버릴 것이다. 흐르는 시간을 막을 수는 없지만 어딘가 작은 흔적으로나마 우리네의 아름다운 전통, 공동체를 아끼는 마음을 지켜나갈 수 있는 방도는 없을까.

참고자료 _____

김포군(1995). 『김포군지명유래집』. 김포군.
박한준(2009). 『검단의 역사와 문화』. 인천서구문화원향토문화연구소.
박한준(2005). 『인천 서구의 민속신앙 동제편』. 인천서구향토문화연구소.
2009년 4월 17일 김현옥(남, 64세, 마전1동 주민), 윤오식(남, 54세, 마전1동 통장), 이준용(남, 48
　　세, 마전2동 통장) 씨 인터뷰 내용 참조.
2009년 5월 9일 박선녀(여, 93세, 마전1동 주민) 씨 인터뷰 내용 참조.
2009년 11월 17일 김현옥(남, 64세, 마전1동 주민) 씨 외 인터뷰 내용 참조.

관련 이미지 _____

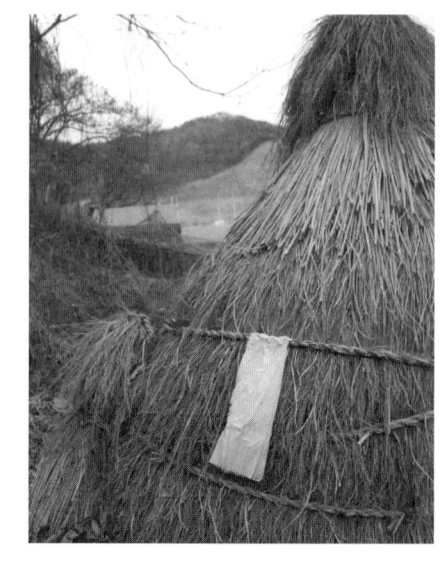

〈그림 3.43〉 마전동 여래마을 산신제 신주
여래마을의 안산 어귀에는 산신제 신주를 묻는 터주가리가 있다. 산신제를 지내기 전에 쌀과 누룩으로 정성껏 신주를 담가 터주가리 아래에 묻어둔다. 그리고 제사가 시작되기 직전에 걸러서 상에 올린다.
(2009년 4월 4일 직접 촬영)

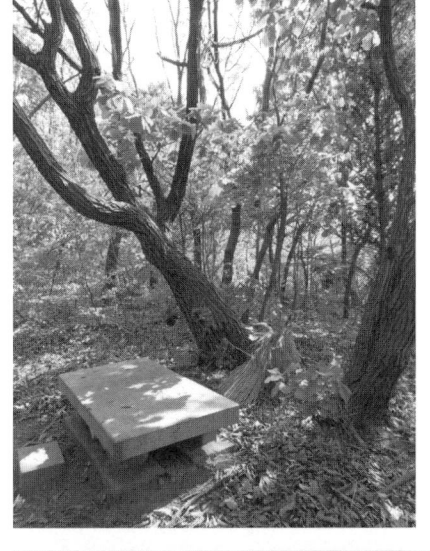

〈그림 3.44〉 마전동 안산의 제단
여래에서 사거리로 향하는 길 오른
편에 있는 산등성이를 안산(安山)이
라고 부르는데, 당제(堂祭)를 지내는
곳이기 때문에 '당산'이라고도 한다.
이곳에서는 굴참나무 숲에 제단을
설치하고 마을 주민들이 해마다 당
제를 지낸다. 사진 속에서 여래마을
에서 당제를 지내는 굴참나무와 제
단을 확인할 수 있다.
(2009년 6월 24일 직접 촬영)

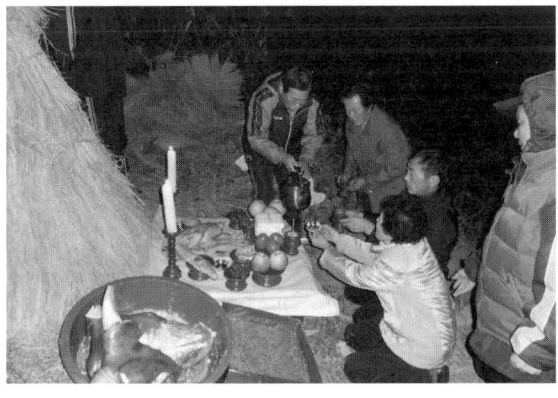

〈그림 3.45〉 마전동 여래마을 산신제
여래마을 산신제를 지내는 모습이
다. 여래마을의 당주는 다른 지역과
는 달리 마을에서 가장 나이가 많은
할머니 두 분이 맡는다. 그래서 마을
남성들은 당주의 안전을 위해 산신
제를 지내기 며칠 전부터 안산을 전
구로 밝혀 놓는다고 한다. 제물로는
소머리와 닭고기 등을 사용된다.
(2009년 11월 16일 직접 촬영)

불로동 목지마을 토박이 어르신들께 당제는 어떤 의미를 가지고 있을까?

"이곳이 다 정리가 되고 사라지게 될 때 제일 기억에 남을 건……. 아무래도 옛날부터 지내던 사당제사, 당제지. 그건 온 동네가 다 모이거든. 그리고 돼지를 잡아서 그 자리에서 나눠 먹었어요. 아마 그게 전부다 기억에 남을 거예요."

어르신들의 기억 속에 남게 될 당제는 이렇게 온 마을사람들이 다함께 모여 평온을 기원하고 잔치를 벌이던 우리네 축제의 모습 그대로일 것이다. 즉, 축제 속에 내재해 있는 신성성과 유희성의 모습, 바로 그것이다.

당제는 마을 입구나 제단, 사당에서 지내던 우리 옛 마을들의 공동제사로서 마을사람들의 무병과 평온을 기원하던 대표적 연례행사였다. 품앗이, 두레와 같이 우리나라를 대표하는 공동체 문화의 맥을 이어온 것이 바로 이 당제이다. 그러나 다른 공동체 활동과 당제 사이에 차이가 있다면 바로 전통 무속신앙에 뿌리를 두고 있는 신성성의 존재이다. '우리'라는 공동체의 평안을 책임져주시는 신과 그 신을 대변하는 인(人)과 물(物), 그리고 그것을 소중히 여김으로써 마음가짐과 몸가짐을 정갈히 하는 것. 이것이 신성성의 기본이다. 이러한 소중히 여김과 금기를 엄격히 함께 지켜나감으로써 우리 마을의 평안을 바라는 소망이 더욱 간절해진다. 이러한 간절함 속에 모두가 한마음이 되는 의식, 그리고 그 한마음을 다시 한 번 나누는 뒤따르는 흥겨운 잔치마당. 이것이 옛 당제의 모습이었다.

다른 당제와 마찬가지로 목지마을 당제도 신성성과 유희성이 함께 존재하고 있었다. 당제를 주관하는 당주와 마을의 수호신으로 모시는 당나무, 당제 때 사용하는 신성한 우물인 당우물이 신성성의 표상이다. 목지마을의 당나무는 둘이 안아도 다 품지 못할 만큼 커다란 소나무 세 그루가 담당하고 있었는데, 이

당나무들은 대대로 하늘과 땅, 신과 사람이 만나는 신성한 곳이라 하여 우주의 중심으로 여겨져왔으며 그것을 함부로 베거나 훼손시키거나 하면 목신(木神)이 노하여 병을 주고 재앙을 내린다고 전해진다. 한편, 당우물은 마을의 우물 중에서 제일 깊은 우물이 그 역할을 하고 있었는데, 오직 당주만이 이 물로 목욕을 할 수 있었다. 마을사람들 역시 당제를 지내는 음력 10월이 다가오면 혹시라도 부정을 탈까봐 외출도 삼가고 몸가짐, 마음가짐을 조심하였고, 혹여나 그 전날 외부에서 들어오는 사람이 있으면 바로 나가지도 못하고 자고 가기도 하였다.

제사에 쓰일 돼지는 말할 것도 없었다. 잡털이 전혀 없고 얼룩이 하나도 없는 까맣고 잘생긴 흑돼지를 사와서 잡아 올렸는데, 돼지를 기른 사람이 외래종교, 즉 서양종교를 가진 사람인 경우 당할머니가 노하신다고 하여 절대 조심하여야만 했다. 이렇게 조심조심 준비한 당제날이 되면 마을사람들이 모두 모여 당나무로 향했다. 목지마을 당제에서는 창호지에 당제에 참석한 동네 사람들의 이름을 써서 한 명씩 부른 후에 불에 태워 올렸다고 한다. 만약 제사에 빠져서 부름을 받지 못하면 큰일을 당한다고 하여 한 명도 빠짐없이 당제에 참여하는 것이 전통이었다. 이러한 관습들이 모두 마을이 하나 되기 위한 금기의 항목들이었다. 이렇게 조심스러운 시간이 지나고 나면 그 뒤에 오는 것은 정성을 바친 대가로 얻게 되는 자유로움과 흥겨움이었다. 제에 바쳤던 돼지고기를 함께 나눠 먹는 것도 큰 즐거움이었다. 1년에 한 번 먹을까 말까 한 그 귀한 고기의 구수한 맛은 그 어떤 대가보다 달콤했으리라.

그렇지만 이러한 당제의 모습들은 이제 시간의 흐름 속으로 모두 사라졌다. 당제의 금기와 당할머니의 무서움을 믿는 이는 이제 아무도 없다. 새로운 종교를 갖게 된 마을사람들이 하나둘씩 당제에 빠지게 되었지만 목지마을 사람들에게는 아무런 일도 벌어지지 않았다. 오히려 나라에서는 미신을 타파한다며 새마을운동과 함께 대대적인 미신타파운동을 실시하기도 하였다.

지금 목지마을의 당나무가 있던 자리에는 돼지농장이 들어섰다. 마을사람 모

두의 수호신이었던 당나무가 속세의 거래에 넘어간 것이다. 돼지농장이 들어서면서 당우물도 사용하지 않게 되어 없어져 버렸고 당나무도 이제는 사라져버렸다. 그렇지만 별다른 일은 생기지 않았다. 사실 목지마을에는 당할머니의 기운이 너무 세서 돼지가 새끼를 낳지 못한다는 말이 전해져왔다. 그래서 마을사람들은 대대로 돼지를 수놈만 키웠다고 한다. 그러나 웬걸 돼지농장의 암돼지는 새끼를 수천 마리씩 낳고 있다. 이렇게 돼지농장으로 인해 하나둘씩 깨어져버린 금기와 신성성 앞에 당제도 자연스럽게 사라지게 된 것이다.

목지마을의 당제가 사라진 것은 시대의 흐름에 의한 당연한 결과인지도 모른다. 이제 마을사람들은 당할머니 때문에 돼지가 새끼를 못 낳는다는 것이 헛소문인 것을 안다. 당주가 모시는 신만이 전부가 아니란 것을 안다. 점점 거대해지고 있는 도시의 삶 속에서 '우리'를 위해 지켜야 했던 비밀스런 금기를 믿는 이들은 이제 아무도 없다. 지금은 미신으로 치부되는 믿음. 그러나 그 믿음은 그 시절에만 가질 수 있는 판타지였다. 바램과 소망을 조심스럽게 담은 금기의 결계가 존재하는……. 배고픈 시절, 추운 계절 속에서도 '우리'를 하나로 묶어주었던 신성한 시간을 이제는 목지마을 어르신들의 기억을 빌려 상상해볼 수밖에 없다는 사실이 쓸쓸하게 느껴진다.

참고자료 ————

김포군(1995). 『김포군지명유래집』. 김포군.
박한준(2009). 『검단의 역사와 문화』. 인천서구문화원향토문화연구소.
박한준(2005). 『인천 서구의 민속신앙 동제편』. 인천서구향토문화연구소.
2009년 10월 21일 유삼종(남, 68세, 불로동 목지마을 주민) 씨 인터뷰 내용 참조.

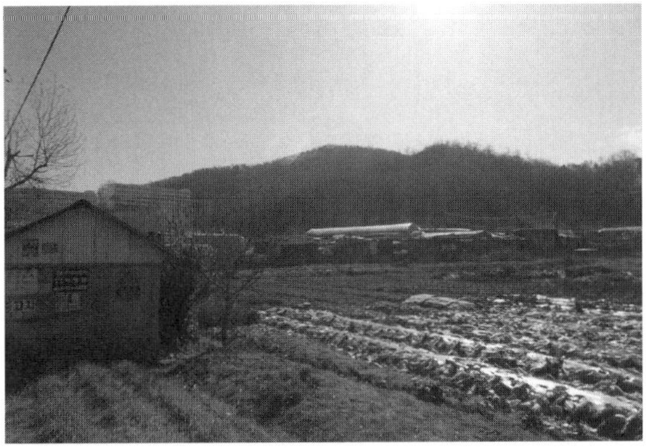

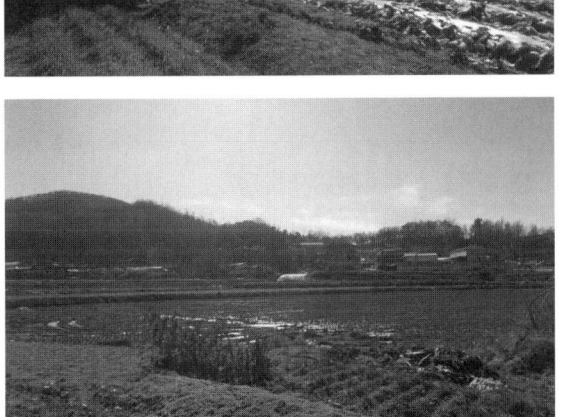

〈그림 3.46〉 불로동의 배미산과 금정산

배미산(培美山)은 목지마을의 동남쪽 뒷산으로, 산 너머에 금정사(金井寺)가 있어 금정산(金井山)이라고도 한다. 산세가 험하지 않고 경치가 좋아 인기 있는 등산로로 검단마을 사람들뿐 아니라 인근 김포에서도 많은 사람들이 찾는다고 한다.
(2009년 11월 17일 직접 촬영)

〈그림 3.47〉 불로동 목지마을

목지 양지말의 사진이다. 늦가을이라 추수를 끝낸 들녘에 서늘한 바람이 불고 있는 듯하다. 옛날 목지마을은 거의 다 밭이었는데, 비만 오면 한강물이 범람해서 불로중학교까지 물이 차는 바람에 채만 들고 가면 넘쳐나는 고기를 손쉽게 잡을 수 있었다고 한다.
(2009년 11월 17일 직접 촬영)

찾아보기

발간에 도움주신 분들(가나다순, 2009년 기준)

고성희(여, 83세)	인천광역시 서구 원당동
권영애(여, 88세)	인천광역시 서구 원당동
김귀분(여, 87세)	인천광역시 서구 마전동
김낙유(남, 70세)	인천광역시 서구 원당동
김병학(남, 81세)	인천광역시 서구 원당동
김상종(남, 54세)	인천광역시 서구 원당동 / 검단선사박물관 관장
김연흠(남, 60세)	인천광역시 서구 원당동
김옥자(여, 70세)	인천광역시 서구 당하동
김현옥(남, 64세)	인천광역시 서구 마전동
문병학(남, 58세)	인천광역시 서구 불로동
문준홍(여, 75세)	인천광역시 서구 원당동
민영식(남, 65세)	인천광역시 서구 당하동
박봉서(남, 63세)	인천광역시 서구 대곡동
박선녀(여, 93세)	인천광역시 서구 마전동
박예서(남, 79세)	인천광역시 서구 대곡동
신광균(남, 약 78세)	인천광역시 서구 마전동
신상철(남, 55세)	인천광역시 서구 대곡동
신장균(남, 57세)	인천광역시 서구 대곡동
심오섭(남, 73세)	인천광역시 서구 당하동
유삼종(남, 68세)	인천광역시 서구 불로동
이미용(여, 72세)	인천광역시 서구 당하동
이순배(남, 83세)	인천광역시 서구 마전동
이옥증(여, 60세)	인천광역시 서구 대곡동 / 검단(여성)유도회장, 농협주부대학 임원
이재호(남, 73세)	인천광역시 서구 마전동 / 검단노인협의회 부회장
이종백(남, 68세)	인천광역시 서구 마전동 / 검단 유림회 부회장
이주형(남, 56세)	인천광역시 서구 가원길 / 검단초등학교 교장
이준용(남, 48세)	인천광역시 서구 마전동 / 마전2통 통장
임무연(남, 72세)	인천광역시 서구 불로동
임성택(남, 58세)	인천광역시 서구 마전동 / 검단초등학교 15대 동문회장
임호택(남, 56세)	인천광역시 서구 마전동
장상진(남, 74세)	인천광역시 서구 마전동
정국찬(남, 57세)	인천광역시 서구 불로동
정호실(남, 72세)	인천광역시 서구 불로동
조영애(여, 84세)	인천광역시 서구 불로동
허수웅(남, 72세)	인천광역시 서구 당하동

※ 이 밖에도 본 저서 발간에 애정 어린 관심과 성원을 보내주신 검단 주민 여러분께 진심으로 감사드립니다.

저자 소개

김영순

인하대학교 사범대학 사회교육과 교수

kimysoon@inha.ac.kr

박한준

인천광역시 서구문화원 원장

sgcc@naver.com

오장근

성산효대학원대학교 효문화학과 교수

domplatz@hanmail.net

오영훈

인하대학교 교육대학원 교수

ohy10106@hanmail.net

정미강

(사)한국사회문화연구원 책임연구원

yabuky@naver.com

배현주

인하대학교 문화정보연구실 연구원

ho2yoon@naver.com

임지혜

인하대학교 문화정보연구실 연구원

nothinger@hanmail.net

김미라

인하대학교 문화정보연구실 연구원

mr0708@hanmail.net

정찬영

인하대학교 문화정보연구실 연구원

redmeth@naver.com

오세경

인하대학교 문화정보연구실 연구원

pang0425@naver.com

윤희진

인하대학교 문화정보연구실 연구원

shdwhjlove@naver.com

최정화

인하대학교 문화정보연구실 연구원

zhenghua-irics@hotmail.com

조영철

인하대학교 문화정보연구실 연구원

tem2000@hanmail.net